KB220614

불멸의
스타

성경적 세계관으로 무장한 영적 전사

불멸의 스타

지은이: 황준배
펴낸이: 원성삼
책임편집: 이보영
표지 및 본문 디자인: 한영애
펴낸곳: 예영커뮤니케이션
초판 1쇄 발행: 2017년 1월 25일
출판신고: 1992년 3월 1일 제2-1349호
136-825 서울시 성북구 성북로6가길 31
Tel. (02)766-8931 Fax. (02)766-8934

ISBN 978-89-8350-961-1 (03230)

잘못 만들어진 책은 구입처에서 교환해 드립니다.

정가 12,000원

www.jeyoung.com

모든 인간은 하나님의 형상을 닮은 존엄한 존재입니다. 전 세계의 모든 사람들은 인종, 민족, 피부색, 문화, 언어에 관계없이 존귀합니다. 예영커뮤니케이션은 이러한 정신에 근거해 모든 인간이 존귀한 삶을 사는 데 필요한 지식과 문화를 예수 그리스도의 사랑으로 보급함으로써 우리가 속한 사회에 기여하고자 합니다.

성경적 세계관으로 무장한 영적 전사

불멸의 스타

"지혜 있는 자는 궁창의 빛과 같이 빛날 것이요
많은 사람을 옳은 데로 돌아오게 한 자는 별(stars)과 같이
영원토록 빛나리라" (단 12:3).

황준배 지음

예영커뮤니케이션

추천사

우리가 하나님의 일꾼으로 쓰임받으며 일생을 살아가는 것보다 더 큰 영광은 없습니다. 그러나 하나님의 일꾼이 되는 것은 저절로 되지 않습니다. 누구든지 예수 그리스도를 구세주로 영접할 때 구원을 받습니다. 그러나 하나님께 귀히 쓰임받는 일꾼은 저절로 만들어지는 것이 아닙니다. 하나님의 뜻을 따르기 위해 철저히 준비되고 헌신된 사람만이 하나님의 일꾼으로 쓰임받을 수 있습니다.

하나님의 일꾼이 되고자 하는 사람에게 필요한 것 중에 하나가 바로 하나님의 시각으로 이 세상을 바라보는 것입니다. 즉, 성경적 세계관을 지니는 것입니다. 성경적 세계관을 지닌 사람은 하나님의 말씀인 성경을 통하여 세상과 인류 역사를 이해합니다. 성경을 토대로 자신을 향한 하나님의 뜻을 깨닫고 자신에게 일어나는 일들 가운데 담긴 하나님의 뜻을 발견합니다.

성경적 세계관으로 무장하려면 하나님의 말씀인 성경에 대해 통달한 자가 되어야 하고, 성경 말씀에 기록된 대로 살아야 합니다. 그 사람의 삶과 전인격이 말씀으로 가득 차 있어야 한다는 뜻입니다. 하나님의 말씀이 그 사람의 중심에 있을 때만이 세상의 어떠한 사상, 철학, 지혜에도 현혹되지 않고 하나님의 뜻을 이루어 갈 수 있습니다.

황준배 목사님의 이 책은 하나님의 일꾼에게 필요한 성경적 세계관을 상세히 제시해 주고 있습니다. 성경 말씀을 바탕으로 우리 시대와 사회를 이해할 수 있도록 돕고 있으며, 성경에 의해 지지를 받는 리더십이 무엇인지 가르쳐 주고 있습니다. 이 책을 통해 많은 그리스도인이 하나님께서 쓰시기에 합당한 일꾼으로 거듭날 수 있기를 간절히 바랍니다.

여의도순복음교회 담임목사

이영훈

프롤로그

"하나님의 뜻에서 출발하라."

이 땅에서의 진정한 '성공관'에 대해 이해하려면 먼저 성경적 세계관을 알아야 한다. 하나님의 말씀이 성경 안에서 우리를 기다린다. 오늘날 교회나 신학자들, 그리고 여러 기독교 서적이 "기독교 세계관이란 무엇인가?"에 대해 나름대로 좋은 해석과 이해를 제시해 주지만 세계관의 각 영역에 대한 성경 진리의 해석과 적용은 제대로 이루어지지 못하고 있다. 사실상 이 부분이 기독교의 현실과 미래가 총체적으로 걸린 막중한 문제이지만 그 대안에는 한계가 있는 것이 현실이다.

"대다수의 사람들은 원하는 것을 보여 주기 전까지 자신이 무엇을 원하는지 모른다." 스티브 잡스 세계관은 개인은 물론 한 집단과 사회가 지향하는 기준점이며, 가치관이다. 성경적 세계관은 기존의 신앙 교육이나 프로그램보다는 한 차원 높은 수준이다. 이 책은 복음주의적 관점에서의 세계관을 제시하였으며, 그동안 나름대로 검증된 신문 칼럼과 자료들을 중심으로 구성하였다. 객관적으로 검토된 내용으로 전문성과 대중성을 담고 있기에 리더십 교재나 크리스천 필독서로 추천한다. 미래 가치의 확산과 대중화를 위해 그리고 성경 해석의 새로운 지평을 열고자 이 책을 기획했다.

사도 바울도 이 시대에 복음을 전했다면 아마도 책 출간과 더불어 소셜 네트워크를 활용했을 것이다. 오늘날 21세기의 '체 게바라'Che Guevara는 소셜 네트워크라고 한다. 토인비A. J. Toynbee에 따르면 "역사는 창조적 소수와 다수의 지지자에 의해 발전되어 왔다."라고 한다. 깨어 있는 크리스천들이 구름떼같이 일어나서 교회의 콘텐츠를 한 단계 발전시켰으면 한다. 한국 교회의 질적인 비약을 거쳐 다시 양적인 부흥을 기대한다.

"예수님은 좋아하지만 그의 펜클럽은 싫다." 이는 교회를 다니지 않는 사람들의 마음을 표현한 말이다. 메신저messenger 자신이 곧 메시지message가 된다. 개인 간의 대인관계에서도 그 사람에 대한 평가가 이루어진다. 그래서 표현하자면, '시간'에 따라 '사람'이 변하는 게 아니라 '시간'이 '그 사람'이 누군지를 드러낸다. 매력적인 사람이란, 신앙 안에서 이기는 사람보다 끌리는 사람이 되는 것이다.

오늘날의 교회는 성경 진리에 기반한 하나님의 영광이 아닌 돈, 명예, 지위, 권력, 쾌락의 가치가 만연해 있다. 이러한 때 우리 그리스도인이 먼저 해야 할 것은 주님 앞에 우리의 죄를 고백하는 것이다. 회개가 빠르면 회복도 빠르다. 다시 한 번 한국 교회의 부흥을 위해 기도하며 전진할 때이다. '의인'이란 회개한 죄인이다. 회개의 썰물이 부흥의 밀물을 경험하게 할 것이다. 그리스도인들에게는 절망의 자유란 없다. 절망의 끝에 하나님이 계시기 때문이다. 반전의 하나님, 승리의 하나님!!!

> "인류 역사상 모든 황금 같은 시대는 어떤 한 사람의 헌신과 의로운 열정을 따라 일어났다. 대중 운동이란 것은 없었다. 단지 그렇게 보였을 뿐이다. 거기에는 항상 하나님을 알고, 자기가 어디로 가는지를 아는 한 사람이 존재했을 뿐이다." 리처드 데이

이 책은 교회 공동체는 물론 교회를 벗어난 사회 현실에도 대안을 제시한다. 또한 불신자들도 볼 수 있도록 기획하였다. 지금은 지식 정보화 시대, 포스트모더니즘 시대, 탈권위주의 시대이다. 이러한 때에는 진리보다는 실용이, 정의보다는 실리가 더 중요한 선택의 기준이 된다.

이 책의 핵심 가치나 지향은 영혼 구원, 크리스천의 진정한 성공, 자기 계발, 건강한 신앙과 세계 변혁이다. 그리고 교회와 목회자들의 권력 지향적 모순과 정치 참여 문제에 대한 해법을 담았다.

성경적 세계관의 목적과 지향점은 바로 '시대의 모든 생각과 지성'을 예수 그리스도에게 복종케 하는 것이다. "우리의 싸우는 무기는 육신에 속한 것이 아니요 오직 어떤 견고한 진도 무너뜨리는 하나님의 능력이라 모든 이론을 무너뜨리며 하나님 아는 것을 대적하여 높아진 것을 다 무너뜨리고 모든 생각을 사로잡아 그리스도에게 복종하게 하니." 고후 10:4-5 복

음은 죄인과 죄악으로 왜곡된 세계 구조와 방향을 구속하고 변혁한다.

성삼위 하나님께 영광! 여의도순복음교회 이영훈 목사님께서 부족한 제자[대학원]의 글에 귀한 추천사를 흔쾌히 써 주셨다. 교회 사역으로 바쁘실 텐데 관심과 사랑에 진심으로 존경과 감사의 마음을 표한다. 목사님께서는 진보적 신학이라는 NCCK신학위원장과 대표회장도 역임하셨다. 현재는 한기총 대표회장이시다. 그래서 한국 교회를 두루 아우를 신학적 스펙트럼을 겸비하신 분으로 이 책의 기획과 방향, 그 의도와 일치하신 분이다. 그 이유는 한국 교회의 연합과 일치, 정통 복음주의 신학과 신앙의 학문적 토대 구축과 기반 강화, 영혼 구원, 하나님 나라 확장의 전적인 헌신의 핵심 가치를 추구하신다는 점에서이다. 그리고 이 책이 출간되도록 도와주신 예영커뮤니케이션 원성삼 대표님과 수고하신 이보영 편집자님과 직원 분들께 고마움을 전한다.

"주를 경외하는 자에게 깃발을 주시고 진리를 위하여 달게 하셨나이다" (시 60:4)

2017년 1월 17일

황준배

차례

'영혼'

"사람이 만일 온 천하를 얻고도 자기 목숨을 잃으면 무엇이 유익하리요"(막 8:36).

"영혼(靈魂, soul)은 인간의 정신 작용(감정, 소원, 의지, 욕망 등)을 지배하는 기관(출 23:9; 민 21:5; 시 86:4)이다. 영혼은 하나님이 지으신 것이요(창 2:7; 렘 38:16), 하나님께 속한 것으로서(겔 18:3-4), 불멸(不滅)하며(마 10:28), 천하보다 귀한 가치를 지닌다(마 16:26). 성경에서는 '생명'(삼상 18:1, 3; 24:11) 또는 '마음'(시 42:1-2, 4)으로 표현되기도 했다."

—

"더욱이 성경은 살아 있는 존재로서의 인간에게서 그 영혼은 몸과 분리될 수 없는 하나의 통일체로 보고, 또 둘을 상호 보완적인 것으로 여긴다(약 2:26). 하지만 육체가 죽으면 그 육체에 깃들여 있던 영혼은 분리되는 것이라 본다(창 35:18; 마 27:50; 계 6:9; 20:4). 한편, 영혼은 괴로움을 당하기도 하고(욥 7:1; 시 35:13), 외로움(시 35:12)과 낙망(시 42:5), 피곤함(시 107:5), 주림(시 107:26), 즐거움(시 71:23; 사 61:10), 처절한 절망감(시 107:26) 등을 경험하기도 한다."

—

"하나님은 당신을 자랑하고(시 34:2), 당신을 갈망하며(시 25:1; 62:1; 63:1), 기다리는 영혼에게(시 130:5) 소생의 은혜를 베푸시고(시 23:3), 피난처가 되어 주시며(시 57:1), 그 영혼을 보호하시고(시 97:10; 121:7), 강하게 하시며(시 138:3), 또 그 영혼을 기쁘고 즐겁게 하시고(시 86:4; 94:19), 영원토록 함께하신다(계 20:4)."

〈라이프 성경사전〉

1

성경적 세계관

✦

건강한 크리스천은 '3S'를 겸비한 사람이다. '3S'란 '자아 성체성' self identity, '사회적 정체성' social identity, '영적 정체성' spiritual identity 이다. 말씀과 예수 그리스도의 십자가 사랑에 기반한 온전한 영성, 건강한 자아와 인격, 사회적 의식과 성경적 세계관에 기반한 삶과 행동, 이 세 가지를 겸비해야 인격적, 신앙적, 사회적으로 건강한 크리스천으로 인정받는다. 그리고 사람들에게도 은혜와 축복의 통로로서 그 사명과 역할을 다할 수 있다. 예수 그리스도 대속의 십자가의 은혜가 현재에 드러나고 나타나는 것이 온전한 신앙생활이며, 삶이다.

『피터 드러커, 마지막 통찰』에서는 이렇게 언급한다. "미래를 예측하는 가장 좋은 방법은 미래를 창출하는 것이다." 그리고 앨런 케이 Alan Curtis Kay 는 말한다. "미래를 예측하는 가장 좋은 방법은 미래를 만들어 내는 것이다." 결국 'create'이든, 'invent'이든, 미래는 내가, 우리가, 공동체가 만들어 가야 한다. 오로지 과거보다 현재와 미래를 위해서 말이다.

한국 교회가 부흥하기를 뜨겁게 갈망한다. "여호와여 내가 주께 대한 소문을 듣고 놀랐나이다 여호와여 주는 주의 일을 이 수년 내에 부흥하게 하옵소서 이 수년 내에 나타내시옵소서 진노 중에라도 긍휼을 잊지 마옵소서." 합 3:2 성경은 수직적 관계와 수평적 관계를 말한다. 하나님을 사랑하고, 사람을 사랑하라고 한다. 이 두 계명은 서로 무관한 것이 아니다. 서로 연합되어 있다. 온전한 관계를 말한다. 하나님을 향한 사랑이 사람에 대한 사랑을 통해 완성되고, 사람에 대한 사랑을 통해 하나님을 향한 사랑이 검증되기 때문이다.

김세윤 박사 미국 풀러신학교 의 한 세미나에서의 리얼 토크이다. "복음에 비춰 세상을 읽고 세상 문화를 이해하며 사회 개혁을 해야 하는데, 신학적 이해가 부족해 이런 것들을 하지 못했다.", "그저 QT나 하고 허접한 경건 서적을 읽는 수준으로는 안 된다." 뉴스앤조이, 2015.10.19 "허접한", 이 표현에는 휴머니즘과 진정성이 드러나 있다. 기존의 QT나 경건 서적은 나름대로 신앙적인 가치나 의미가 있지만 비유를 들자면 이 정도 수준은 대학에서 교양 학점 정도의 레벨이라는 것이다.

각 개인의 전공 심화 과정이 바로 성경적 세계관이다. 치열한 지식 정보화 시대에서 기존 성경 공부 프로그램으로는 무기력하다는 말이다. 자기 정체성 확립이나 사회 변혁과 하나님 나라 확장의 역할을 감당하는데 한계가 있다는 취지의 발언으로 이해하고, 저자는 이에 전적으로 공감한다.

이 책은 진정한 성공과 "불멸의 스타"에 대해 성경적으로 정의한다. 한국 교회를 대표하는 목회자들과 장로들이 만든 '기독당'의 시작과 그 결말을 분석하면 지혜와 교훈을 얻을 수 있다. 교회의 '영적 권세'와 세상의

'정치 권력'에 대한 '신학적 미구분'과 '개념의 몰이해'에 대한 성찰이 필요하다. 체계적인 성경적 세계관의 중요성을 말해 주는 상징적 사건이다. 문OO 장로의 총리 후보자 낙마와 일본의 식민지 역사관 문제도 동일하다. 이는 교회 공동체의 권위에 심각한 영향을 미치는 이슈이다.

무지한 열정보다 위험한 것은 없다. 매스컴에서는 크리스천 유명 연예인의 가정 해체 소식과 사회적 물의 및 자살 사건 등이 보도되기도 한다. 성장 과정에서는 인정받고 나름대로 성공했다는 사람이 한순간에 무너진 경우도 있다. 특히 사회적 파급 효과가 큰 크리스천 기업인이나 정치적 리더들이 잘못되는 것을 보면 안타깝다. 여러 한계가 존재하지만 이는 교회에서 제대로 배우지 못한 리더십, 번영신학에 기반한 복음, 왜곡된 성공관, 세계관 결여의 결과라고 생각한다. 이러한 흐름은 청년, 대학생, 심지어 청소년들에게 교회의 가치나 의미를 찾지 못하게 하여 교회를 떠나거나 외면하게 하는 중요한 이유로 작동하기도 한다.

세상에서 부와 권력, 명예, 승리를 추구하는 구약 성경적 축복과 이를 상징하는 영광의 그리스도가 신앙생활의 전부는 아니다. 크리스천들이 시련과 연단, 고통을 통해 자기 정화와 신앙적 성숙, 자기 포기의 십자가와 고난의 예수 그리스도를 함께 이해할 때 건강한 신앙관이 세워진다.

성경적 세계관은 영, 혼, 육의 전인적 구원과 신앙의 중요한 기반이다. 말씀과 성령으로 지식의 거듭남이다. 지식의 세례이다. 구속사적이고 종말론적인 성경과 세상, 학문에 대한 지식관이다. 지식은 바울의 체험에서 현실적 사실로 간주된다. 새사람은 머리도 지식도 새로워져야 한다. 골로새서 3장 10절에서는 이렇게 규정한다. "새 사람을 입었으니 이는 자기를 창조하신 이의 형상을 따라 지식에까지 새롭게 하심을 입은 자니라."

세계관은 신앙과 신학에서의 중심 체계이다. 쉽게 비유하자면, 사람의 인체를 유지하고 지탱하는 뼈대와 같다. 건물은 형태와 하중을 지탱하는 골조와 같다. 골조가 부실하면 건물이 붕괴되거나 흔들린다. 골조가 튼튼하면 태풍이나 지진 등과 같이 어떤 위험한 환경에도 흔들림이 없다. 그리고 수명이 길다. 반면에 아무리 인테리어가 아름답고, 화려해도 골조가 부실하면 오래가지 못하고 위험하다. 하나님은 구속의 하나님이자 창조의 하나님이시다. 생물학적 영역에서의 창조와 각 세상 영역에서의 창조 원리도 동일하다. 각 생물마다, 사람마다, 모든 창조물과 영역마다 고유의 창조 원리가 있다. 타락한 세상은 원래의 창조 질서대로 회복되어야 하며, 이를 이루기 위해 하나님은 사람을 도구로 사용하신다는 관점이다. 성경적 세계관은 이러한 영역주권론을 기반으로 한 이론이다.

이 책에서는 이 땅의 모든 크리스천이 세상 속의 사역자로 살아가기를 바라는 의도에서 성경과 사회를 언급했고, 영과 육, 성聖과 속俗, 성경과 세상의 이분법적 세계관을 극복하고 조화와 균형을 통한 영적 진보를 콘셉트로 정했다. 그리고 크리스천, 청년, 대학생, 정치, 경제, 사회, 각 분야의 전문 리더들을 위한 대안을 제시했다.

'래디컬'Radical 복음

'Radical'은 "근본적인", "철저한", "급진적인", "과격한", "급진파의", "급진주의"라는 의미를 지닌다. 이 단어는 라틴어의 'radix', 즉 "뿌리"라는 단어에서 파생되었다. 이처럼 복음은 급진적이다. 성경은 크리스천들에게 영혼 구원의 텍스트이다. 영혼 구원과 죄악으로 왜곡된 세계 구조를 변혁하는 것이 복음의 능력이다. 세계 변혁의 핵심 가치를 제시하기 때문이다.

사람이 하나님을 만나면 존재의 변화, 실존의 변화, 의식의 혁명이 일어난다. 이러한 일이 생기면 흔히 말하는 '변화된 사람'이 된다. "다시 태어남", "본질적으로 거듭남"의 '본 어게인' Born Again 을 체험한다. 변화된 사람은 가정, 직장, 사회, 국가 공동체에서 소금과 빛의 역할을 한다. 그런데 오늘날 이러한 면에서 크리스천들에게 한계가 있다. 불신자들에게 사랑으로 복음을 전하고, 믿음을 보여야 하는데 말이다.

> "네 장막터를 넓히며 네 처소의 휘장을 아끼지 말고 널리 펴되 너의 줄을 길게 하며 너의 말뚝을 견고히 할지어다 이는 네가 좌우로 퍼지며 네 자손은 열방을 얻으며 황폐한 성읍들을 사람 살 곳이 되게 할 것임이라." (사 54:2-3)

한국의 건국 초기에 대부분의 선각자, 정치 엘리트들은 크리스천들이었다. 백범 김구 선생, 도산 안창호 선생, 몽양 여운형은 교회 전도사 출신이다. 이 외에도 손으로 꼽을 수 없을 만큼 많이 있다. 교육과 계몽을 위해 많은 외국 선교사들이 헌신했다. 오늘날 연세대, 이화여대 등 대표적인 학교도 초기에 그 기초를 세웠다. 3 · 1 운동도 크리스천들이 주도했다. 항일 운동도 교회에서 일어났다. 이렇듯 교회는 한국 사회에 중요한 기여를 했다. 물론 이름도, 빛도 없이 수고하고 헌신한 크리스천들이 부지기수이다. 눈을 돌려 세계를 보기로 하자. 자본주의 발전에 크게 기여한 칼빈, 오늘날 독일과 유럽 자본주의 발전에 이론적 토대가 된 막스 베버 , 정치적으로는 미국의 흑인 대통령 탄생의 씨앗을 뿌린 마르틴 루터 킹 목사, 덴마크 부흥의 아버지 그룬티비히 목사, 링컨에 앞서 흑인 노예 해방을 가져온 영국의 양심인 윌리엄 윌버포스, 독일의 통일을 주도한 앙겔라 메르켈 총리, 그녀는 가난한 목사의 딸이었다. 현재 독일 대통령 요아힘 가우크, 그는 루터교 목사로 동독의 인권과 통일 운동에 앞장선 인물이다. 이들을 언급한 이유는 기독교의 정치 세력화가 아니다. 그들이 보여 준 사람과 국가에 대한 그들의 선한 가치와 철학이 어떻게 국가 발전에 기여했는지를 제시하기 위함이다.

이는 특수성과 보편성의 원리와 관련된다. 기독교적인 특수한 가치를 추구하면서도 개인, 사회, 국가, 세계사적인 보편적 가치를 담보한다면, 기독교는 인류에 선한 영향력을 미친다. 국가에 대한 사랑도 부정적 의미의 국수주의가 있고, 긍정적 의미의 애국주의도 있기 때문이다. 기독교적 가치이지만 타 종교와의 공존의 미를 살리고 대화와 상호 인정, 커뮤니케이션을 잘 해낸다면 국가 공동체에서 누구나 인정하는 사회 발전의 가치가 될 것이다. 세계관은 내적인 통일성이 있어야 한다. 그리고 세계관 자체의 유한성과 한계성을 인식하는 개방성이 있어야 한다. 모든 세계관을 판단하는 궁극적인 기준은 성경이다.

독일의 철학자 에른스트 블로흐[Ernst Bloch]는 그의 저서 『희망의 원리』에서 새로운 관점을 제시한다. 그는 기독교의 비아편적 기능을 설파하면서 위대한 종교 지도자들 치고 인간의 자유와 해방을 위해 이 땅 위에서 피땀 어린 투쟁을 전개하지 않는 자가 없다는 것을 공산주의자는 인정하고 시인해야 한다고 강변한다. 예수를 비롯해 루터, 칼빈, 본회퍼 등 그들의 생활상에서 종교의 아편성은 찾아볼 수 없고, 오히려 이 세상을 위한 존재로서의 급진성만 찾아볼 수 있다고 주장한다.

사실 복음은 대단히 급진적이며 변혁적이다. 현실적으로나 역사적으로도 결코 칼 마르크스가 말한 "인민의 아편"이 아니다. "소금과 빛"이다. 급진적 차원을 넘어 순교의 피를 흘릴 정도로 복음에는 능력이 있다. 이러한 역기능으로 기독교 전쟁의 과오나 역사가 있다는 것도 인정한다. 하지만 역설적으로 평화가 전쟁을 이긴다면, 그것은 급진적이다. 예수 그리스도의 십자가와 부활은 죄와 사망과 죽음, 그리고 어두움의 권세와 질서가 패배한 것이다. 또한 사람들의 악과 세상의 악행이 그리스도의 죽음으로 극복되고 단절된 것이다.

기독교를 보는 세계적인 학자들 간의 차이가 있다. 막스 베버는 기독교를 청교도 정신을 내포하고 의미하는 국가의 "소금과 빛"으로 보았다. 그가 말하고 강조한 것이 프로테스탄티즘적 자본주의이다. 반면에 공산주의자 마르크스는 기독교를 "인민의 아편"적 시각으로 보았다. 그래서 불평등과 타락한 경제 질서에 대한 한계, 정치 혁명에서 인민의 비판 의식을 마비하고 혁명 의식 고취에 걸림돌이 되는 기독교를 사회의 저해 요인으로 여겼다.

기독교는 교회 안에서뿐만 아니라 정치와 사회를 변혁하는 초이데올로기이다. 그래서 올바른 교회는 시대적 욕구이다. 우리가 바라는 교회는 완벽하고 이상적인 교회가 아니다. 그런 교회는 이 땅에 없다. 우리가 바라는 교회는 단지 성경 진리를 기반으로 한 상식적인 교회이다. 개인적으로 교회 개혁이라는 말보다는 "교회 업그레이드", "콘텐츠 강화", "변혁"이라는 말을 선호한다. 개혁의 주체는 삼위 하나님이다. 나와 우리는 모두 이 개혁의 대상이라는 관점 때문이다.

세상의 폭력에 맞서 교회 공동체가 사랑의 폭력을 제시한다면 급진적이다. 칼과 이성의 폭력 앞에서 신앙을 고백하고 죽음을 택한다면 급진적이다. 사회적 악인이 예수님을 믿고 사람이 변한다면 급진적이다. 노동자를 억압하고 착취한 기업인이 예수님을 영접하고 나서 회개하고 소유를 노동자와 나눈다면 급진적이다. 원수를 용서하고 사랑한다면 급진적이다. 제국의 폭력과 억압 가운데서도 예수 그리스도의 복음과 평화를 전한다면 그야말로 급진적이다. 예수 그리스도의 십자가와 부활은 죽음이 단번에 생명으로 변화되고 승화된 승리의 사건이다. 그리스도의 부활을 믿는 것은 일시적 패배에 대한 전격적인 반전의 시각이며, 절망과 좌절에서 새로운 국면으로의 희망과 승리가 가능함을 믿는 신앙의 확증적인 사건이다. 지상에서 예수님의 사람에 대한 최대의 사랑과 배려는 십자가의 죽음이었다. 그래서 복음은 급진적이다. 가히 혁명적이다.

성경적 세계관은 복음에 대한 깊고 폭넓은 이해와 그리스도인의 문화적 사명에 대한 체계적 정립이다. '복음주의'福音主義, evangelicalism의 사상과 노선의 원칙적 관점이다. 성경을 축자적으로 이해하는 근본주의적 노선이나 신학적 보편성을 근거로 삼는 사회철학적인 자유주의 신학과 사회적 급진주의나 혁명주의와도 차별된다. 복음주의는 개혁주의 노선이나 오순절주의를 포괄한다. 성경 진리와 실천을 강조한다. 근본주의나 자유주의적 진보를 추구하는 이 양극단의 긴장관계에 있으면서 동시에 상호 비판적인 상관관계 속에서 양자를 비판적으로 견인하고 수렴하며 변증적인 종합을 추구하는 신학의 정체성을 지향한다. '복음'의 절대성을 견지하면서도 '실천'을 강조한다.

영적인 양극화 극복과 세계관

크리스천들은 늘 두 개의 세계관을 갖고 살아간다. 학문의 영역에서도 마찬가지이다. 예를 들면 정치학이나 경영학에서는 성령의 역사를 통한 리더십이나 기업 경영을 학문적으로 인정하지 않는다. 학위 논문도 통과될 수 없다. 교육학에서도 차이가 있다. 일반 교육학과 기독교 교육학이 서로 다르다. 그래서 신학만 전공한 목회자들이나 사역자들과 일반 학문을 전공한 사람들 간에는 세계관에서 큰 차이를 보이기도 한다. 성경 진리의 원칙과 중심 안에서 지혜로운 조정과 통합이 필요하다.

성경은 세상 죄에서의 분리 separation 와 거룩함을 강조했지, 세상과의 단절 isolation 을 말하지는 않았다. 성경적 세계관의 정립은 이원론의 극복을 위함이다. 그리고 세계에서 존재하는 모든 대상을 기독교적이고 영적인 차원과 세속적이고 육적인 차원으로 구분 짓고 분리하려는 존재론적 이원론의 한계를 탈피하고자 하는 시도이다. 결과적으로는 세계에 대한 몰이해와 기독교 신앙의 잘못된 이해의 인식을 해소해 주기 위함이다. 그리고 기독교 안에서의 신앙적인 면과 세상 가운데에서의 삶의 불일치가 보여 주는 윤리적 이원론의 극복에 대한 대안이기도 하다.

신앙과 삶의 이원론, 교회와 세상과의 분리, 사적인 영역에서 개인의 구원 및 신앙 체험과 객관적 진리 및 공적인 삶의 영역에서 오는 한계의 틈을 비집고 세상의 이데올로기, 인문학 열풍, 사회문화의 바람이 물밀듯이 밀고 들어오게 된 것이 현실이다. 그래서 기독교의 신성한 영역들을 잠식하기에 이르렀다.

신앙생활에도, 사회적 활동에도 지혜가 필요하다. 마케팅의 방법 중에 "타임 마케팅"이라는 말이 있다. 고객의 시간을 점유하고 소유하는 기업체나 제품이 우위를 점하게 된다는 경영 기법이다. 전혀 비교가 어려울 것 같은 경쟁 구도이다. 경쟁 회사가 아닌 곳이 이제는 경쟁 회사가 되고 있다. 온라인 게임 회사와 출판사가 경쟁 상대가 되고, 신발 회사 나이키의 경쟁 상대가 아디다스가 아닌 닌텐도가 된다. 아이들이 닌텐도 DS 게임기 때문에 밖에서 뛰어놀지 않으니 운동화를 덜 사게 된다는 주장이다. 그 이유는 고객의 관심사와 사용하는 시간이 구매를 좌우하기 때문이다. 신앙과 사회적 관계에서도 마찬가지로 시간의 사용에서 선택과 집중의 지혜가 필요하다.

교회와 세상은 분리된 세계가 아니다. 교회 목회자나 사역자들은 주로 교회라는 공간 내에서 삶을 영위한다. 그러나 크리스천들은 365일 동안 세상 속에서 치열하게 살아간다. 크리스천들의 삶, 일터, 신앙생활이란 '안전지대'save zone의 삶이 아니다. 인간의 힘과 노력만이 아닌 하나님의 도우심과 인도하심 안에서 '믿음지대'faith zone의 삶을 사는 것이다. 이러한 믿음지대의 기반을 더 굳건히 하고, 세상 속의 사역자로 사명을 다하기 위해서는 성경 진리와 함께 삶의 각 영역에 대한 성경적 세계관의 이해가 필수적이다. 따라서 우리의 신앙과 가치 체계와 행동 양식의 정립은 중요한 의미를 갖는다.

크리스천들도 일상에서 그렇다. 이러한 두 가지 세계관의 조화와 균형이 이루어지지 않으면 신앙생활과 사회생활이 힘들어진다. 예를 들면 박쥐와 같이 쥐와 새의 중간에서 정체성이 애매모호해진다. 그래서 교회에서는 경건한 모습을 보이면서도, 세상에서는 일반 사람들과 별로 다를 바 없는 이중생활을 하게 된다. 이 점은 오늘날 교회 공동체의 큰 과제이다. 이 책은 이러한 면에서 대안을 제시한다.

오늘날 개신교를 '프로테스탄트'Protestantism 라고 한다. 'Protest'라는 단어는 "저항하다", "반항하다"라는 뜻이다. 16세기에 루터, 츠빙글리, 칼뱅 등에 의한 종교개혁의 영향으로 당시 부패한 로마가톨릭교회에서 분리된 복음주의 성향의 신생 기독교 교파들을 두루 일컫는 말이다. 복음주의 교회라고도 부른다.

기독교와 크리스천 그리고 사회와의 관계에서 해법이 필요하다. 불특정한 개인이 공동체로부터 공식적으로 위임된 권위가 아니면 개인은 조직을 대변하지 않는다. 그러나 그 공동체가 공식적으로 추구하는 핵심 가치나 지향은 개인에게 적용된다. 즉, 그 개인이 그 공동체의 목적과 이념이나 가치를 따르고 개인의 내면적인 신념과 정체성이 정립되어 있으면, 개인과 공동체는 일체감을 느낀다.

하지만 그 공동체가 공식적으로 천명하거나 명시하지 않는 원칙을 개인이 어기거나 일탈했을 때는 그가 속한 공동체 전체를 탓하거나 책망할 수는 없다. 이때는 개인을 책망해야 적절하다. 그런데 어떠한 개인이 공동체의 추구하는 목적과 가치를 내면에 담고 어떠한 행동을 했다면 공동체를 대변하는 것으로 볼 수 있다. 그리고 공동체가 공식적으로 추구하는 목적과 이념이나 가치와 전혀 무관하게 개인적인 종교관이나 이데올로기, 목적, 도덕성과 사회성은 개인의 문제로 국한해야 한다.

"한국 교회는 자기 신학이 없어요. 전부 수입 신학, 번역 신학이에요. 수입 신학과 번역 신학은 우리 상황과 고민을 신학화한 것이 아니에요. 슬픈 일이 아닐 수 없어요. 지금 신학교에는 학문의 자유가 없고, 신학화 작업이 부재합니다. 신학도 하나의 학문입니다. 학문이란 건 '물음'에서 출발합니다. 우리에게 직면한 문제에 대해 의식을 가지고 체계화하는 게 신학입니다. 한국적 상황을 자기의 문제의식으로 끌어올려 우리 신학을 세워 가야 합니다."

이만열 교수가 한 세미나에서 강조한 말이다. 한국 교회의 현실을 진단하고 상황을 규정하며 신학적 대안 제시와 미래 지향의 부재, 신학적 풍토의 한계 상황을 지적하는 관점에서 공감과 울림이 크다. 성경과 성령의 역사는 사상이나 이론에 매이지 않는다. 그런데 신학은 복음을 이해하는 데 유익하다. 그러나 신학으로 복음을 대체하거나 우위를 점하려고 시도한다면 복음이 그 신학을 무력화할 것이다.

세계관이란 무엇인가?

세계관^世界觀, World-view, Perspective^이란 "세계를 보는 관점"을 말한다. 개

인이 존재하는 모든 본질과 현상을 바라보는 일관적이고 체계화된 관점이다. 아브라함 카이퍼[Abraham Kuyper]가 말하는 세계관이란 인간의 사고와 삶의 기초가 되고 그것을 형성해 가는 신념 체계이다. 그는 세계관을 세계의 사상을 말한 철학적 체계가 아닌 "삶과 세계에 대한 관점"[life and worldview]이라고 정의한다.

영역주권[領域主權, Souvereiniteit in eigen Kring(화), Sphere Sovereignty(영)] 사상은 아브라함 카이퍼 사상의 핵심이다. 이는 칼빈의 하나님 주권 사상에 그 뿌리를 두고 있다. 카이퍼는 칼빈의 하나님의 주권 사상을 더 세분화하고 구체화한 이론이다. 그의 정신적 스승인 흐룬 반 프린스터[G. Groen Van Prinsterer]가 주장한 내용이 발진한 것이다.

아브라함 카이퍼는 벤자민 워필드[B.B. Warfield, 1851–1921], 헤르만 바빙크[Herman Bavinck, 1854~1921]와 함께 세계 3대 칼빈주의 신학자 중 하나로 꼽힌다. 그는 기독교 역사에서 교회와 국가, 세계 각 영역의 고유성과 기능적 독립성을 이해하여 도와주는 길잡이 역할을 하여 세계관 형성의 이론적 근거와 적용에 크게 기여했다. 카이퍼 이후로는 도예 베르트[Herman Dooyeweerd] 박사가 영역 주권 사상을 더욱 구체적으로 발전시켰다. 카이퍼는 하나님의 '자기계시'인 성경을 절대 권위로 인정했고, 신학의 유일한 원리요, 원천으로 제시했다.

성경적 세계관은 삼위일체 하나님에 대한 믿음과 고백에서 출발한다. 여기에서 핵심적인 가치는 그리스도의 왕적 통치란 그리스도의 주권에 의한 세상을 향한 다스림이지, 기독교의 세계 지배나 교회의 세상 통치를 의미하지 않는다는 점이다. 기독교 세계관[Christian world-view]이란 그리스도인이 지닌 세계관Christian's world-view을 뜻한다.

세계관은 가치와 신념을 통제하며, 모든 문화적 행위의 근본 원인이다. 인간은 본성적으로 자기의 행동을 정당화할 수 있는 일관성 있는 근거가 있을 때 마음의 안정을 누리며, 이러한 삶의 통일성은 결국 인생의 목적과 깊은 관계가 있다. 세계관은 모든 실재계를 보고 해석하며, 의미를 부여하는 선험적a priori이고 주관적인 틀이다. 세계관은 공동체적이다. 세계관은 개인적이지만 체계성과 논리적 정합성을 지닌다면 공동체가 공유하게 되어, 하나의 시대 정신으로 문화와 시대 전체를 지배하게 된다.

문화 인류학자들은 대개 문화를 크게 '세계관'worldview, '가치체계'value system, '행동양식'behavior pattern의 세 영역으로 나눈다. 신학이나 철학 같은 사고의 체계가 아니라 '전이론적 인식틀'perceptual framework이다. 세계관은 사고의 체계가 아니라 인식의 틀이며, 사물을 인지하는 방식이다. 따라서 '인지적'이다. 생동적인 삶은 올바른 생의 의미가 확립될 때만이 가능하며, 의미 있는 인생관은 건전한 세계관에서 나온다. 하나의 직관적, 신념적 구성물이다. 보통 가치와 신념의 차원을 동일시한다.

그런데 로이드 콰스트Lloyd Kwast는 신념beliefs이 가치values보다 더 심층부에 있다고 본다. 사건이나 상황, 주변 세계에 대한 인식, 판단의 기본이 되는 전제들을 세계관이라고 말한다. 이는 '정서적'이다. 이 세계를 바라보는 관점을 지칭하는 말이다. 앤드류 호페커Andrew, Hoffeker는 이렇게 정의한다. "세계관이란 총체적인 인생관을 표현하는 실제에 관한 그의 전제들과 확신들의 총합이다."

사람들의 사고와 행동에는 세계관이 반영되어 있다. 그 결과로 사람들의 행동 양식에는 반드시 세계관이 드러난다. 세계관은 실험적 탐구나 이론적 구성이라기보다는 직관적이고 관조적 의미를 지닌다. 세계 안에서의 실천과 활동이라는 실천적 동기가 작용하여 세계관을 외현화한다. 성장 과정에서 문화와 환경, 학습과 교육을 통해 받아들인 것과 우리의 경험에 의해 더욱 구체화된다. 신앙의 영역에서도 마찬가지다.

기독교 세계관이란 하나님 계시의 중심적인 진리들을 숙고함으로써 깊은 진리들을 체계화한 것이다. 기독교 세계관은 성경적 관점으로 세계를 보는 것이다. 구속을 창조 목적의 성취와 완성이라는 관점에서 본다. 근본적으로 역사적 세계관이기 때문에 구속사적 관점으로 이 세상을 본다.

브라이언 왈쉬 Brian J. Walsh 와 리차드 미들톤 J. Richard Middelton 은 『그리스도인의 비전』에서 이렇게 정의한다. "세계관은 지각의 틀 perceptual framework 이고, 사물을 인지하는 방식이며, 삶에 대한 시각 vision of life 이요, 삶을 위한 시각 vision for life 이다." 알버트 월터즈 Albert M. Wolters 는 세계관을 이렇게 정의한다. "한 사람이 사물들에 대해 갖고 있는 기본적 신념들의 포괄적인 틀이다." 레슬리 뉴비긴 Lesslie Newbigin 은 "성경은 우리가 바라보아야 look at 할 책이 아니라 그것을 통해 보아야 look through 할 책이다."라고 말한다.

어거스틴 Augustine 이 말한 소위 '종교적 집중' religious concentration 의 원리를 적용하면 사람은 '하나님을 섬기든지 아니면 다른 신을 섬긴다.' 세계관은 사람들에게 공식 · 비공식적으로 주입되며, 의식적 · 무의식적으로 강화된다. 그래서 세계관은 쉽게 변하지 않는다. 이러한 세계관은 사고와 행동 방향을 설정하기 위해 필요하다. 사고나 행동이 옳은지, 옳지 않은지를 평가하는 가치 평가적 차원의 관점이다. 사유와 삶의 전 영역을 통일하기 위해 세계관은 필요하다. 그리고 인간은 본성적으로 자기의 행동을 정당화할 수 있는 일관성 있는 가치나 근거가 존재해야 안정을 찾는다. 삶의 통일성은 결국 인생의 목적과 깊은 관계가 있다. 행동의 일관성은 곧 자신과 주변 세계에 대한 통일적인 견해 세계관 를 통해 이루어진다. 문화와 언어들은 세계관을 반영하지만, 그와 동시에 세계관에 의해 형성되기도 한다.

한국 교회의 현재를 진단하자면 신앙의 영역에서는 나름대로 가치체계 value system 와 행동양식 behavior pattern 은 겸비했지만, 교회와 세상에 대한 총체적인 자기 정체성과 세계관 world-view 의 정립과 실천은 미비하다는 점이다.

신국원 교수는 『니고데모의 안경』에서 세계관을 이렇게 정의한다. "세계관은 세상과 삶에 대한 조망 view of the world and life 이며, 세상과 삶을 위한 조망 view for the world and life 이다.", "세계관은 세상과 인생을 내다보는 창이다. 세계관은 세상과 인생에 대한 이해와 앎의 통합적 기초다." 이승구 교수는 세계관을 이렇게 정의한다. "이 세계에 대한 그 나름의 관점, 그 나름의 이해가 각자의 세계관이다."

제임스 사이어 James W. Sire 는 『기독교 세계관과 현대사상』에서 "세계관이란 이 세상의 근본적 구성에 대해 우리가 의식적으로든 무의식적으로든 견지하고 있는 일련의 전제나 가정들"이라고 정의한다. 이 세상의 근본적 구성 요소라는 다섯 가지 질문과 답을 제시한다. "참된 최고의 실제, 인간이란 무엇인가", "인간이 죽을 때 어떤 일이 일어나는가", "도덕의 기초는 무엇인가", "인간 역사의 의미는 무엇인가" 이 다섯 가지 질문에 대해 기독교 세계관은 자연주의, 이신론, 허무주의, 실존주의, 동양 범신론 등의 세계관과는 다르다는 관점을 성경적인 원칙으로 제시한다.

벤 토레이Ben Torrey는 이렇게 정의한다. "세계관은 사람이 자신을 둘러싼 세상을 바라보는 방법입니다. 세계관이라는 렌즈를 통해 사람은 실제를 인식합니다. 대다수의 사람들은 자신들이 고유의 세계관을 가지고 있다는 것을 깨닫지 못합니다. 심지어 자신을 둘러싼 세계를 이해하고 바라보는 데 한 가지 이상의 방법이 있다는 것을 생각조차 하지 않습니다." 양승훈 교수는 세계관을 이렇게 정의한다. "사건이나 상황 자신을 포함한 주변 세계에 대한 인식 또는 판단의 기본이 되는 전제의 틀이다."

제임스 B. 조르단 James B. Jordan 은 『성경적 세계관』에서 사람을 변혁의 대리인으로 본다. 세속적인 세계관을 교정하는 것이 이 책의 목적임을 말한다. 그는 왕, 제사장, 선지자로서의 인간에 대해 언급한다. 세상을 영화롭게 하고 하나님의 대리자가 되도록 하나님에 의해 만들어졌고, 이 임무에 성숙해짐으로써 인간이 스스로 왕, 제사장, 선지자로서의 영광에서 영광으로 자라가야 한다는 견해이다. 성경을 분석하고 성경 자체의 세계관을 제시한다. 인간은 이차적인 상징이고, 하나님이 일차적인 상징이다. 일차적인 상징을 다시 진지하게 회복시킬 때 진정한 회복이 시작된다고 말한다. 또한 그는 "우리의 목표는 성경 속으로 가서 성경 자체의 세계관과 언어와 사고의 형태에 가능한 한 친숙하게 되려는 것이다. 우리의 목표는 성경 속에서 사람들이 생각하는 방법을 배우고 생각하는 것이다."라고 말한다. 성경을 철학적이거나 과학적으로 보는 것이 아니다. 상징주의적이고 압축적인 언어로 이루어져 있기 때문에 해석하는 사람에 따라 그 의미가 상당히 다르다는 것에 유의하면서 나름의 관점에서 해석하고 이해한다. 그는 상징주의가 인간 삶을 위한 그 어떤 것보다도 더 중요하다고 밝힌다. 상징이 실체를 창조하고, 인간에게는 상징이 실체를 조직한다고 말한다.

벤 토레이는 "하나님은 진리를 알고자 하는 사람을 도와주실 것"이라고 말한다. "우리는 우리 스스로 세계관을 바꾸거나, 왜곡된 세계관을 수정할 수 없습니다. 하지만 우리에게는 하나님의 말씀을 이해하도록 도와주시는 하나님이 계십니다. 하나님은 성령을 보내 주시사 우리가 이 과정을 통과하도록 인도해 주십니다. 근본적으로 예수 그리스도가 흘리신 피의 희생으로 우리의 낡은 안경을 깨뜨리시고, 왜곡된 세계관을 치유하기 위한 새로운 안경을 주셨습니다."

> "그는 때와 계절을 바꾸시며 왕들을 폐하시고 왕들을 세우시며 지혜자에게 지혜를 주시고 총명한 자에게 지식을 주시는도다 그는 깊고 은밀한 일을 나타내시고 어두운 데에 있는 것을 아시며 또 빛이 그와 함께 있도다."
>
> (단 2:21-22)

구원 salvation 과 구속사

구원에 대한 정확한 개념은 구원받은 백성으로서 자기 정체성을 형성하는 데 중요한 지침이 된다. 구원은 헬라어로 '소조'sozo, 혹은 '소테리아'soteria 이다. 이 단어의 뜻은 "건져내다", "치료하다", "위험으로부터 구출되다", "온전케 하다"의 뜻이다. 죄에서, 저주에서, 질병에서 구원한다는 뜻이다. 전인적 치유, 전인적 회복, 전인적 축복의 개념이다. 『비전성경사전』에서는 다음과 같이 정의한다. "구약성경에서 구원으로 번역된 히브리어는 '예슈아'로 자연 재해나 적의 침입과 같은 실제적이고 역사적인 상황과 관련되어 쓰였다. 신약성경에서 구원으로 번역된 헬라어는 '소테리아'soteria 로 주로 죄, 죽음 그리고 사단의 권세로부터 믿는 이들을 구해내시는 예수 그리스도를 통한 하나님의 사역과 관련되어 쓰였다."

"구원이 예수 그리스도를 통해 이루신 하나님의 사역이기 때문에 인간이 할 일은 하나님께서 주시는 은총을 믿음으로 받는 것뿐이다. 구원의 대상은 이스라엘 자손사 45:17 뿐 아니라 이방인롬 11:11-12; 갈 3:8,즉 모든 사람마 18:14; 롬 1:16 이다."

"구약에서의 구원이다. 구약에서 구원은 추상적인 의미, 즉 죄로부터의 영적인 구원시 51:14; 겔 37:23 을 뜻하는 때도 있었지만 대부분의 경우는 실제적인 의미, 즉 애굽시 106:7-10 이나 환난렘 30:7, 원수삼하 3:18; 시 44:7, 병사 38:20 등으로부터의 구원을 말하였으며, 그 주체는 대부분 하나님이셨다. 구원은 적으로부터 놓임받아 하나님께로 해방되는, 하나님의 주권적인 사역이었다.사 43:11 여기서 인간을 사로잡고 있던 적들은 죽음이나 두려움시 6:4-5, 대적신 20:4, 사악한 자시 59:2, 질병사 38:21, 환난렘 30:7, 죄시 51:14; 겔 36:29 등이었다."

"신약에서의 구원이다. 신약에서의 구원은 하나님께서 인간을 위해 마련하신 놀라운 은혜였다. 죄의 상태에 놓여 있는 인간을 사랑하셔서 하나님께서 독생자 그리스도를 이 땅에 보내셨다. 그리고 인간을 대신해서 피 흘리게 하시므로 하나님과 인간이 온전한 화목을 이루도록 하셨다.[롬 5:9] 이후 인간은 하나님의 자녀가 되는 새로운 상태[갈 4:6; 롬 8:14]에 놓이게 되었고, 유업을 받게 되었다.[갈 4:7; 엡 1:11] 이러한 구원은 신약성경에서 헬라어 '소조'sozo, '소테리아'soteria 등으로 기록되었는데[마 8:25; 요 11:12; 행 27:31, 34; 히 5:7] 질병을 고치는 이적과 함께 사용되거나[마 14:36; 눅 7:3] 죄 사함으로 인한 구원[눅 1:77], 영생을 상속받으며 하나님 나라에 들어가는 것으로 표현되었다."[막 10:17-26]

"바울은 구원을 그리스도의 구속 사역에 근거하여[요 17:2; 딤전 2:5; 딤후 1:9] 날마다 지속적으로 이루어 가며[빌 2:12] 미래에 완성될 것[롬 13:11; 벧전 1:5]이라고 보았다. 구원으로 비유된 것들로는 뿔[시 18:2; 눅 1:69], 투구[사 59:17; 엡 6:17], 방패[삼하 22:36], 우물[사 12:3], 횃불[사 62:1], 잔[시 116:13], 옷[시 132:16; 사 61:10], 성과 곽[사 26:1; 60:18], 병거[합 3:8], 승리[고전 15:57], 놋뱀[민 21:4-9; 요 3:14-15] 등이 있다."

'율법'의 목적은 하나님의 백성을 거룩하고, 정의로우며, 하나님을 예배하는 개인과 이상적인 공동체로 세우며 보존하는 데 있다. '복음'의 시작은 율법의 한계에서부터 출발된다고 할 수 있다. 죄 사함과 구원의 완성을 향한다. 복음이 오기 전에는 율법 아래 매여 있었다.[갈 3:23] 그러나 그리스도의 대속의 은혜로 율법에 대해 죽임당했고[롬 7:4; 갈 2:19], 율법에서 자유케 되었다.[롬 7:6; 고후 3:6,17; 갈 2:3,4; 5:18] 즉, 더 이상 율법 아래 있지 않고 은혜 아래 있게 되었다.[롬 6:14] 물론 이것은 율법을 지킴으로써 구원과 의義에 이르지 못한다는 의미일 뿐이지, 예수로 인한 새 언약복음 곧 믿음의 법, 생명의 성령의 법을 등한시해도 된다는 뜻은 아니다.롬 8:1-4 즉, 모세 율법을 통해 하나님의 뜻을 추구하고 하나님과 관계를 유지하려는 자는 실패할 것이다.롬 7:1-25 그러나 새 언약의 방법으로 하나님과 관계를 갖는 자는 율법의 의에 대한 요구가 예수 그리스도의 생명 안에서 충만하게 충족됨을 확인하게 될 것이다.롬 8:1-4

하나님의 말씀인 성경은 살아 계신 말씀인 예수 그리스도를 증언하며 궁극적으로 삼위일체 하나님을 계시한다. 구속사救贖史, salvation history of redemption는 기독교에서 창세 전부터 정하신 하나님의 작정에 따라 예수 그리스도의 죽으심과 부활을 중심으로 타락한 죄인들을 구원하는 전 역사를 가리킨다. '구원역사'救援歷史, '구원사'라고도 하며, 성경에 나타난 하나님의 모든 경륜과 섭리가 인간 구속의 역사들을 전개한 것이라고 본다. 성경에서 우리는 아버지 하나님을 창조주로, 아들 하나님을 구속주로, 성령 하나님을 종말론적 완성을 가져오시는 능력의 주로 인식한다.

> "여호와를 경외하는 것이 지혜의 근본이요 거룩하신 자를 아는 것이 명철이니라." (잠 9:10)

믿음은 사실 단순하다. 그러나 오늘날 세계는 다양한 가치나 사상과 학문이 존재한다. 성경이 주로 쓰일 때의 농경 사회나 도시 사회가 아니다. 따라서 성경 연구 자체도 중요하지만 하루하루 살아가야 할 세계에 대한 연구도 중요하다. 또한 성경과 세상의 조화와 균형, 성경의 원칙과 외부 세계에 대한 수용과 선별과 지혜도 필요하다.

폴 히버트Paul Hibbert 는 크리스천들 사회에 대한 관심의 필요성을 다음과 같이 강조한다. "우리가 전달하는 메시지는 흔히 오해를 받게 되고 외국적foreign 이 된다. 반면 자유주의 교회 쪽은 현대 인간의 배경에 대한 지식은 강조하였으나, 성경적 진리에 근거한 확고한 신학적 기초의 중요성은 무시한다. 이 그룹은 복음을 상실할 위험이 있다. 우리는 양자의 접근이 모두 필요하다. 우리는 성경적 메시지를 알아야 할 뿐만 아니라 현대적인 면도 알아야 한다." 이는 복음주의자로서 우리는 성경 지식을 강조하지만 사역하는 대상의 사람들과 문화를 검토하는 데는 거의 주의를 기울이지 않고, 문화나 환경에 대한 연구가 부족하다는 말이다. 선교학에서 선교의 대상은 개인일 뿐 아니라 그 개인이 몸담고 있는 문화 구조의 변혁을 지향한다.

성경을 보는 관점은 크게 두 가지로 나뉜다. 신학적으로는 공시적인 관점과 통시적인 관점이다. 하나는 하나님, 인간, 죄, 구원 등의 본질에 관한 것이다. 이는 '공시적인 틀'이다. 다른 하나는 우주와 인간의 역사에서 의미를 발견한다. 이것은 '통시적인 틀'이다.

폴 히버트는 신학의 형태를 두 가지로 구분한다. 한 종류는 실재에 놓이는 기본적 구조를 조사하는 것이다. 그것은 하나님의 본성, 세계, 인간, 죄, 구원 등에 관해 묻는다. 다른 한 가지는 실재에 관한 이야기에 관심을 둔다. 이 종류의 신학은 궁극적 근원, 목적 그리고 우주와 인간, 사회와 개인에 대한 예정에 관한 물음을 묻는다. 그들은 우주와 인간 역사에서 의미를 발견한다. 그런 신학은 '통시적 범례'이다. 성경은 근본적으로 통시적 기록, 즉 우주와 인간 가운데 하나님의 사역에 관한 역사이다. 그 안에서 물론 하나님은 점진적으로 우리에게 그의 본성과 궁극적 실재의 그것을 계시한다. 여하튼 그 이야기는 인간, 창조, 죄 그리고 구속의 연속이다. 교회를 벗어난 성경적 세계관, 통일과 크리스천 리더십에 관한 연구는 통시적 관점으로서의 시각이 필요하다.

기독교적 세계관은 어떤 피조물도, 삶도 그리스도의 우주적 통치 아래 존재한다고 보는 것이다. 그리스도의 주권적 다스림과 그 빛에 의해 다스려진다고 보는 통합적인 관점이다. 아브라함 카이퍼는 "영역주권론"에서 그리스도의 통치와 주권 아래에서 복음이 각 영역에 미치는 유기적 다양성을 인정한다.

'구원관'은 복음의 본질이다. 기독교의 핵심 진리이자 가치이다. 개인이든 공동체이든 본질은 결과를 결정한다. 복음의 핵심 가치와 의미meaning와 본질essence은 변해서는 안 되지만, 전파하는 형식form은 다양한 문화와 정치사회적인 환경에 따라 유연하게 대처하고 적용해야 한다. 복음의 상황화이다. 성경의 역사는 구속사이다. 창조, 타락, 구속, 영화의 방향이다. 세계관은 이를 이루기 위한 가치체계이다.

"철 연장이 무디어졌는데도 날을 갈지 아니하면 힘이 더 드느니라 오직 지혜는 성공하기에 유익하니라." (전 10:10)

2

성경적 소명관

임승수 작가의 표현이다. "인생은 '시간'이라는 한정된 연료를 사용하는 자동차 아닌가. 묻겠다. 왜 유독 인생이라는 차를 운전할 때는 가고 싶은 곳으로 곧장 가지 않는가? 심지어는 연료가 바닥날 때까지 같은 궤도만 뱅글뱅글 돌고 있지는 않은지."

우리의 삶이 인간의 욕망을 키워 나가는 과정이 아니라 하나님이 주신 소명을 온전히 깨닫고 실천하는 과정이어야 한다. 그리고 이 땅에서의 삶 가운데 가장 성공하고 행복한 사람은 바로 자신에게 주어진 사명을 다하며 사는 인생임을 기억해야 한다.

"예수 그리스도의 종 바울은 사도로 부르심을 받아 하나님의 복음을 위하여 택정함을 입었으니."롬 1:1 이 성경 구절에는 그리스도인 모두에게 반드시 적용되는 두 주제가 있다. 바로 '부르심'과 '보내심'이다. 사도라는 명칭은 헬라어로 '아포스톨로스' apostolos 다. "보내심을 받은 이"란 의미이다. 또한 여기에서 '택정함'이란 "선택되어 구별되다", "Being Set Apart"는 뜻이다. 예수님은 사도 바울의 신분이 변하기 전인 사울에 관해 언급하셨다. 아나니아에게 "이 사람은 내 이름을 이방인과 임금들과 이스라엘 자손들에게 전하기 위하여 택한 나의 그릇이라."행 9:15 라고 말씀하셨다. 이것이 주님께서 우리를 부르시고calling 보내시는sending 원리이다.

사명Mission 은 현장의 파송이다. 군사 용어로 빗대어 말하면 영적 군사인 크리스천들에게 '부르심'이 소집 명령이라는 신분의 변화라면, '보내심'이라는 출정 명령은 사역의 목적과 자기 정체성에 관한 것이다. 사도 바울의 신앙고백을 통해 소명에 대한 도전을 받을 수 있다. 소명은 인생의 목적과 연결되어 있고, 사명은 인생의 목표와 연결되어 있다고 이해하면 된다. 바울의 이러한 확고한 소명 의식은 그의 모든 사역을 통해 확증되었다. 성경의 예를 들면 사도 바울은 해외 선교, 문서 선교, 선교 여정, 교회 설립과 복음 전파를 통해 이 땅에서의 온전한 사명을 감당했다.

부르심과 보내심을 온전히 행하기 위해서는 말씀과 예배와 기도가 필요하다. 기도의 엎드림Face down 이 바로 비전의 도약과 성취인 '업 드림'Up-Dream 이다. 그분 앞에 엎드릴 때 새로운 계시와 지혜와 능력이 임한다. 그리고 새로운 일을 행할 수 있는 길이 열린다. 경배란 하나님 임재의 영광 앞에 엎드리는 것이다. 사도 바울과 같이 우리도 이러한 신앙의 결단과 사명 고백, 신앙 고백이 필요하다.

> "그가 어떤 사람은 사도로, 어떤 사람은 선지자로, 어떤 사람은 복음 전하는 자로, 어떤 사람은 목사와 교사로 삼으셨으니 이는 성도를 온전하게 하여 봉사의 일을 하게 하며 그리스도의 몸을 세우려 하심이라."(엡 4:11-12)

사도 바울은 성경에서 크게 보아 5중 직분을 언급한다. 오늘날 이러한 사명 의식은 교회는 물론 각자의 영역이나 삶에서 모든 크리스천에게 중요하다.

사명 missionary 과 소명 calling 은 현실적 적용과 그 의미에서 차이가 있다. 예를 들면 목사나 선교사로 부르시는 것은 '소명'이다. 그런데 그 목사에게 교회 설립, 북한 선교나 문서 선교의 일을 하게 하신다면, 그것은 '사명'이다. 이러한 관점에서 현실적 문제인 직업에 대한 의식이 중요하다. 현실적 대안은 칼빈의 "직업 소명설"이다. 정리하자면 하나님은 모든 크리스천을 직업인으로 부르셔서 자기 영역에서 사명을 감당하게 하신다는 의미이다. 그리고 이 소명은 하나님의 뜻 안에서 발견되고 성취된다.

신성종 목사는 하나님 뜻의 분별에 대해 이렇게 말한다. "우리가 하나님의 뜻이라고 할 때에 몇 가지를 살펴보아야 한다. 하나님의 절대적 뜻 예를 들면 자연 법칙 은 항상 성취된다. 때때로 인간은 에덴에서의 아담처럼 하나님의 뜻을 거역할 수 있다. 그러나 그 경우에 이 거역에 대한 책임을 자신이 져야 한다. 하나님의 뜻에는 두 가지가 있는데 하나는 하나님의 '지시적 뜻'이고 다른 하나는 하나님의 '허용적 뜻'이다. 예를 들면 아담의 경우에서 볼 수 있듯이 인간이 범죄하는 것은 하나님께서 싫어하시지만 허용하신 것이다. 따라서 이 땅에서의 죄악이나 불의에 대해 그 책임을 하나님께 돌려서는 안 된다."

구원받은 백성으로 거듭나서 소명을 깨닫고 사명을 감당하는 과정에는 연속성이 있다. 구원 거듭남 은 단 한 번의 사건의 발생으로 그 효력이 지속된다. 삼위 하나님의 역사이다. 부름을 받은 이들이 믿고 회개함으로써 의롭다고 칭함을 받고 아들[양자]로 인정되는 것이다. 그리스도인이 되는 순간이다. 그리고 성화해 가면서 결국에는 죽기까지 구원된 자로 살다가 영화로운 하늘나라 백성이 된다. 이를 흔히 '구원의 5단계'라고 말한다. 소명, 중생, 칭의, 양자, 영화이다.

성경의 인물, 소명과 사명

"하나님이여 내 마음이 확정되었고 내 마음이 확정되었사오니 내가 노래하고 내가 찬송하리이다 내 영광아 깰지어다 비파야, 수금아, 깰지어다 내가 새벽을 깨우리로다." (시 57:7-8)

다윗의 신앙고백이다. 사무엘상 22장에서 보면 다윗은 아둘람굴에서 400명가량의 원통하고 빚진 자들과 함께 생활하며, 하나님과의 관계를 새롭게 정립한다. 다윗을 위해 위험 가운데서도 적진을 헤쳐 가며 물을 떠오는 용감하고 충성스러운 세 용사가 출현하기도 한다. 이 아둘람 공동체의 사람들은 나중에 다윗 왕권의 기반이 된다. 다윗은 기름부음을 받았지만 아직 그의 왕국을 받지 못한 상태였다. 가장 절망적인 상황, 어두운 환경 가운데서 하나님의 뜻을 알고 새롭게 결단하는 모습을 엿볼 수 있다.

소명은 수직적인 차원에서 하나님으로부터 주어진다. 사명은 이를 이루기 위한 사람과 환경, 세상, 수평적인 차원에서의 역할을 말한다. 소명은 어떤 특별한 목적을 위해 부름을 받는 것을 이르는 말로써, 하나님께서 우리를 통해 일하시기 위해 그가 지목한 사람을 부르시는 것이다. 이러한 부르심은 첫째 그리스도를 영접함으로써 하나님의 자녀로서의 관계를 회복하는 구원으로의 부르심, 둘째 하나님의 구속 사역에 특별한 역할을 감당하는 자로 또 한 번 부르심으로 정의할 수 있다.

청소년이나 청년, 대학생들과 대화를 나누다 보면, 그들의 관심사가 대부분 스펙인 경우가 많다. 물론 현실을 무시할 수 없다. 스펙은 중요하다. 그런데 정작 개인의 삶과 운명을 결정할 인생의 목적이나 사명을 알지 못하고 그저 열심히 공부하거나 방황하는 학생들을 만난 적이 많다. 이렇게 되면 여러 문제들이 발생한다. 확고한 사명이 없으면 좋은 기회를 놓치거나 인생의 소중한 시간을 허비할 수 있다. 목적지 없이 항해하는 배와 같다. 비슷한 의미이지만 비전이 인간의 꿈과 희망이라면, 사명은 하나님으로부터 오는 것이다. 소명, 사명, 비전, 꿈, 희망을 포괄적 의미에서 미래에 대한 도전과 소망이라 정리해도 무리는 아닐 것이다. 소명은 하나님과의 관계가 우선이고, 사명은 사람들과 공동체에서 검증되고 인정받아야 한다.

A.W. 토저 Aiden Wilson Tozer 는 "영적인 사람은 장기적인 안목을 지닌 사람이다. 영적인 사람은 세상의 모든 것을 초월하기 때문에 사람들 사이에서 유명해지거나 섬김을 받으려 하지 않고 오히려 다른 사람들에게 유용한 존재가 되기 위해 애쓴다."라고 말한다. 성경의 모든 인물은 자신의 사명을 이 땅에서 충성스럽게 감당한 사람들이었다. 세상의 모든 피조물이나 피조계는 하나님이 지으신 목적이 내포되어 있다. 이러한 차원에서 성경의 인물들은 소명을 받고, 사명을 감당하는 삶을 살아간다.

개인의 사명도 중요하지만 리더에게는 시대적인 사명이 있다. 느헤미야는 무너진 성벽의 재건이 사명이었다. 그는 신앙, 모험, 담대함, 기획력, 전략, 치밀함, 친화력, 통찰력, 충성심 모든 면에서 탁월함을 겸비한 리더였다. 느헤미야가 성벽 재건을 할 때도 주위 사람들이 비웃고 방해공작을 펼친다. "그들이 건축하는 돌 성벽은 여우가 올라가도 곧 무너지리라 하더라."느 4:3

나치의 선전 담당자였던 괴벨스Paul Joseph Goebbels의 말이다. "선동은 문장 한 줄로도 가능하지만 그것을 반박하려면 수십 장의 문서와 증거가 필요하다. 그리고 그것을 반박하려고 할 때면 사람들은 이미 선동당해 있다."

하나님의 일이지만 믿는 자들이 더 방해가 될 수도 있다. 사역의 훼파에 대해 지혜로운 분별과 영적 대결에서 승리를 거두어야 한다. 52일만에 성벽이 전격적으로 완성되었을 때 '여우가 올라가도 무너질 정도의 성이라고' 비웃었던 자들, 그들은 성벽 밖에서 성벽 재건의 영광을 바라보며 초라한 존재로 전락했다.

오늘의 현실이 비록 힘들고, 시대가 암울하며, 환경적으로 어려운 상황이라도 삼위 하나님께 소망을 두고 살아야 한다. 항상 기뻐하고, 기도하고, 감사하며 가장 좋은 때best time에 가장 좋은 것best thing을 주시는 하나님을 의지해야 한다.

부르심, 모세와 사도 바울

모세는 이스라엘 민족의 역사에서 위대한 리더였다. 그런데 모세의 부르심에 대한 최초의 대답은 매우 부정적이었고, 출애굽기 4장을 보면 하나님의 명령을 회피하려 했다. "모세가 여호와께 아뢰되 오 주여 나는 본래 말을 잘 하지 못하는 자니이다 주께서 주의 종에게 명령하신 후에도 역시 그러하니 나는 입이 뻣뻣하고 혀가 둔한 자니이다."[10절] 그러나 하나님은 모세의 이러한 자기 한계에 대한 고백에 대해 이미 대안을 세워두셨다. "이제 가라 내가 네 입과 함께 있어서 할 말을 가르치리라."[12절] 그래도 모세는 자기 책임을 회피하려고 한다. "모세가 이르되 오 주여 보낼 만한 자를 보내소서."[13절] 하나님은 화를 내시며 "레위 사람 네 형 아론이 있지 아니하냐 그가 말 잘 하는 것을 내가 아노라."[14절] 고 말씀하신다. '여호와 이레 하나님'이시다.

그렇다. 문제는 하나님의 일을 인간의 힘으로 해결하려다 보니 자신의 한계를 보게 된 것이다. 인간의 한계가 하나님의 한계는 아니다. 인간의 논리와 상식으로는 샤르트르의 말처럼, "실존은 본질에 앞선다."Existence precedes essence 자신의 커리어나 능력, 실존적인 한계를 생각하지 않을 수 없는 것이 인간의 연약한 모습이다. 어찌 보면 겸손한 자기 표현이라고 할지 모른다. 그러나 하나님의 말씀에 순종하는 것이 온전한 겸손이고 믿음이다. 하나님의 약속을 믿고 순종하면 모든 환경을 통해 하나님이 역사하시며, 우리를 그분이 마음껏 사용하신다.

이사야 선지자도 처음에 하나님의 부르심에 관해 자신의 부정함을 들면서 자격 없음을 고백한다.

"그 때에 내가 말하되 화로다 나여 망하게 되었도다 나는 입술이 부정한 사람이요 나는 입술이 부정한 백성 중에 거주하면서 만군의 여호와이신 왕을 뵈었음이로다 하였더라." (사 6:5)

그러나 하나님은 이러한 부정에 대해 하나님의 방법으로 해결해 주신다.

"그 때에 그 스랍 중의 하나가 부젓가락으로 제단에서 집은 바 핀 숯을 손에 가지고 내게로 날아와서 그것을 내 입술에 대며 이르되 보라 이것이 네 입에 닿았으니 네 악이 제하여졌고 네 죄가 사하여졌느니라 하더라." (사 6:6-7)

결국에는 이사야는 하나님 앞에서 자신의 부르심과 사명을 자각하고 결단한다. "내가 여기 있나이다 나를 보내소서." 사 6:8 그리고 이스라엘의 정치, 사회 등 여러 가지 영역에 걸쳐 하나님의 메시지를 선포한다.

이사야 선지자에게 주신 약속과 사명의 말씀이다.

"나 여호와가 의로 너를 불렀은즉 내가 네 손을 잡아 너를 보호하며 너를 세워 백성의 언약과 이방의 빛이 되게 하리니 네가 눈먼 자들의 눈을 밝히며 갇힌 자를 감옥에서 이끌어 내며 흑암에 앉은 자를 감방에서 나오게 하

> 리라 나는 여호와이니 이는 내 이름이라 나는 내 영광을 다른 자에게, 내 찬송을 우상에게 주지 아니하리라." (사 42:6-8)

구약성경의 예레미야 선지자도 마찬가지이다. 하나님의 말씀이 임한다. "내가 너를 모태에 짓기 전에 너를 알았고 네가 배에서 나오기 전에 너를 성별하였고 너를 여러 나라의 선지자로 세웠노라 하시기로." 렘 1:5 그러나 예레미야는 자신의 한계를 고백하며 망설인다. "내가 이르되 슬프도소이다 주 여호와여 보소서 나는 아이라 말할 줄을 알지 못하나이다 하니 ." 렘 1:6 그러자 하나님이 다시 말씀하신다. "여호와께서 그의 손을 내밀어 내 입에 대시며 여호와께서 내게 이르시되 보라 내가 내 말을 네 입에 두었노라." 렘 1:9 결국에 예레미야는 순종한다. 그리고 이스라엘 가운데서 하나님의 메시지를 선포하는 선지자로서 최선을 다한다. 시대를 깨우는 선지자로서 사명을 감당한다.

> "항상 기뻐하라. 쉬지 말고 기도하라. 범사에 감사하라. 이것이 그리스도 예수 안에서 너희를 향하신 하나님의 뜻이니라." (살전 5:16-18)

우리가 교회에서의 사역은 물론이고 일상적인 생활이나 직장, 사업이나 사회적으로 작지만 중요한 일들, 혹은 보통사람들이 감당하기 힘든 일들을 처리해야 할 때가 많다. 하지만 하루하루의 삶이 항상 기쁨과 희망이 넘치는 것은 아니다. 때로는 낙심하거나 좌절하기도 하고 절망하기도 한다. 믿음이 흔들린다. 하나님이 멀게만 느껴지기도 한다. 모든 것을 다 내려놓고 쉬고 싶을 때도 있다. 그런데 성경은 "기뻐하라", "감사하라"고 한다. 하지만 이게 말처럼 쉽지 않다.

우리가 그렇게 살기 위해서는 예수 그리스도에 초점을 맞춰야 한다. 고난과 외로움의 순간에도 예수님을 바라보며 그분과 연합하고 동행해야 한다. 예수님을 따르던 제자들도 절망하거나 낙심할 때 예수님을 바라보며 새 힘을 얻었다. 바울도 고난의 여정에서 그러하였고, 스데반 집사도 환상 가운데 예수님을 보았기에 순교의 사명을 감당할 수 있었다. 삶의 모든 문제가 크게 다가올수록 예수님을 바라보고 깊게 만나야 한다. 그래야 우리 가운데 좌정하시고 우리의 모든 것을 다스리시며 인도하실 것이다.

"우리가 알거니와 하나님을 사랑하는 자 곧 그의 뜻대로 부르심을 입은 자들에게는 모든 것이 합력하여 선을 이루느니라." (롬 8:28)

소명, 그의 나라와 그의 의

"그런즉 너희는 먼저 그의 나라와 그의 의를 구하라 그리하면 이 모든 것을 너희에게 더하시리라." (마 6:33)

"하나님의 나라"는 하나님의 통치와 주권, 영역 그리고 그의 모든 백성을 포함한다. 하나님의 통치와 주권이 이 땅 가운데 온전히 임하기를 사모하며, 그의 교회가 든든히 서 가길 소망하고 실천하는 것이 바로 그의 나라를 구하는 것이다. "그의 의"를 구한다는 것은 사람이 스스로 무언가를 하여 의를 얻을 수 있는 것이 아니라, 하나님께서 예수 그리스도로 말미암아 우리에게 덧입혀 주는 의[예수 그리스도를 믿음으로 가지는 의]를 구함을 의미한다. 이는 하나님과의 관계적 차원과 충성의 차원에서 확고해진다.

"이제는 율법 외에 하나님의 한 의가 나타났으니 율법과 선지자들에게 증거를 받은 것이라 곧 예수 그리스도를 믿음으로 말미암아 모든 믿는 자에게 미치는 하나님의 의니 차별이 없느니라." (롬 3:21-22)

소명은 부르심이다. 하나님의 백성으로 구원을 베푸시고 이 땅에서 귀한 도구로 쓰시기 위해 부르신 것이다. 사명은 보내심이다. 즉 파송을 말한다. 예수님의 12제자 중 가장 먼저 예수님을 따른 사람은 안드레이다. 안드레는 예수님을 처음 만나 하루를 머문 후, 예수님께서 '메시아'이심을 확신했다. 그리고 곧바로 자기 형인 베드로에게 예수님을 전하며 함께 제자의 길에 나선다.

지금 시대에 적용하자면 각 영역과 일터로 하나님의 뜻과 목적을 이루기 위해 보냄을 받는 것이다. 반드시 선교사들이나 사역자에게만 해당하는 것은 아니다. 이는 모든 크리스천에게 해당하는 것이다. 사명은 사역이나 일과 관련해 영적인 의미가 있다. 사명을 실천하는 중요한 기준이 있다. 예수님께서도 모든 일을 하나님의 뜻 안에서 행하셨다. 예수님은 '이 땅에 오셔서 그분이 행하신 모든 사역은 하나님의 뜻'이라는 대원칙 안에서 이를 감당하셨다. 중요한 원칙이다. 하나님께서 원하시지 않는 일을 혼

자 독자적으로 행하신 일도 없다고 성경은 말한다. 요 4:34; 마 4:1–11

"아버지께서 내게 하라고 주신 일을 내가 이루어 아버지를 이 세상에서 영화롭게 하였사오니." (요 17:4)

인간은 소명을 지닌 하나님의 형상이다. 예수님은 "아버지께서 내게 하라고 주신 일을 내가 이루어 아버지를 이 세상에서 영화롭게 하였다." 라고 말씀하신다. 한마디로 예수님의 사역 원칙은 하나님이 시키신 일, 하나님이 기뻐하시는 일, 하나님이 부여해 주신 목적만을 실천하기 위해 십자가에 달리시기까지 최선을 다하셨다는 것이다. 예수님은 십자가에 달려 자신의 생애를 마치려 할 때 "다 이루었다." 요 19:30 라고 고백하셨다. 이것이 진정한 크리스천들의 삶의 기준이자 인생의 목적이며 성경적 성공관이다.

예수님은 우리를 "그리스도의 편지" 고후 3:3 요, "향기" 고후 2:15 요, "그리스도의 대사" 고후 5:20 로 부르셨음을 기억하며, 나의 삶이 그분을 증거하는 삶으로서 최선을 다해야 한다.

사역에서 인격 personality, 人格 과 성품은 중요한 영향을 미친다. 인격이란 도덕적 행위의 주체로서 진위 · 선악을 판단할 수 있는 능력과 자율적 의지이다. 인격은 성격이라는 개념에 지적이며, 도덕적인 요소를 더한 것이다. 개인이 자신의 심신에 변화가 있지만 동일하게 지속하고 있는 자아라고 의식할 경우의 개체 즉, 윤리학에서 말하는 인격은 옳고 그름, 선악 판단, 자유롭게 의지를 결정하고 그것을 바탕으로 행위를 하는 바로 그 주체이다. 칸트는 인간이 이성을 지니고 도덕 법칙에 따르는 곳에 인간의 본질적인 성격이 있다고 했으며, 이 성격을 인격이라고 불렀다. 인격은 그것만으로도 찬란히 빛나는 절대적 가치이다. 따라서 인격만이 존경을 받는다고 말했다. 인격에 최고의 가치를 두는 태도를 철학에서는 인격주의라고 하며, 인격을 억압하는 정신적 · 물질적 장애로부터 벗어나려는 운동을 '휴머니즘'이라고 한다. '성품'은 사람의 타고난 성질, 후천적 교육, 훈련과 경험, 학습된 성질과 됨됨이를 말한다.

■ 내가 가진 재능과 은사를 확인하려면?

1. 내가 이 일을 정말 좋아하는지 확인해야 한다.
2. 내가 이 일을 정말 잘하는지 살펴보아야 한다. 좋아하면 그 일을 잘하게 되어 있다.
3. 주위 사람들도 역시 잘한다고 말하고 있는지 확인해 보아야 한다.
4. 이것이 의로운 일인지 확인해야 한다.

비전과 직업

우리는 항상 은혜 가운데 살아가는 크리스천이다. 그러나 때로는 인간의 한계나 믿음의 한계 상황에 처하기도 한다. 알 수 없는 고난과 질병으로 고통스러운 시간을 보낼 때도 있다. 이것은 비전을 이루는 과정이나 자신의 직업관에서도 마찬가지이다. 결국 사람이 늘 행복만을 누릴 수는 없다. 위기도 있기 때문이다.

하지만 외로움과 고립의 역설이 있다. 외로움과 고립이 항상 부정적인 것만은 아니다. 오히려 수많은 발명품, 창작물, 시와 소설 같은 작품은 고독한 사람들이 쓰거나 만들었다. 외로움과 고립, 이런 환경이 오히려 몰입을 통한 자기 성찰을 제공해 준다. 깊은 통찰의 시간인 것이다. 그리고 실력 축적의 공간과 창조적 성과 실현을 위한 최적의 기회이다. 탁월한 기획자나 창의적인 사람들은 일부러 외부와 단절되어 자신만의 환경을 찾거나 스스로 만드는 경우도 있다.

박성수 이랜드 그룹 회장의 간증을 들어보면 비전과 직업에 대해 의미 있는 깨달음을 얻을 수 있다. "대학생 때 '비전'이라는 단어를 처음 들었습니다. 저는 성경 속에서 하나님이 나에게 기대하는 꿈이 '비전'이라는 것을 배웠습니다. 하나님이 주신 꿈의 특징은 사람이 꿈꿀 수 없는 것일지라도 하나님이 이루어 가신다는 것입니다. 저는 그동안 하나님께서 당신의 비전을 이루어 가시는 것을 많이 보았습니다.

저는 대학교 1학년 때 생각하지 않던 대학의 식품공학과에 들어갔습니다. 화학 실험이 많았는데 저에게는 맞지 않았습니다. 많은 고민 끝에 다시 재수를 해야겠다고 생각했습니다. 그러던 중 책상 위에 「성령충만의 비결을 아십니까?」라는 소책자가 눈에 들어왔습니다. 당연히 제가 잘 아는 내용일 거라고 생각했는데 두 가지 그림 중 어느 쪽에 속하는지 물어보았을 때 저는 제 자신이 '내 마음의 왕좌'에 앉아 있음을 깨달았습니다. 그런 사람의 특징으로 좌절, 혼란, 무목적이 있었는데 대학생활로 고민 중이었던 저는 무목적이라는 단어가 가장 공감이 되었습니다. '어느 쪽을 원하십니까?'라는 물음에 저는 그 자리에서 기도하면서 세상의 주인이시고 직업을 계획하신 하나님께 내 삶을 의뢰했습니다.

졸업이 가까웠을 때 근육무력증이라는 병이 있다는 것을 알았습니다. 커피를 21잔씩이나 마셔야 했고, 앉아 있으면 힘이 없었습니다. 이불을 덮으면 무거웠고 연필을 들 힘이 없어 손아귀 힘으로 연필을 잡고 글씨를 썼습니다. 미국에 유학 갔던 분이 이 병에 대해 '근육무력증'이라고 했습니다. 저는 졸업을 하고도 취업을 할 수 없었습니다. 당시 대학생이 전 인구의 8%밖에 안되었을 때여서 공채가 안 된 사람은 주위에서 패배자로 보는 시각이 많았습니다. 저는 학원 강사를 했는데 81년 8월 1일 전두환 前 대통령이 과외금지령을 내리는 바람에 저의 진로를 놓고 매일 저녁 30분씩 기도했습니다.

그 후 보증금 백만 원에 월세 7만 원으로 이대 앞에 가게를 냈습니다. 대학 건축과에서 배운 것을 총동원해서 인테리어를 하고 전단지를 돌렸습니다. 그 가게가 모체가 되어 지금의 이랜드가 세워졌습니다. 하나님께서 저에게 왜 불치병을 주셨는지 지금 와서 생각해 보면 하나님이 보여주시는 나침반이 있다는 것을 알 수 있습니다. 하나님은 저의 방식이 아닌 하나님의 방식대로 저를 가장 적절한 길로 인도하셨습니다."

"이는 내 생각이 너희의 생각과 다르며 내 길은 너희의 길과 다름이니라 여호와의 말씀이니라 이는 하늘이 땅보다 높음 같이 내 길은 너희의 길보다 높으며 내 생각은 너희의 생각보다 높음이니라." (사 55:8-9)

3

성경적 성공관

"사람의 발바닥 가죽이 두꺼운 까닭은? 인생이 가시밭길이라서." "구두의 한쪽 굽이 많이 닳은 이유는? 지구가 둥글어서." 어떤 사람은 이렇게 말한다. "내 꿈은 재벌 2세인데 아버지가 노력을 안 해요." 물론 유머다. 그만큼 이 시대의 사회생활이 만만치 않다는 의미다.

성공, 성취, 성장, 성숙. 이것들은 신앙적, 사회적으로 성찰하고 해석해야 할 중요한 가치와 개념이다. 여기서 성경적으로 '진정한 성공이란 무엇인가?' 하는 의문이 든다. 그 답은 이 땅에서 나를 향한 '하나님의 목적'을 이루는 것이다. 하루하루 삶 가운데 하나님의 뜻을 다 이루어 드리는 것이다. 이 성공의 롤모델은 바로 예수님이다.

"아버지께서 내게 하라고 주신 일을 내가 이루어 아버지를 이 세상에서 영화롭게 하였사오니."(요 17:4)

십자가에 달리시기 전에 하신 독백이 단적으로 말해 준다. “다 이루었다.”요 19:30 “It is finished”는 “다 이루었다”는 뜻도 있지만 “다 마쳤다”, 또는 “다 끝냈다”는 의미가 있기도 하다. 종말론적 구속사에서 지상적 삶을 가리켜 하는 말이다.

개인의 성공관은 그의 삶과 운명을 좌우한다. 신앙관은 물론이고 직업관, 경제관, 결혼관… 삶의 전 분야에 걸쳐 영향을 준다. 세상적인 성공은 하나의 이벤트에 불과하다 해도 과언이 아니다. 성공의 지속 가능성도 문제이지만, 삶에는 좌절과 실수도 필연적으로 따른다. 성경적 관점에서 가장 큰 위험성은 그 기준이 이 땅 사람들의 평가나 제한적인 가치에 머물 수 있다는 점이다. 타락한 인간의 욕망은 세상과 타자에 종속될 수도 있다.

우리 삶은 욕망을 키워 가는 과정이 아니라 소명을 이루어 가는 과정이어야 한다. 그렇게 살다 보면 그 과정 속에 숨어 있는 성공을 발견하게 된다. 그래서 하나님의 기준이 중요하다. 성공의 원리 중 하나는 선택과 집중이다. 속도도 중요하지만 방향이 우선이다.

> “나더러 주여 주여 하는 자마다 다 천국에 들어갈 것이 아니요 다만 하늘에 계신 내 아버지의 뜻대로 행하는 자라야 들어가리라.” (마 7:21)

성경적인 성공론은 고지론, 폭포론이 아닌 ‘영역주권론’에 가깝다. 성경적 관점과 사회적 차원에서 성공 원리는 중요하다. 한국 교회에서 말하는 성공 원리와 사회적 역할에 대한 몇 가지 견해가 있다. 높은 세상적 지위나 성취로 복음화를 꾀하는 '고지론'이나, 사람들이 기피하는 분야나 어려운 미개척 분야에 도전하는 '미답지론', 각 분야에서 성공한 기독교인에게 낙수 효과를 기대하는 '폭포론'은 나름대로 의미가 있지만, 성경적 성공론이나 실천론이라 설명하기에는 미흡하다.

"이는 세상에 있는 모든 것이 육신의 정욕과 안목의 정욕과 이생의 자랑이니 다 아버지께로부터 온 것이 아니요 세상으로부터 온 것이라." (요일 2:16)

칼뱅의 직업소명설과 함께 아브라함 카이퍼가 말한 '영역주권론'이 다양성을 고려했을 때 최적화된 논리라고 본다. 하나님께서 부르신 소명을 알고, 교회의 신앙적 영역은 물론 하나님이 예비하신 각 영역에서 사명을 이루기 위해 다양한 은사로 최선을 다하며, 하나님의 영광을 나타내는 삶을 말한다.

"온갖 좋은 은사와 온전한 선물이 다 위로부터 빛들의 아버지께로부터 내려오나니 그는 변함도 없으시고 회전하는 그림자도 없으시니라." (약 1:17)

세상 속의 사역자, 그는 하나님께서 보내신 영역과 일터에서 최선을 다하는 모습으로 사명과 삶을 구체화한다. 자장면을 만드는 일, 빵 굽는 일도 소중하다. 삶의 현장에서 자기의 역할이다. 하물며 쓰레기를 치우는 일도 그러하다. '하나님이 창조하신 지구의 한 모퉁이를 쓸고 있다.'라는 사고는 신앙적으로 건전한 사명 의식이라 할 수 있다.

이러한 사명 안에서 성경적인 기준을 세우고, 이를 지향하기 위해서는 항상 기도해야 한다. 신앙생활에서 말씀과 기도와 일은 조화와 균형을 이루어야 한다. 기도만 하면 기복 신앙으로 치우친다. 반면 기도 없이 노력만 하면 인본주의 신앙으로 치우칠 수 있다. "기도할 때는 모든 것이 하나님께 달려 있는 것처럼 간절히 기도하라. 그러고 나서 일할 때는 모든 것이 당신에게 달려 있는 것처럼 최선을 다해 일하라." 이는 마르틴 루터의 말이다.

지금 비록 실패와 고통의 시기일지라도 반드시 합력하여 선을 이루시는 하나님의 역사와 하나님의 공의와 사랑을 믿고 결말이 주어질 때를 기다리며 자신이 해야 할 일에 최선을 다하면 반드시 은혜의 때가 도래할 것이다. 하나님의 사랑은 성공한 악인에게 있지 않고, 오히려 실패한 의인에게 있다. 물론 하나님께서는 우리의 능력이 부족할 때도 은혜를 주신다. 기도나 간구하지 않은 것에 대해서도 때를 따라 돕는 은혜가 임한다. 그러나 하나님께서는 항상 그분 뜻을 묻고, 따르고, 간구하기를 바라신다.

"주 여호와께서 이같이 말씀하셨느니라 그래도 이스라엘 족속이 이같이 자기들에게 이루어 주기를 내게 구하여야 할지라." (겔 36:37)

성경의 잘됨과 산상수훈의 팔복

'잘됨'을 사적 욕망에 기초하여 판단하는 것은 위험한 시도이다. 성경에는 하나님의 말씀과 예수님께서 하신 말씀이 있다. 사도들을 통해 임한 성령의 말씀이 있고, 사도들의 개인적인 말이 있다. 신약성경 요한서신에서 사도 요한은 사랑하는 가이오에게 이런 편지를 쓴다.

> "사랑하는 자여 네 영혼이 잘됨 같이 네가 범사에 잘되고 강건하기를 내가 간구하노라." (요삼 1:2)

본문에서 저자는 자신을 장로라고 소개한다. 그런데 이름은 밝히지 않는다. 이 점을 통해, 서신을 주고받는 두 사람이 서로 잘 아는 사이임을 알 수 있다. 서신을 보낸 장로가 사도 요한이라는 데는 이의가 없다. 어떤 성경 해석자들은 이 본문을 "네 영혼이 건강한 것 같이"로 해석했다. 그러니까 가이오의 영혼이 건강하다는 것을 전제로 말했다는 것이다.

이 성경 본문은 기존에 알려진 세 부분이 아닌 두 부분으로 구분된다. "영혼이 잘됨"이 한 부분이고, "범사에 잘되고 강건함"이 또 한 부분이다. "범사에 잘되고 강건함"은 중복 표현이다. 여기서 '범사'는 크리스천들의 신앙 전반, 건전함과 온전한 상태를 지칭한다. 이를 경제적 부와 신체적 건강에만 국한하는 것은 의미를 축소하는 일이다. 가이오는 바울이 복음을 전할 때 목숨을 다한 사람이다. 가이오는 어떤 교회에 있을 때 그 교회의 실권을 잡고 으뜸되기를 좋아하는 디오데베레에게 여러 가지로 핍박을 받는 형편에 처해 있었다. 이 구절은 요한 장로가 교회에서 악한 자에게 고통당하는 가이오를 위로하려고 보낸 편지의 한 구절이다.

영문 성경의 해당 구절을 번역하면 "나의 사랑하는 친구여, 나는 기도

하노니 - 내가 네가 영적으로 잘되어 있는 것을 아는 것과 같이 - 모든 일이 잘되고 건강하기를 원한다."가 된다. "~하게 되기를 바란다."간구와 소원 이 구절은 바람을 표현한 것이지, 당위나 필연성을 구비한 문장은 아니다. 반면 "~해야 한다"당위성, "반드시 ~ 하게 된다"필연성 이 두 가지 의미와 앞서 언급한 구절 사이에는 엄연한 논리적 간극이 있다.

현실적인 잘됨도 중요하다. 그러나 영혼이 잘되고 범사가 잘되며 강건하다는 것을 우리의 사적 욕망에 기초하여 정립하려는 것은 위험한 시도이다. 이는 경계해야 한다. 결론적으로 영혼이 잘된다는 것은 예수님을 믿고 따르는 온전한 삶으로 드러난다. 그리고 성경의 핵심적인 복은 마태복음 5장 산상수훈의 팔복에 잘 나타나 있다. 산상수훈에 나타난 복의 기준이다.

> "심령이 가난한 자는 복이 있나니 천국이 그들의 것임이요 애통하는 자는 복이 있나니 그들이 위로를 받을 것임이요 온유한 자는 복이 있나니 그들이 땅을 기업으로 받을 것임이요 의에 주리고 목마른 자는 복이 있나니 그들이 배부를 것임이요 긍휼히 여기는 자는 복이 있나니 그들이 긍휼히 여김을 받을 것임이요 마음이 청결한 자는 복이 있나니 그들이 하나님을 볼 것임이요 화평하게 하는 자는 복이 있나니 그들이 하나님의 아들이라 일컬음을 받을 것임이요 의를 위하여 박해를 받은 자는 복이 있나니 천국이 그들의 것임이라 나로 말미암아 너희를 욕하고 박해하고 거짓으로 너희를 거슬러 모든 악한 말을 할 때에는 너희에게 복이 있나니 기뻐하고 즐거워하라 하늘에서 너희의 상이 큼이라 너희 전에 있던 선지자들도 이같이 박해

하였느니라."(마 5:3-12)

자세히 보면, 이 성경 구절에는 아홉 가지 복이 언급된다. 그런데도 팔복으로 해석하는 이유는 11절, 12절을 10절에 대한 표현으로 보기 때문이다. "복이 있나니"는 헬라어로 감탄사다. "아, 아~ 얼마나 축복인가"라는 뜻이다. 여기서 팔복은 상황이나 환경, 시대에 따라 변하거나 소멸되지 않는 영원한 복을 의미한다. 이는 삼위 하나님과의 관계, 성령을 좇아서 산다는 것으로써 말씀을 따라 사는 것을 의미한다. 그러므로 신앙적인 성공관 정립은 매우 중요한 요소이다. 왜곡된 성공관이나 축복관은 경계해야 한다.

교회 부흥을 위한 불건전한 신앙도 주의해야 한다. 임박한 종말론과 비성경적 축복관, 여기에 천국과 지옥이라는 공포 마케팅이 들어간다. 그래서 성경은 말한다.

"너는 말씀을 전파하라 때를 얻든지 못 얻든지 항상 힘쓰라 범사에 오래 참음과 가르침으로 경책하며 경계하며 권하라 때가 이르리니 사람이 바른 교훈을 받지 아니하며 귀가 가려워서 자기의 사욕을 따를 스승을 많이 두고 또 그 귀를 진리에서 돌이켜 허탄한 이야기를 따르리라." (딤후 4:2-4)

'잘됨'의 대표 인물은 예수 그리스도이다. 하나님의 말씀과 뜻에 일치한 생애를 사셨고, 죽기까지 순종하셨기 때문이다. 그래서 예수님은 '길' The Way 이고, '진리' The Truth 이며, '생명' The Life 이다. 그분은 우리가 온전한 구원에 이르도록 간절히 원하신다. 그리고 영혼이 잘된 인물로 구약에서 하나님께 충성을 다한 인물들 선지자, 믿음의 선진 , 신약의 사도들, 기독교 역사에 존재했던 전도자들과 순교자들이 있다.

일반은총과 특별은총

성경은 일반은총과 특별은총을 언급한다. 이 특별은총은 일반은총에 속하는 피조 세계에서 완전히 이해할 수 없는 영역이다. 오직 예수 그리스도 안에서만 계시된 은혜이기 때문이다.

일반은총과 특별은총은 질적으로 차이가 있다. 일반은총 영역은 '일반은혜' common grace 이다. 지구상의 모든 사람은 자연법칙 속에 내재된 하나님의 한량없는 은혜로 살아간다. 일반은총의 과도한 강조는 특별은총의 약화를 초래한다. 일반은총 안에는 세상을 보존하고 관리하라는 '문화명령'이 있다. 일반은총은 인간으로 하여금 죄악된 방향에서 하나님을 향하게 한다. 아브라함 카이퍼는 일반은총으로 형성된 모든 산물이 미래 영광의 나라에 편입되어 간다는 사실을 적극적으로 이해한다.

일반은총과 특별은총은 서로 대립적인 관계에 있는 것이 아니라 상호보완적인 관계에 있다. 특별은총을 기반으로 일반은총과의 균형을 잘 유지하는 것이 건강한 기독교 세계관이다. 특별은총은 '구원의 은혜' saving grace 이다. 예수 그리스도 안에서 구속함을 받은 것, 그리고 그 구속함을 믿고 확신하고 날마다 그리스도와 동행하고 체험하는 신앙이다. 구원의 은혜는 '특별은혜' special grace 이다.

일반은총은 공공적communal인 은혜로 죄인의 구원과는 아무런 관계가 없다. 웨슬리는 구원과 선재적 은총과 인간의 자유의지적인 응답과 책임을 강조한다. 칼빈에게 구원은 특수한 부르심, 또는 특별은총으로만 가능하다. 이는 구원받기로 예정된 자에게만 하나님이 주시는 은혜이다. 이 소명은 제한적이며, 불가항력적이다. 하나님의 부르심을 받은 사람은 구원을 받는다.

"이같이 한즉 하늘에 계신 너희 아버지의 아들이 되리니 이는 하나님이 그 해를 악인과 선인에게 비추시며 비를 의로운 자와 불의한 자에게 내려주심이라." (마 5:45)

성경에는 행위에 따른 보응 원리가 있다. 행위대로 심판을 받는다는 일반은총의 섭리와 이러한 일차적 원리를 초월한 특별은총의 섭리가 있다. 전자는 극히 현세적으로 성도나 불신자들도 동일하게 적용되는 선에 대해서는 보상적 보응이, 악에 대해서는 심판적인 보응이 따른다는 의미다. 후자는 내세적, 종말론적 차원이다. 성도들은 보응의 원리에 우선하는 구원받은 백성으로서의 은혜이다.

일반은총에서의 예이다. "경제에는 기적이 없습니다. 오직 피와 땀이 있을 뿐입니다."《한국경제신문, 2015.12.27》의 기사이다. "1990년 11월, 소련의 고르바초프 대통령은 정주영 명예 회장의 예방을 받고 '한강의 기적'으로 불리는 한국의 경제 발전을 치켜세웠다. 당시 정 명예 회장은 시베리아의 천연가스를 블라디보스토크를 거쳐 한국으로 반입하는 프로젝트를 추진

하려고 소련을 찾았다. 그 자리에는 이명박 당시 현대 건설 사장도 함께 했다. 고르바초프 대통령의 칭찬을 받은 정 명예 회장은 정색하며 '종교에는 기적이 있을 수 있지만, 경제에는 기적이 없다'며, '오직 피와 땀이 있을 뿐'이라고 말했다." 현실에 적용할 때, '자식들을 대부분 교회에서 결혼식을 올리게 했다'는 고 정주영 회장이야말로 신학자들보다 더 탁월한 성경 해석자라는 생각이 든다. 그래서 세계적 기업이나 한국 대기업들이 크리스천 기업이 아니어도 부와 경제력을 보유한 것이다.

이나모리 가즈[Inamori Kazuo] 명예 회장은 교세라[교토세라믹]의 창업자로 일본에서 가장 존경받는 기업인이다. 그의 말이다. "훌륭한 비즈니스를 하는 사람은 상대방에게 이익이 돌아가게 하는 사람이다. 상대에게 먼저 이익을 주면 결국 그 이익이 한 바퀴 돌아서 나에게 기회라는 모습을 하고 찾아온다. 더 나아가서는 나 자신의 이익이 창출된다."

일반은총의 영역에서 보자면 교회에 다닌 사람, 교회에 다니지 않은 일반 사람들도 정직, 근면, 성실, 실력, 인격이 있다면 얼마든지 세상에서의 권력, 재력, 명예를 얻고 누릴 수 있다. 올림픽에서 금메달을 딸 수 있고, 훌륭한 운동선수도 될 수 있다. 이 두 영역의 삶의 차이라면 바로 가치관, 관점, 세계관의 차이이다.

'부자와 나사로 비유'[눅 16:19-31]가 주는 교훈을 살펴보자. 사람이 죽은 다음에 어떻게 평가되는지 그 예를 보여 준다. 부자의 집 대문 앞에는 나사로라는 거지가 있었다. 헌옷에 부자의 상에서 떨어지는 부스러기로 배를 채우려고 했다. 개들까지도 와서 그의 헌데를 핥을 정도였다.

부자는 날마다 호화로운 연락[宴樂]을 누리면서도 대문 밖의 굶주림에는 눈을 감았다. 가난한 자를 돌보라는 율법과 선지자의 외침을 무시했다. 그 거지는 죽어서 천사들의 인도로 천국의 아브라함의 품에 안겼고, 부자는 지옥 불구덩이로 갔다. 부자는 자신의 고통을 호소하며 아브라함에게 "나를 긍휼히 여기사 나사로를 보내어 그 손가락 끝에 물을 찍어 내 혀를 서늘하게 하소서."마 16:24 라고 애원하였지만 거절당한다.

아브라함은 지상에서의 부자의 삶을 이렇게 정리한다. "되돌아보아라. 네가 살아 있을 동안에 너는 온갖 호사를 다 누렸지만, 나사로는 온갖 괴로움을 다 겪었다. 그래서 그는 지금 여기서 위로를 받고 너는 고통을 받는다. 천국과 지옥은 왕래할 수 없는 곳이다." 이 비유는 하나님과 재물을 동시에 섬기는 바리새인에 대한 경고다. 겉으로는 의인 행세를 하지만 속에는 탐욕이 가득한 그들의 위선을 고발한 것이다.

하나님은 인간의 출생과 삶의 방향에 관해삼상 16:1 생명과 운명을 주관하시는 하나님삼상 2:6, 세상을 움직이시는 하나님삼상 2:7–8, 자기 백성을 지키시는 하나님삼상 2:9, 승리를 주시는 하나님삼상 2:10 이다. 국가의 일에 대해욥 12:23; 행 17:26, 우주 전체에 대해 시 103:19; 엡 1:11, 물리적 세계에 대해 욥 37:15,10; 마 5:45, 동물계에 대해 시 104:21,28; 마 6:26 관여하시며, 주권적인 통치를 행하신다.

문제는 일반은총을 특별은총으로 오해하는 것이다. 부자나 재벌이 되거나, 사회적 성공은 특별은총인 구원과는 다른 차원의 은총이다. 두 가지 은총의 영역을 구분하고 각 영역에서의 자기 사명과 역할은 삶에서 중요한 기준이 된다. 그래서 사람의 모든 행위는 하나님의 기준으로 평가를 받는다. 이 땅에서의 모든 삶과 경제 활동도 나중에 심판대에 서게 될 시점에 모든 것이 드러난다. 막스 베버는 기업인들이나 정치 리더들도 이러한 의식이 적용될 때 온전한 기업 윤리나 정치 윤리가 실현되고 스스로를 강제할 수 있다고 했다.

지혜는 히브리어로 '호크마'라고 한다. 이는 "현명해지다", "명철", "다양한 학식", "실제적인 지혜"를 의미한다. 『호크마 종합주석』에서는 지혜를 이렇게 풀이한다. "성경적인 지혜란 단순히 기교적인 지식이나 사변적인 학식을 가리키는 말이 아니다. 이는 초인격적인 하나님과의 온전한 관계를 올바로 유지시켜 주는 이론적인 총명함과 명철함, 실천적인 유능함과 슬기로움, 도덕적인 성실함과 정직함, 영적인 온전함과 청결함을 총체적으로 의미하고 있는 말이다. 이러한 지혜는 결코 세상에서 얻을 수 없고, 오직 하나님께로부터 얻을 수 있다."

성공한 사람들의 3가지 공통점

미국 템플대학교 설립자인 러셀 콘웰Russell H. Conwell 박사가 2차 대전 후 미국에서 백만장자로 성공한 4,043명을 조사한 결과, 아주 흥미로운 공통점 두 가지를 발견했다. 하나는 그 많은 성공자 가운데 고졸 이상의 학력자는 69명뿐이고, 나머지는 거의 공부를 하지 못한 사람들이었다는 점이다. 사람이 성공하는 데 학벌은 그리 중요하지 않다는 것이 증명된 셈이다. 두 번째 공통점은 그 성공자들에게는 세 가지 분명한 철학이 있었다는 것이다. 첫째는 목적이 아주 분명했다는 것이고, 둘째는 목적을 위해서 최선을 다했으며, 셋째는 자신의 무능과 무지를 통감하고 전능하신 하나님께 기도했다는 점이다.

"네가 자기의 일에 능숙한 사람을 보았느냐 이러한 사람은 왕 앞에 설 것이요 천한 자 앞에 서지 아니하리라." (잠 22:29)

여기서 "능숙한 사람" man who is skilled 은 수완과 기술이 능숙한 사람, 충실한 사람, 탁월하게 잘해 내는 사람, 부지런한 사람을 말한다.

황금률은 "무엇이든지 남에게 대접을 받고자 하는 대로 너희도 남을 대접하라." 마 7:12 는 신약성서에 근거한 내용이다. 그런데 이 구절은 현실에서도 좋은 결과로 나타난다는 사실이 증명된다. 와튼스쿨 조직심리학 교수인 애덤 그랜트 Adam Grant 의 『기브 앤 테이크』는 성공의 숨은 동력을 제시한다. 저자는 우리 사회를 지배해 온 성공에 대한 고정관념, 즉 강하고 독한 자가 모든 것을 가져간다는 '승자독식'의 근본 명제를 뒤집고, 성공에서 중요한 '가치'나 '태도'를 언급하고 제시한다. 남들에게 잘 베푸는 기버 Giver 가 오히려 성공 피라미드의 최상층부에 있음을 다양한 실험과 사례로 논증한다. 하지만 경계해야 할 기버 Giver 는 사람을 너무 신뢰하고, 과도하게 공감하며, 지나치게 소심한 점이라고 한다. 그래서 지나친 호의나 관심은 조심해야 한다.

한국인들이 책도 잘 안 읽으면서 노벨 문학상을 원하는 것은 모순이라는 지적도 있다. 글이나 문학 작품은 개인의 식견과 지성은 물론이고 공동체의 집단 지성의 수준을 반영한다. 가와바타 야스나리 川端康成 의 작품 『설국』은 일본 최초의 노벨문학상 수상작이다. 이에 버금가는 작가가 있다. 바로 『길은 여기에』, 『빙점』이라는 유명한 소설을 쓴 미우라 아야꼬三浦綾子, 1922–1999 이다.

미우라 아야꼬는 1922년에 일본 홋카이도에서 태어났으며, 1939년에 아사히카와 사립여자고등학교를 졸업한 후 초등학교 교사로 7년간 근무했다. 1945년에 패전과 함께 국가의 운영 방식과 군국주의 교육에 회의를 느껴, 다음 해인 1946년에 퇴직했다. 이후 폐결핵 진단을 받고 투병생활을 하던 중, 독실한 기독교 신자인 어릴 적 친구 마에가와 다다시前川正 의 영향을 받아 1952년에 세례를 받았다.

1959년에는 미우라 미쓰요와의 결혼과 함께 집필 활동에 전념하며, 1961년에 잡지에 소설을 투고하며 등단했다. 이후 1963년에는 아사히신문사 주최의 1,000만 엔 현상 소설 공모전에 투고한 소설 『빙점』氷点 이 입상하며 커다란 화제가 되었다. 1964년 12월 9일을 기점으로 아사히신문에서 연재를 시작하여 1966년에 이르러서는 단행본으로 출간되었고, 71만 부라는 판매 부수를 기록했다. 같은 해 이 소설이 드라마로도 제작되어 큰 호평을 받았다. 미우라 아야코는 독실한 크리스천이다. 그래서인지 그녀의 작품 속에는 신앙이 스며들어 있다. 미우라 아야코의 고향 일본 홋카이도의 아사히카와가 이 소설의 무대이다.

『빙점』에는 기독교의 원죄의식이 녹아들어 있으며, 인간의 원죄의식과 죄의식이 주제이다. 그와 함께 '용서', '증오', '복수' 등 인간의 내면을 묘사한다. 큰 줄기로서 작품 속에서 '인간은 태어나면서 죄를 짊어지고 있다'는 기독교의 원죄의식이 자리 잡고 있다. 원죄의식은 아담이 선악과를 따먹는 순간, 인류에게 대물림된 죄의식이다. 주인공 '요코' 또한 유괴살

인범의 딸이라는 '주홍글씨'를 안고 살아야 하는 운명을 맞는다. 하지만 이는 요코의 잘못이 아닌 대물림이다. 이러한 원죄의식 속에 요코는 괴로워한다. 하지만 이러한 원죄의식, 죄의식에서 벗어나지 못한다. 요코의 마음속에 이러한 빙점이 있듯이 소설의 초점은 '요코'를 그 중심에 놓고 있다. 요코는 자신의 원죄의식을 속죄해 줄 '자신의 죄를 용서해 줄 수 있는 권위자'인 메시아를 갈망하고 있음을 알 수 있다.

『빙점』은 원죄의식과 함께 '인간은 어디까지 타자를 용서할 수 있는가?'라는 윤리적인 주제를 담고 있다. 또한 사랑의 한계를 엿볼 수도 있다. 『빙점』은 국내에서도 300여 회가 넘게 번역 및 출간이 이어지면서 드라마로도 제작되는 등 광복 이후 일본 문학의 조명에 앞장선 작품으로 손꼽힌다. 홋카이도 아사히카와 시에 위치한 미우라 아야코 기념문학관에는 집필 당시의 원고와 방대한 양의 취재 노트를 비롯한 각종 자료가 전시되어 있다.

그녀는 결핵성 척수후만증, 파킨슨병, 피부질환, 암 등으로 평생 투병생활을 하면서 작품에 전념한다. 그녀의 작품은 대부분 자신이 어떻게 하나님을 만났고, 어떻게 하나님의 사랑을 체험했는지가 작품의 기저에 흐른다. 기독교 신앙에 자리한 사랑과 평화를 주제로 작품 집필을 계속하면서 1996년에는 홋카이도 문화상을 수상했다. 그는 77세가 되던 1999년에 복합장기부전으로 생을 마감한다.

이 미우라 아야코에게 한 가지 스토리가 있다. 그녀가 가게를 열자 장사가 너무 잘 되어 트럭으로 물건을 공급할 정도로 매출이 올랐다고 한다. 그에 반해 옆집 가게는 파리만 날렸다. 그때 아야코는 남편에게 자신의 심정을 말했다. "우리 가게가 잘 되고 보니 이웃 가게들이 문을 닫을 지경이에요. 이건 우리가 바라는 바가 아니고 하나님의 뜻에도 어긋나는 것 같아요."

그녀의 남편은 이런 아내가 자랑스러웠다. 이 후 부부는 가게의 규모를 축소하고 손님이 오면 이웃 가게로 보내 주곤 했다. 그러자 그녀에게 여유가 생겼고, 평소 관심이 있던 소설을 본격적으로 쓰기 시작했다. 그 소설이 바로 『빙점』이다. 그녀는 이 소설을 신문에 응모하여 당선되었고, 이로써 가게에서 번 돈보다 훨씬 많은 부와 명예를 얻었다. 이는 이웃과 사람에 대한 아름다운 배려심에 대한 축복이 아닐까 생각해 본다.

오늘날의 현실이 비록 힘들고 어렵더라도 하나님께 소망을 두고 살아야 한다. 항상 기뻐하고, 기도하고, 감사하며, 우리에게 최적의 시간best time에 가장 좋은 것best thing을 최고의 방법best way으로 주시는 하나님을 믿어야 한다.

"예수께서 이르시되 내 말이 네가 믿으면 하나님의 영광을 보리라 하지 아니하였느냐 하시니." (요 11:40)

새로운 기획 a new plan

기획력은 일을 구상하는 능력이다. 따라서 개인의 삶이나 사업, 정치, 경영, 모든 영역에서 중요한 영향력을 미친다. 문화나 예술 영역에서는 성공의 절대적 요소이다. 운동 경기에서도 승부의 결과를 좌우한다. 1%의

디테일한 아이디어와 기획력이 모든 일을 결정할 때가 많다.

기획력도 중요하고 기회를 잘 포착하는 '기회력'도 중요하다. 성경에서 성공적으로 임무를 수행한 대부분의 인물들도 모두 탁월한 기획력의 소유자들이었다. 요셉은 탁월한 기획력으로 국가의 재난을 극복했다.

현실에서도 잘 만든 히트곡 하나가 무명 가수를 일약 대스타로 만들어 내기도 한다. 영화 한 편이 수만 대의 자동차 수출의 판매 수익금을 능가하기도 한다.

"경영은 의논함으로 성취하나니 지략을 베풀고 전쟁할지니라." (잠 20:18)

성경은 기획력도, 근면함도 강조한다. "부지런한 자의 손은 사람을 다스리게 되어도 게으른 자는 부림을 받느니라." 잠 12:24

"뛰어난 창조자가 비록 여러 가지 지능을 가지고 있다 할지라도 그들은 또한 지적인 약점이 있다. 예를 들어 프로이트는 음악 지능이 부족했고, 피카소는 공부를 못해서 기본적인 글 읽기를 거의 하지 못했다. 하지만 창조자는 이러한 지적인 약점들 때문에 넘어지지 않는다. 그들은 이것을 뛰어넘어 자신들이 부족한 영역에서 도움을 찾는다. 창조적 개인들은 자신들이 지닌 장점과 인지적 · 문화적 강점을 잘 알고, 자신이 지닌 장점에 대한 완전한 지식을 추구한다. 그들은 다른 사람들이 자기보다 더 뛰어나다고 한탄하면서 몇 개월이나 몇 년의 귀중한 시간을 허비하는 일은 하지 않는다." 하워드 가드너, 『다중지능』

자동차를 만든 회사 사장인 헨리 포드는 의사를 부르러 말을 타고 가는 도중에 그만 어머니가 돌아가셨다. 이 사건을 계기로 그는 말보다 더 빠른 것을 만들겠다는 비전을 품고 결국 자동차를 만들었다고 한다. 디트로이트 자동차 기념관에 가면 헨리 포드의 사진 밑에 이런 글귀가 있다고 한다.

"The Dreamer." 꿈꾸는 자

개인에게도 새로운 기획과 도전 의식은 인간 승리를 가져온다. 20개의 출판사에서 모두 거절당한 대니얼 디포 Daniel Defoe 의 『로빈슨 크루스』는 250년 동안 세계적인 베스트셀러가 되었다. 하이든조차도 베토벤의 잠재적인 천재성을 발견하지 못했다. "당신은 절대로 패션 디자이너가 될 수 없다."라고 평가받은 사람이 '크리스천 디올'이다. 한국의 저명인사 99명이 "당신이 하려는 사업은 무조건 실패한다."라고 호언장담했던 사업가가 교보생명의 창업자인 신용호 회장이다. 이들은 한결같이 주어진 운명과 환경을 극복하고 성공한 사람들이다. NBA 시절 9,000번의 슛을 실패하고, 3,000회의 경기에서 패배한 선수가 마이클조던이다. 사업 계획서를 작성하여 217명에게 투자를 요청했으나 냉정하게 거절당했던 당사자가 바로 스타벅스의 하워드 슐츠 Howard Schultz 이다. 이들은 실수나 좌절과 어려운 환경에서도 새로운 발상으로 성공한 것이다.

"최고 the best 가 아니라 유일함 the only 으로 승부하라!"

오래 엎드린 새가 멀리 난다. 엎드림은 기도, 인내, 준비, 자기 절제, 겸손함과 낮아짐, 하나님의 뜻을 분별하고 때를 기다리는 것을 말한다. 멀리 날아가려면 에너지와 실력을 축적해야 한다. "어려움이라는 것은 해결하는 데 시간이 좀 걸리는 일이다. 불가능이란 것은 그보다 조금 더 시간이

걸리는 일이다." 노벨평화상 수상자, 프리드쇼프 난센

그래서 삶의 태도가 인생의 고도를 결정한다. 태도가 차이를 만든다. 성공은 넘어진 횟수보다 한 번만 더 일어서는 것이다. 성공하는 사람들은 다양한 경험을 기억하는 반면, 실패의 고통은 잊기 때문에 용감하게 앞으로 나아간다. 반면에 실패하는 사람은 실패나 좌절의 고통만 기억하고 다양한 경험은 잊기 때문에 감히 발걸음을 떼지 못한다. 중요한 판단을 할 때는 좋은 생각과 하나님의 생각을 구분해야 한다. 하나님의 생각이 최우선이여야 하고, 중심이 되어야 한다. 하나님의 생각이라면 그 일은, 그 방향으로 진행된다. 케임브리지대학교의 C. S. 루이스 교수는 이렇게 말했다. "하늘을 겨냥하라. 그러면 땅을 덤으로 얻게 될 것이다. 땅을 겨냥하라. 그러면 아무 것도 얻지 못할 것이다."

'Ask' 구하라, 'Seek' 찾으라, 'Knock' 두드리라. "내가 또 너희에게 이르노니 구하라 그러면 너희에게 주실 것이요 찾으라 그러면 찾아낼 것이요 문을 두드리라 그러면 너희에게 열릴 것이니." 눅 11:9 우리들이 살아가는 인생에서 NG No Good 가 날 수도 있다. 인생을 한편의 아름다운 드라마나 영화로 만들고 싶다면 영화 필름과 같이 수정을 하거나 편집을 해야 한다. 영화 필름과 같이 지우고 싶은 기억이나 실패한 과거가 있을 수도 있다. 그러나 하나님 안에서는 네거티브한 NG의 의미를 포지티브한 NG New Good 로 바꿀 수 있다. 그러기 위해서는 미래 지향적인 변화 의지와 결단력이 필요하다. 믿음으로 결단하면 새롭게 성공적인 인생을 살아갈 수 있다. 실패하더라도 도전하면 다음 기회가 있다. 그러나 포기하고 멈추면 다음 기회란 절대 있을 수 없다. 미국의 작가인 제인 로터 Jane Lotter 의 말을 기억하라. "네가 걸어가는 길의 장애물은 장애물이 아니다. 그게 네 길이다."

바흐는 "음악의 아버지"라고 불리는데 모든 악보의 앞부분에 J.J.Jesus Juva, 주여 도우소서를, 마지막에는 S.D.G.Soli Deo Gloria, 오직 하나님께 영광을를 기재하는 습관이 있었다. 이는 "예수님의 도움으로 작곡을 시작할 수 있었다."라는 의미와 "이 작품의 모든 영광은 하나님께 돌리겠다."라는 의미가 함축되어 있다. 때로는 마지막에 "당신의 보좌 앞에 내가 섰나이다."라고 썼다. 바흐는 의도적으로 그의 음악을 성경말씀과 관련지었으며, 자신의 신앙과 예술을 조화시키려고 했다. 그의 일상에서 영적이지 않은 것은 없었다. 바흐는 이렇게 말했다. "하나님이 마침표 찍으신 것을 당신이 물음표로 바꾸지 말라." 하나님의 뜻과 의지에 화답하는 인생이 복 있는 삶이다. 하나님은 항상 옳으시다. 하나님의 경륜과 섭리에 감탄과 찬송으로 반응하는 인생이 행복하다.

> "그를 이끌고 밖으로 나가 이르시되 하늘을 우러러 뭇별을 셀 수 있나 보라 또 그에게 이르시되 네 자손이 이와 같으리라 아브람이 여호와를 믿으니 야훼께서 이를 그의 의로 여기시고." (창 15:5-6)

하나님께서는 아브라함에게 하늘을 뭇별을 바라보라고 하시면서 수많은 별무리처럼 그에게 수많은 자손이 번창할 것임을 상상하게 하는 계시와 바라봄의 법칙이다. 우리를 둘러싸고 있는 환경을 초월하는 것이 믿음이다. 환경보다, 문제보다 더 크신 하나님을 바라보면 길이 보인다. 하나님께서는 아브라함에게 천막 밖으로 나와 하늘을 쳐다보라고 말한다. 그가 천막에 앉아서 보면 자기 환경만 눈에 보인다. 그렇게 되면 자기의 조건, 지식, 환경의 노예가 되고 만다. 결국에는 자기 한계에 갇혀 한계를 극복할 수 없다.

예일대학교 야로슬라프 펠리칸Jaroslav Pelikan 박사는 이렇게 말했다. "땅을 바라보면 비관주의자가 되고, 하늘을 바라보면 낙관주의자가 된다." 기획력이 구체적인 일이나 프로젝트를 현실화하는 능력이라면, 상상력은 생각이나 사고를 말한다. 즉, 마음속에서 눈에 보이지 않는 것의 영상을 만들거나 경험을 초월한 세계를 만드는 정신적 능력을 말한다. 이미지 활동, 즉 어떤 것을 마음속에 그리는 일이며 상상, 상상력, 공상 등을 의미한다. 과학이나 예술 활동 등에서 창조적 기능의 중요한 부분을 차지하기에 단순한 공상과는 구별된다. 특히 창작을 하거나 발명품, 예술작품을 감상하거나 이해하는 데 필요한 관점이다.

이미지는 중요하다. 노르웨이 베르겐대학교의 심리학자 롤프 레버Rolf Reber는 "사람들이 아름다움과 진실을 같은 기준으로 판단한다는 실험적 증거가 쌓이고 있다."라고 말한다. 사람들의 심리가 어떤 상황을 쉽게 분석하고 이해하려고 한다는 유창성processing fluency을 통해 이를 설명한다. 예를 들어 수학적으로 단순하거나 자주 보았던 것이거나, 대칭성이 있거나 하는 경우이다. 일반적으로 사람들은 사람이나 사물을 인식하고 판단할 때 감성적으로 황금비를 더 옳은 것으로 여긴다는 점이다. 존 키츠John Keats의 말은 이를 함축한다.

"아름다운 것은 진리요, 진리는 아름다움이다." Beauty is truth, truth beauty

『상상력 스캐치 노트』라는 책에서는 창조적 재능을 언급한다. "창재란 '창조적 인재'의 준말입니다. 기존의 천재가 '지식형 인재'였다면, 창재는 지식에 창의적이고 창조적인 생각을 더해 더욱 능동적으로 생각하고 행동하는 인재입니다. 이러한 창재들의 중요한 공통점은 바로 창조성과 더불어 뛰어난 상상력, 그것도 '논리적 상상력'이 가득하다는 것입니다. 보통의 상상력이 그저 아무런 연결 고리 없이 무의식적으로 생성되고 사라지는 것이라면 논리적 상상력은 하나의 문제에 뿌리를 박고 끊임없이 가지를 뻗어나가는, 풍성한 아름드리나무와 같은" 영향을 주는 것이라고 표현한다.

"말씀이 육신이 되어 우리 가운데 거하시매 우리가 그의 영광을 보니 아버지의 독생자의 영광이요 은혜와 진리가 충만하더라." (요 1:14)

이 구절은 보통 예수님의 성육신成肉身, The Incarnation 사건이라고 말한다. 성경 해석도 상상력이 필요하다. 성경은 성경으로 풀어야 하는 원칙이 있다.

"믿음은 바라는 것들의 실상이요 보이지 않는 것들의 증거니 선진들이 이로써 증거를 얻었느니라 믿음으로 모든 세계가 하나님의 말씀으로 지어진 줄을 우리가 아나니 보이는 것은 나타난 것으로 말미암아 된 것이 아니니라." (히 11:1-3)

우리는 믿음을 통해 미래를 현재로 만든다. 믿음은 하나님을 믿는데서 시작하고, 하나님을 바라보면서 성장한다. 믿음은 건물의 투시도와 같다. 투시도를 보면서 이루어질 건물을 믿음의 눈으로 미리 바라보는 것이다. 꿈을 성취한 사람들은 대부분 이 믿음의 법칙을 알고 사용했다. 성경은 미래를 이렇게 언급한다.

"집은 지혜로 말미암아 건축되고 명철로 말미암아 견고하게 되며 또 방들은 지식으로 말미암아 각종 귀하고 아름다운 보배로 채우게 되느니라 지혜 있는 자는 강하고 지식 있는 자는 힘을 더하나니 너는 전략으로 싸우라 승리는 지략이 많음에 있느니라." (잠 24:3-6)

창조, 크리에이티브 Creative

창조력은 새로운 것을 창조하는 힘이나 능력을 말한다. 성경은 놀랍게도 이러한 모티브를 제공해 준다. 창조[創造, creation]는 성경의 역사이다. "만유의 주인이신 하나님께서 온 우주 만물과 시간을 만드신 것을 말한다. 태초에 하나님이 말씀으로 세상을 창조하셨다.[창 1:1; 시 33:6; 히 11:3] 물론 이때 성령[시 104:30]과 성자 그리스도[요 1:1–3, 히 1:2]가 함께 동역하셨다. 하나님은 천사들과 하늘에 있는 모든 것[시 148:2,5; 골 1:16]과 천지만물[요 1:3; 엡 3:9; 골 1:16]을 친히 창조하신 것이다. 그 같은 창조를 통해 하나님은 당신의 절대 주권과 영광과 신성을 드러내셨다.[시 19:1; 롬 1:20; 계 4:11] 한편 신약 성경에서는 창조의 주인이신 그리스도를 믿을 때, 누구든지 새로운 피조물이 된다고 가르친다.고후 5:17 이는 아담으로 인한 죄가 씻기고 하나님과 끊어졌던 관계가 회복되는 그리스도 안에서 거듭나는 새 창조의 역사를 뜻한다.갈 6:15; 엡 2:10 이 새 창조는 옛 창조의 완성이며, 마침내 완성될 하나님 나라의 시작이기도 하다."롬 6:4; 갈 6:5; 엡 2:15; 골 1:23; 계 21:5)
〈라이프성경사전〉

신약의 마가복음 2장에는 예수님의 소문을 듣고, 네 명의 친구가 중풍병자를 침상에 메워서 지붕을 뚫고 내려와 예수님 발 앞에 갖다놓는 사건이 기록되어 있다. 예수님께서는 병자를 보시고 "네 죄가 사함을 받았다." 라고 선언하신다. 그리고 고침을 받는다. 어떤 경우에는 죄와 질병은 상관계가 있다. 지붕을 뚫는 창조적 파괴의 현장이다. 믿음으로 장애물을 돌파하는 의지와 용기가 돋보인다.

창조적인 삶과 창조적 성공은 생각과 발상으로 좌우된다. 개인이나 공동체에서의 경쟁력도 결정한다. 창조적 성공의 원리 중에 한 가지는 1의 주장과 2의 주장이 부딪치게 되었을 때 1과 2를 초월한 3의 창조적 대안을 제시하는 사람이다. "무엇을 쓰든 짧게 써라. 그러면 읽힐 것이다. 명료하게 써라. 그러면 이해될 것이다. 그림같이 써라. 그러면 기억 속에 머물 것이다." 조지프 퓰리처

요셉은 꿈을 해석하고 하나님의 지혜로 애굽의 총리가 되었으며, 다윗은 물맷돌로 골리앗을 이겼다. 솔로몬은 하나님이 주신 지혜로 글로벌 리더가 되었다. 내 주위의 모든 사람, 좋은 사람, 안 좋은 사람, 이상한 사람, 좋은 일, 안 좋은 일, 이해할 수 없는 일, 사건 사고, 모든 환경과 상황은 나를 세우고 쓰시기 위한 하나님의 '커리큘럼'이다. "풍요 속에서는 친구들

이 나를 알게 되고, 역경 속에서는 내가 친구를 알게 된다." 존 철튼 콜린스

다른 사람들을 늘 의식하고, 다른 사람들에게 나를 증명하려는 것은 남의 인생을 사는 것이다. 남보다 앞선 나가 아닌 어제의 나보다 나은 나를 보는 것이다. 나에게 역사하시는 하나님을 의지하고, 나의 사명을 굳건하게 감당하며, 나의 길을 꿋꿋하게 가야 한다. 이것이 성공적인 신앙과 삶의 원리이다. 최우선 평가는 주님께 있다. 그리고 사람들의 평가에 있다. 나의 삶에 최선을 다하고 하나님께 영광을 돌리는 삶이 최선의 길이다.

> "귀인들을 의지하지 말며 도울 힘이 없는 인생도 의지하지 말지니 그의 호흡이 끊어지면 흙으로 돌아가서 그 날에 그의 생각이 소멸하리로다 야곱의 하나님을 자기의 도움으로 삼으며 여호와 자기 하나님에게 자기의 소망을 두는 자는 복이 있도다." (시 146:3-5)

한국 사회에서 미국과의 관계로 극한 대결을 벌일 때가 있다. 나 같은 경우는 페이스북에서 일부러 이 관계에 대한 개인적인 의견을 피력했다. 나는 "친미나 반미주의자가 아니다. 나는 창조적 '공존의 미주의자'이다." 모두가 공감했다. 현대 국제 정치는 서로 정치적 · 경제적으로 긴밀하게 연결되어 있다. 중국과도 경제적으로는 중요한 파트너이다. 미시 경제와 거시 경제에서 남한과 북한, 일본, 중국, 미국은 민감한 영향을 주고받는 것이 현실이다. 그래서 극단적인 대립이나 이분법적 접근으로는 곤란하다. 정서적으로는 거부감도 있겠지만 개인의 정서나 감정을 초월하는 것이 국제 외교이다. 공존할 수밖에 없다.

성경에서는 지계표를 언급한다. “지계표”신 27:17 는 논과 밭의 경계나 소유권을 표시하기 위해 세워 놓은 경계석을 의미한다. 모든 나라는 일정한 경계를 두셨다. “인류의 모든 족속을 한 혈통으로 만드사 온 땅에 살게 하시고 그들의 연대를 정하시며 거주의 경계를 한정하셨으니.”행 17:26 그래서 각기 자신의 영역에서 주권을 행사하고 ‘공존의 미’를 실현하는 것이 올바른 질서이다.

하나님께서는 중요한 사역을 감당하도록 사람을 부르신다. 유다 지파 사람, 훌의 손자이며, 우리의 아들인 브살렐을 지명하여 부르셔서 그에게 하나님의 영을 가득하게 하시고, 지혜와 총명과 온갖 지식을 갖추게 하셨다. 그는 여러 가지를 생각해 내어 금과 은과 놋으로 만들고, 온갖 기술을 발휘하여 보석을 깎아 물리는 일과 나무를 조각하는 일을 하게 하셨다. 또한 하나님께서는 그와 단 지파 사람 아히사막의 아들 오홀리압에게는 남을 가르치는 능력도 주셨다.

> “하나님의 영을 그에게 충만하게 하여 지혜와 총명과 지식과 여러 가지 재주로.” (출 31:3)

“지혜와 총명과 지식과 재주로”는 NIV에서는 이렇게 ‘skill, ability and knowledge in all kinds of crafts’로 나온다. 사람들에게 하나님의 영이 충만해져서 그들에게 더해진 ‘skill’기술 과 ‘ability’능력 이다. 하나님 안에 있어야만 하나님의 영이 충만하게 되고 기술과 능력, 지혜와 총명을 얻을 수 있다. 하나님께서는 그분이 들어 쓰시는 사람들을 지명하여 하나님의 영을 충만하게 하면, 그 사람을 지혜와 총명으로 가득하게 할 수 있다. 그리고 사명과 일을 이루도록 도우신다.

조지 뮬러George Muller, 1805-1898는 5만 번 이상 기도응답을 받은 사람이다. 조지뮬러가 기도에 대해 말하길 "기도의 무릎으로 인생의 싸움을 싸워보지 못한 사람은 기독교 신앙의 ABC도 모르는 자이다." 기도에 대한 지식만 갖고는 기적이 일어나지 않는다. 기도의 무릎을 꿇는 자, 기도로 하늘 문을 연 사람만이 큰 은혜를 체험할 수 있다.

"모나미 153" 간증은 신앙의 도전과 많은 지혜를 얻게 한다. 브랜드 네이밍에서도 탁월한 전략이다. 이 말의 뜻은 불어 "Mon=나의", "Ami=친구", 즉 "내 친구"라는 뜻의 합성어라고 한다. 신앙적인 측면에서 좀 더 의미를 더하자면 "내 친구 예수님, 153"이다. 153은 성경에 등장하는 축복, 시작의 의미이다. 베드로가 예수님의 지시에 따라 그물을 던졌을 때 그물에 걸린 물고기의 숫자이다.

1960년대 초에 모나미라는 필기용품 제조업체가 부도 직전에 은혜로 일어선 일이 있었다. 이 회사가 망하기 직전에 송 사장은 기도원에 올라갔다. 그런데 이 분이 기도를 하면서 생각해 보니까 사업하는 동안 하나님 앞에 범죄한 것이 너무 많았다고 한다. 그래서 그는 "그동안 바쁘다는 핑계로 주일 성수를 하지 않았습니다. 이제 앞으로는 주일 성수를 하겠습니다. 하나님의 것을 떼먹었습니다. 이제부터 철저히 십일조를 하겠습니다. 새벽마다 주님 앞에 기도하지 않았습니다. 이제 새벽 기도를 하겠습니다. 이제는 순종하면서 살겠습니다."라고 하며, 철저하게 회개하고 결단하게 되었다고 한다.

송 사장은 하나님 앞에 바르게 살지 못한 것을 회개하면서 성경을 보았다. 그런데 요한복음 21장 1-14절에 베드로가 예수님께서 시키는 대로 했더니 큰 물고기가 153마리나 잡혔다는 말씀에 은혜를 받았다. 그래서 모나미 사장은 "하나님, 제가 모나미 153이라는 볼펜을 만들겠습니다. 하나님 이 볼펜이 모든 사람의 손, 아니 전 세계에 있는 모든 사람의 손에 다 들려지기 원합니다. 50억 자루가 팔리게 해 주세요."라고 기도했다고 한다. 그 후 모나미 153볼펜은 한국의 최장수 상품 반열에 들었으며, 몇 년 전에 정말로 50억 개의 모나미 153볼펜이 팔렸다. 제자들이 예수님의 말씀에 기초하여 믿음으로 순종한 결과 풍성한 축복을 받은 숫자를 연상해서 믿음으로 옮겨 성공한 것이다.

4

성경적
경제관

✦

청지기 정신이 성경적 경제관의 원칙이다. 하나님이 주신 "권력"단 2:21, "재물"전 2:26, "지식"잠 2:6, "달란트"마 25:15, "환경"창 1:26 등을 잘 사용하고 창조적으로 확대 재생산하며, 지혜롭게 관리하는 것을 말한다. 경제란 용어의 '이코노미'economy의 어원적 의미는 헬라어 '오이코노무스'oikonomous에 근거를 둔다. "집"을 뜻하는 오이코스와 "법", "규제 또는 규칙"을 뜻하는 노무스가 합쳐진 합성어로 "가정과 가족을 맡은 자"를 뜻한다. '오이코스'는 "집", "성전", "처소", "건물"을 뜻한다. 교회에서 많이 사용하는 용어인 "권속"도 오이코스의 파생어인 '오이케이오스'이다. "가족의 일원"이라는 뜻이고, '건물'도 오이코스의 파생어인 '오이코도메'이다. 이는 건축물이라는 의미도 담고 있다.

하나님의 "경륜"은 '오이코노모아'이다, 이는 경제 정책, 경제 계획을 의미한다. "집을 운영하다", "관리하다"라는 뜻이다. 즉 하나님의 경륜은 "하나님의 집을 운영하는 계획"을 말한다. 그리고 한 집안의 행정 관리 및 재정을 맡아 관장하는 '지배인' 또는 '관리인'이라고 할 수 있다. 진정한 그리스도인의 바른 경제관과 윤리관 안에서 모든 경제활동과 삶을 영위해야 한다는 중요한 의미를 내포한다. 하나님의 경제 계획으로 우리는 '시민권자들'엡 2:19 이 되었고, 이 모든 것은 하나님 나라의 경제 계획이다.

하나님은 세상의 모든 피조물을 관리할 권세창 1:28 를 우리에게 주셨다. 청지기, 권한의 대행자인 것이다. 하나님은 "착하고 충성된 종아 네가 적은 일에 충성하였으매 내가 많은 것을 네게 맡기리니 네 주인의 즐거움에 참여할지어다."마 25:21 라고 말씀하시며, 청지기 역할을 잘 수행한 자를 칭찬하신다. 청지기의 가장 중요한 성품은 충성심이다. 충성은 하나님께 먼저이고 부모, 국가나 소속된 단체에 헌신하는 것이다. 리더는 자기가 속한 공동체의 사명과 목적에 절대 충성을 다해야 한다. 개인의 명예나 지위에 집착해서는 안 된다. 공동체를 위해서라면 자기희생의 결단이 필요할 때도 있다. 희생이 없는 충성이란 기대할 수 없기 때문이다.

서구의 자본주의는 프로테스탄티즘청교도 정신 과 함께 발전했다. 막스 베버의 책 『프로테스탄티즘 윤리와 자본주의 정신』에서 언급한 자본주의이다. 감동에 의한 자발적이고 순종적 나눔과 섬김을 말한다. 기회와 결과의 조화로운 평등을 통한 경제 발전이다. 그런데 한국에서는 세계 질서의 변동 가운데 중요한 가치나 제어가 안 된 상태의 자본주의가 일방적으로 유입되다 보니 사회적 양극화나 부의 편중, 독점이나 불법을 행하는 '천민자본주의' 형태의 모습을 드러낸다. 막스 베버Max Weber 의 『소명으로서의 정치』는 "정치란 무엇이고, 정치가란 어떤 존재인지"에 대해 언급한다. 우선

베버 사상의 출발점은 칼빈주의이다. 이는 칼빈의 직업 소명설을 근거로 한다. 모든 사람은 하나님으로부터 선택적 구원을 받는다는 '예정설'과 사람은 직업을 통해 이 땅에서 자신의 소명을 감당한다는 '소명설'이다. 직업과 재정의 올바른 사용은 구원을 증명하는 행위로 규정한다. 그의 모든 사상은 성경에 뿌리를 두고 있는 이론이다. 막스 베버는 칼 마르크스, 에밀 뒤르켐과 함께 3대 사회학자로 꼽힌다.

하나님은 우리에게 은사와 달란트를 주셨다. 탤런트라는 말도 여기에서 유래되었다. 재주나 재능을 통해 하나님께 영광을 돌려야 한다. 시간, 재능, 물질 등을 하나님과 이웃, 사회 구성원을 위해 섬기고 나누어야 참된 크리스천이다. 일반적으로 이익 우선 추구는 단기 성과를 극대화하고, 가치 우선 추구는 장기 성과를 극대화한다. 그런데 모든 기업가가 이익에 앞서 가치를 창출하는 것은 아니지만 모든 기업가 정신은 가치 창출이 이익에 앞서 전제되어야 한다. 결국 지속가능한 가치와 이익의 창출은 사회와 공유하는 가치와 분배와 배려로 지속가능하게 된다. 이것이 성경적 선순환의 기업가 정신이다.

우리가 재정적인 규모나 현실적인 부의 축적, 이러한 것에서 현재 안정을 얻는다면 이것이 우상일 수 있다. 모든 재정은 하나님께서 공급하신다는 믿음의 기반이 없고, 거기에서 평안과 안정을 찾지 못하는 것은 불신앙적 재정관이다. 물질이나 재정적 기반에만 의지하거나 치중되어서 손실과 상실을 두려워하고 있다면, 진정한 하나님 안에서의 부의 관리는 아니다. 이는 자기중심성의 결과이다. 모든 것을 공급해 주시는 하나님이 진정한 안정감의 기반이어야 한다. 하나님 중심의 재정관이 진정한 부의 소유자들의 경제관이다.

사명과 직업, 주어진 일을 통해 하나님과 이웃을 섬기는 것이다. 하나님이 창조하신 모든 피조물과 세계를 돌아봄으로써 하나님 나라를 이 땅에 확연하게 나타나게 하며, 하나님의 영광을 드러내기 위해 헌신하고 충성해야 한다. 이러한 성실하고 정결한 수행 과정 가운데 예수 그리스도 안에서 은총으로 주어진 일과 자아실현을 통해 궁극적으로는 나의 진정한 나됨이 나타나고 실현된다. 일과 돈의 기준이다. 돈이 모든 직업과 일에서의 선택 기준이라면 그것은 단순한 직업이다. 그래서 일과 과업이 중요한 선택의 기준이며, 사명과 연결되어야 한다.

교회 사역에서도 재정에 대한 관점은 중요하다. 때로는 재정이 부족해서 기도를 많이 하기도 한다. 응답이 있으면 좋다. 그런데 하나님께서 허락하지 않으실 때도 있다. 이때 이를 해석하고 적용하는 태도와 지혜가 필요하다. 중요한 지점에서 목표 수정과 조정을 감안해야 한다. 하나님께서 원하시는 목표가 아닐 수도 있다. 이때는 하나님의 행하심에 의존하고, 그분의 주권적 방향에 맡겨 드리는 것이 지혜로운 것이다. 잘못하면 편법이나 부정한 방법, 무리한 방법을 시도하여 예상치 못한 문제가 발생할 수 있다. 하나님의 뜻을 분별하는 것이 중요하다.

십일조와 헌금생활

십일조와 헌금은 구원의 전제조건은 아니다. 자신의 신앙고백이고, 믿음생활의 기본적인 행동 양식이며, 신앙의 실천 형태이다. 모든 소유나 물질의 주체가 하나님임을 고백하는 것이다. 구약의 십일조에 대한 명령과는 달리 신약에는 십일조를 명시적으로 강제하는 구절은 없다. 그리고 십일조가 구약의 다른 율법과 함께 폐지됐다는 구절이나 이를 제지하거나 무용론을 언급한 구절도 전혀 없다. 무용론이 존재한다면 이 중요한 사실을 언급하지 않을 이유가 없다. 너무나도 당연한 귀결로 보인다.

구약 율법의 폐기론은 성전의 희생 제사나 제사장 제도, 할례와 정결례 같은 구약의 율법이 신약 시대에 와서 폐지된 것에 한정한다. 십계명을 비롯한 여러 가지 율법이나 형식들이 신약에서도 여전히 지켜지고 있다는 점이다. 사람들은 예수님을 율법을 폐하는 자로 오해했으나, 예수님께서는 "내가 율법을 폐하러 온 것이 아니라 율법을 온전케 하러 왔다."고 하셨다.[마 5:17] 그래서 구약과 신약을 삼위 하나님의 감동으로 기록된 말씀으로 믿는 것이다. 이것이 믿음이다. 성경을 보면 예수님은 십일조에 관해 3회 정도 언급하셨다.[눅 11:42; 눅 18:11-14; 마 23:23] 그 동기나 이유는 바리새인들을 꾸짖을 때 사용하신 구절들이다. 바리새인들의 십일조에 관해 언급하셨다. 십일조도 행하고 의[공의]와 인[인애]과 신[신의]도 행하라고 가르쳤다.

> "화 있을진저 외식하는 서기관들과 바리새인들이여 너희가 박하와 회향과 근채의 십일조는 드리되 율법의 더 중한 바 정의와 긍휼과 믿음은 버렸도다 그러나 이것도 행하고 저것도 버리지 말아야 할지니라." (마 23:23)

신앙과 삶의 현장에서 인애와 정의가 존속하는 한 십일조도 존재한다는 의미로 이해할 수 있다. 이로써 구약의 십일조가 새 언약으로도 계속될 것을 암시했다고 볼 수 있다. 그 연속성을 내포한다. 칼빈은 헌금의 목적을 교회 유지, 목회자의 사례, 교회 교육, 구제라고 말한다. 교회의 재정은 적절하고 균형 있게 사용해야 한다.

성경은 십일조에 대한 근거를 제시한다. 구약성경에서는 아브라함이 멜기세덱에게 바친 십일조[창 14:17-20]와 야곱의 십일조 약속[창 28:18-22]이다. 구약 이스라엘의 십일조는 세 가지 형태가 있었다.

여호수아가 가나안 정복 후에 토지를 분배받는다. 이때 레위 지파는 땅 분배에서 제외된다. 그리고 성전에서 생활하며 봉사한다. 어떤 의미에서는 이스라엘을 세우고 하나님 신앙을 지키기 위해 전적으로 헌신한 사람들[모세, 아론, 여호수아는 레위 지파]과 레위 지파의 성전 활동과 생계를 위해 사용된 것으로 보인다. 이스라엘에서는 기본적인 십일조, 이것을 첫째 십일조라 부른다.[민 18:21-29] 그리고 여호와의 절기를 위해 바치는 소위 둘째 십일조[신 14:22-27]가 있다. 안식년을 기준으로 매 제3년과 6년째에 드리는 십일조[신 14:28-29]는 셋째 십일조 규례이다. 이 재정은 생활보호대상자들에게 쓰였다. 이방인과 고아와 과부를 구제하는 데 사용[신 26:12]하도록 했다. 십일조 정신은 가난한 사람들을 위한 십일조[신 14:28-29; 26:12-15], 말라기서에 나타난 십일조[말 3:6-12], 신약성경의 복음서에 언급된 십일조[마 23:23; 눅 18:9-14], 히브리서에 언급된 십일조[히 7:1-4]이다. 하나님께서 이스라엘 백성에게 바치라고 하신 십일조는 토지 소산과 가축의 십일조였다. 땅의 열매와 기르는 가축의 십분의 일이었다.[레 27:30-33; 신 12:17; 신 14:22-23; 신 14:28; 삼상 8:15; 대하 31:16; 느 12:44; 느 13:5; 느 13:12] 하나님께 드린 토지의 소산과 가축의 십일조를 하나님께서 이름을 두시려고, 택한 곳에서 함께 먹고 하나님 경외하기를 배우며 식구들과 함께 먹고 즐거워하라는 의미다.[신 14: 22–29] 3년마다의 십일조는 자신이 사는 지역의 레위인과 나그네와 고아와 과부들과 함께 먹고 그들을 배부르게 하라고 하신 사랑의 규례이다.

개인적으로 십일조 생활은 신학적이고 성경적 근거도 중요한 기준이지만 체험적인 신앙 때문에 반드시 해야 한다고 본다. 내가 조그마한 사업을 할 때는 월급을 받는 직장인과는 달리 십일조의 기준이 애매할 때가 많이 있었다. 십일조의 기준이나 날짜 등 몇 가지 혼선이 있었던 것은 사실이다. 하지만 여기서 중요한 것은 자신의 믿음의 분량과 자세라고 생각한다. 헌금의 척도는 온전한 십일조[창 14:20; 말 3:8–10] 즉 모든 소산, 첫 새끼, 첫 열매이다.[레 27:26)] 헌금의 척도는 힘대로 정성껏 하는 것이다.[마 23:23]

헌금이란 자기 보물을 하늘에 저축하는 것이다.[마 6:20] 하나님께로부터 받은 것을 하나님께 드리는 것이다.[마 22:21] 하나님께 받은 은혜에 대한 감사의 표시이다.[신 16:15–17] 하나님을 기쁘시게 하는 신앙의 척도이다.[고후 9:17] 주의 사역에 협력하고 참여하는 것이다.[고후 8:4] 십일조에 대해 찬, 반양론이 있다. 아마도 한국 교회는 찬성하는 분들이 90% 이상일 것이다. 십일조가 필요 없다는 근거를 제시한 분들도 존재하지만 성경 전체를 보면 이미 십일조나 헌금에 대한 근거는 충분하다. 기독교의 역사가 이를 증명한다. 예수님의 가르침을 문자적으로 적용하자면 가진 것의 전부를 드려야 할지도 모른다. 두 벌 옷도 취하지 말라고 하셨다. 예수님께서는

"자신을 따라오려거든 처자식, 전토, 형제, 자매, 부모, 자기목숨까지 버리라."막 10:29 고 제자들에게 말씀하셨다. 물론 그 의미는 예수님 중심과 삶의 우선순위에 대한 말씀이다.

신약에서 아나니아와 삽비라의 경우는 토지를 판 재정의 일부를 몰래 숨겼다가 성령을 속이는 징계로 죽임을 당하기도 했다. 그래서 성경적 근거는 명확하다. 다만 나라에 따라 전통이나 문화의 차이는 있을 것이다. 십일조와 헌금은 분명한 믿음의 중요한 행위임에 분명하다고 생각한다. 따라서 십일조는 10의 1을 드릴 수도 있고, 믿음에 따라 10의 2나 3도, 전부 드릴 수 있다고 본다. 다만 무리한 헌금 강요나 무리한 성전 확장을 위한 교회의 채무, 은행 대출이나 교회 대출로 보증인을 세우는 것은 경계해야 한다. 헌금의 올바른 사용 방법은 복음을 전파하는 데 사용해야 한다.빌 4:15–19 성도들의 신앙 성장 교육비로 사용해야 한다.갈 6:6 빈민을 구제하는 데 사용해야 한다.잠 11:25; 마 25:40 교역자 생활비로 사용해야 한다.민 18:21–24; 고전 9:7–14

교회를 섬길 때 교회에 비치된 헌금봉투는 보통 두 가지였다. 하나는 십일조 봉투, 하나는 감사헌금 봉투였다. 십일조는 십일조 봉투에, 각종 절기나 감사는 감사 봉투를 사용했다. 그래도 성도들이 자원해서 더 넘치게 헌금생활을 했다. 중요한 것은 모두가 은혜와 축복을 체험했다는 점이다. 굳이 십일조를 강요하거나 부흥회 등을 하지 않아도 된다고 생각한다.

한국 교회에 대한 부정적인 내용 중에 교회 입구에 비치된 수십 개의 헌금봉투를 지적하는 것을 보았다. 이들의 지적에도 일리는 있다고 본다. "각각 그 마음에 정한 대로 할 것이요 인색함으로나 억지로 하지 말지니

하나님은 즐겨 내는 자를 사랑하시느니라." 고후 9:7 자발적으로, 믿음으로, 감사함으로, 헌신함으로, 순종함으로, 하나님의 감동으로, 온전한 십일조, 은혜로운 십일조와 헌금생활을 할 때 자유함을 누릴 수 있다. 그러한 심령의 평안함이 지속될 때 각 영역에서 지혜롭게 자신의 일을 잘 감당하리라 생각한다.

그렇다면 헌금을 드려야 하는 이유는 무엇인가? 헌금은 하나님의 명령에 대한 순종이고 창 14:20; 레 27:30; 사 66:20; 말 3:8; 히 7:6; 마 23;23 , 예수님이 언급하셨기 때문이다. 마 23:21 또한 성령께서 권유하셨기 때문이다. 행 2:44 교회가 요구하기 때문이다. 행 4:32 그리스도인의 본분이기 때문이다. 눅 8:3 이것은 하나님의 은혜이자 특권이다. 이러한 헌신을 통해 교회가 든든히 세워져 가고 부흥도 일어난다. 바울은 성전에서 나오는 재정을 언급하고, 사역에 전념하는 사람의 생활을 성도들이 책임져야 한다고 말한다. 고전 9:13–14

십일조는 의무사항이 아니라 성도들의 특권이다. 비유로 말하자면, 부모님께 용돈을 드려도 기쁘고 보람이 있다. 십일조는 온 세상의 주인이신 하나님을 나의 주로 고백하고, 그의 자녀로 드리는 신앙 행위이다. 하나님과 온전한 관계의 표현이다. 모든 은혜와 축복, 재정의 공급자이신 하나님을 경배하는 것이다. 주시는 분도 하나님이시고, 거두어 가신 분도 하나님이시다. 소유나 물질의 주체는 하나님이시다.

성경적인 경제관은 이 땅에서의 재정이나 모든 물질이 우리의 소유가 아니라 단지 위임받은 것으로 여기는 것이다. 선한 청지기 정신이 있어야 한다. 영혼 구원과 하나님 나라를 확장하기 위해서는 교회 공동체의 재정이 필요하다. 당연히 목회자들의 사례비나 행정 비용, 선교 사역, 문서 사역, 구제나 복지에 많은 재정이 필요하다. 선교를 가는 것도 선교 사역이지만, 보내는 것도 동일한 선교 사역에의 동참이다. 문제는 교회 재정의 투명성, 합리성, 교회 재정 지출의 적절성이다. 오늘날 십일조나 헌금에 관해 크리스천들이 회의감과 부정적인 생각이 드는 이유는 신학적, 성경적 문제라기보다는 십일조와 교회 재정의 사용에 관한 문제라고 본다. 생각과 발상의 전환도 은혜이다. 십일조나 헌금을 아깝게 생각하지 말아야 한다. 오히려 더 많은 십일조나 헌금을 할 수 있도록 하나님께 기도하며 주어진 일에 최선을 다해야 한다.

헌금과 축복과의 관계는 이렇다. 하나님께 바치는 자는 범사에 복을 받는다.[신 14:28] 하늘 문을 열어 차고 넘치게 채워 주신다.[말 3:10] 하나님이 다 갚아 주신다.[잠 19:17] 하나님께 바치는 자는 하나님이 사랑하신다.[고후 9:7] 후히 되어 누르고 흔들어 넘치도록 안겨 주신다.[눅 6:38] 이러한 사회생활과 신앙생활을 은혜롭게 함께할 모범적인 좋은 목회자나 교회 공동체를 잘 선택하는 것도 축복이다. 나의 경험에 따르면, 심고 거두는 법칙처럼 심은 것보다 더 풍성한 재정의 복과 은혜를 부어 주셨다. 갈라디아서 6장 7절에, "스스로 속이지 말라 하나님은 업신여김을 받지 아니하시나니 사람이 무엇으로 심든지 그대로 거두리라."고 했다.

형통이란?

'어떤 환경에서 태어났는가?' '지금까지 어떠한 삶을 살았는가?' '지금 어떤 상황이나 환경에 처해 있는가?' 이것이 기준이 아니라, '하나님이 나와 함께 계시는가?'가 중요한 영적 기준이다.

성경에는 요셉이 이방 국가인 애굽의 노예 생활, 누명, 감옥을 거쳐 천신만고 끝에 국가의 총리가 되는 인생 드라마가 담겨 있다. 하나님은 사람의 실패도, 실수도 결국에는 선하게 사용하신다. 인생의 고비마다 우리를 일으키시는 하나님의 은혜가 있기에 절망해서는 안 된다.

"여호와께서 요셉과 함께 하시므로 그가 형통한 자가 되어 그의 주인 애굽 사람의 집에 있으니."(창 39:2)

하나님께서 함께하는 자가 형통한 자이다. 하나님의 기준에서 하나님의 계획 가운데 이끌어 가시고 '함께'하시는 데 그 의미가 있다. 나는 과연 형통한 자인가?

위기는 하나님이 주신 기회이다. "요셉 프로젝트"가 있다. 요셉을 통한 국가 경제 위기 관리를 위한 리더십은 크리스천 리더에게 중요한 지혜를 제공해 준다. 하나님께서 아브라함을 통해 "땅의 모든 족속이 너로 말미암아 복을 얻을 것이라."창 12:3 고 하셨다. 크리스천들은 아브라함의 축복이 흐르는 사람들이다.

요셉이 형들의 질투와 시기 때문에 노예로 팔려 가던 나이가 17세였다. 그리고 요셉은 바로의 신하 친위대장 애굽 사람 보디발의 종생활을 하게 된다. 인생의 밑바닥을 체험한다. 보디발의 집에서 가정 총무가 되어 일하고, 그 유능함을 인정받는다. 문제는 보디발 아내의 유혹이다. 요셉은 이 유혹을 뿌리치지만 역으로 성폭행의 누명을 쓰고 감옥에 갇힌다. 감옥에서 왕의 핵심 측근들을 만나서 우연히 그들의 꿈을 풀이해 준다. 그러자 그들은 요셉에게 도움을 준다. 나중에 요셉의 꿈 해석은 그대로 이루어진다. 그 결과가 검증되었다. 그러나 요셉은 금세 사람들에게 잊힌다. 그리고 2년의 세월이 흐른다.

창세기 39장에 보면 여호와께서 "요셉과 함께 하시므로 그가 형통한자가 되었다."라는 말이 세 번 반복하여 나오는데 요셉의 형편과 처지에서는 도저히 이해가 안 되는 말이다. 하지만 인간적 한계의 끝에서 하나님의 역사는 시작한다. 남은 건 오직 승리뿐이다.

애굽의 바로 왕이 어느 날 꿈을 꾼다. 바로는 애굽에 이름난 박수와 술객과 박사들을 소집했지만 아무도 해석하지 못했다. 이때 술 맡은 관원장이 2년 전에 감옥에서 만난 히브리 소년, 요셉을 생각해 냈다. 그래서 왕에게 보고한 후에 그를 찾는다. 바로는 요셉에게 자신이 꾼 꿈, 두 소의 꿈과 두 이삭의 꿈을 말해 주었다. 요셉은 꿈을 이렇게 해석한다. "7마리의 살진 암소와 충실한 일곱 이삭은 풍년이고, 7마리의 파리한 다른 암소와 가는 일곱 이삭은 흉년을 말합니다. 그것은 하나님이 하실 일을 바로 왕에게 보이신 것으로, 7년 풍년 후에 7년 흉년이 드는 것을 의미하오니 지혜롭고 명철한 자를 세워 7년간 풍년 때에 곡식을 각처에 모아 저장하게 하고, 7년 흉년을 예비하게 하시면 위기를 잘 넘길 것입니다."

이 말을 들은 왕은 요셉이 지혜로운 자임을 알고 전국을 다스리는 총리로 임명했다. 요셉은 17세에 노예로, 그리고 13년이 지난 30세에 애굽의 총리가 되었다. 국가의 법에 따르면 관직에 나아갈 최소 연령은 30세였다. 결국 요셉은 꿈과 해석대로 국가의 경제 위기를 지혜롭게 극복해서 모든 국민에게 인정받는다.

이 "요셉 스토리"는 성경에서 배우는 위기 경영의 지혜이다. 요셉은 풍년이 들던 7년간 저장고를 지어 곡식을 모은다. 그리고 7년간 흉년이 들었을 때 저장고에 있던 쌀들을 팔아 백성과 귀족의 땅과 가축들을 사들여 국가에 귀속시킨다. 또한 곡식을 밑천으로 하여 이루어진 대외 무역과 국내 행정을 통해 막대한 재정 수입을 애굽 왕 바로에게 안겨 주었다. 토지법을 세워 백성들에게 땅을 나눠 주고, 추수의 20%를 세금으로 내게 했으며, 그 나머지로 백성들의 생계를 유지하도록 했다. 백성들의 토지를 양식과 바꾸어 곡식을 허비하지 못하게 하려는 의도도 다분하다.

이 시대의 대표적 경영학자 짐 콜린스Jim Collins 는 탁월한 경영에서 섬세함을 강조한다. "능력이 뛰어난 것으로 손꼽히는 리더들은 비전과 세부적인 것에 병적일 정도로 집착하고 세부 사항을 제대로 처리하는 것에 편집광적으로 매달린다."

칼빈은 성경의 근거를 제시하면서 물질적인 재산이 하나님이 자신의 섭리를 완성시키는 데 사용하는 도구라고 가르친다. 또한 돈은 하나님의 자녀들을 생존하게 하는 하나님의 은총의 표시이다. 이것이 돈의 영적 사명이다. 선한 청지기의 사명벧전 4:7-11 은 크리스천들의 원칙이다.

요한 웨슬리J. Wesley 의 재정관은 현대인에게 지혜와 근검, 절약의 자세를 깨우쳐 준다. 첫째 "벌 수 있는 대로 벌어라."Gain all you can 둘째 "할 수 있는 대로 아껴라."Save all you can 셋째 "할 수 있는 대로 나누어 주라."Give all you can

윌리엄 로우William Low는 크리스천의 재정에 관해 그의 저서 *A Serious Call to a Devout and Holy Life* 헌신과 거룩한 생활에로의 진지한 부름에서 "만약 우리가 재물을 사소하게 소비하지 않고 눈먼 자의 눈으로 과부에 대해 한 남편으로서, 고아에 대한 한 아버지로서 사용한다면, 황폐한 자들에게 편리함을 좇도록 하는 폭넓은 사역이 됨은 물론 우리들 자신이 하늘에 있는 영원한 보화를 획득하는 것이다."라고 한다.

"내가 주의 택하신 자가 형통함을 보고 주의 나라의 기쁨을 나누어 가지게 하사 주의 유산을 자랑하게 하소서" (시 106:5).

"백화점 왕" 워너메이커의 7가지 성공 습관

《조선일보 2016.3.7》 기사에 따르면 책을 많이 읽은 학생들이 미래에 '괜찮은 일자리'를 얻은 비율이 20%가 더 높다는 연구 결과가 나왔다. 이는 2004년 당시 국내 중3 학생들이 대입에서 어떤 점수를 얻고 어떤 직장을 얻었는지 12년째 추적 조사한 한국직업능력개발원 연구를 통해서도 확인된다. 중학생 때 다독한 학생들은 과목별 수능 표준점수가 최고 22점 뛰었고, 대기업, 공기업 등 괜찮은 직장에 들어가는 비율이 20% 높았다. 직능원은 2004년 고3 학생들에게 교양서적과 문학서적을 고 1-3 사이 각각 몇 권씩 읽었는지를 조사했다. 이후 이들이 2014년에 취업했을 때 어떤 직장을 얻었고 임금 수준은 어느 정도인지 확인했다. 그 결과 교양서적을 "11권 이상 읽었다."라고 한 학생은 '대기업과 공기업, 외국계 기업의 정규직' 등 이른바 '괜찮은 일자리'에 취업한 비율이 44%였다. '0권'이었던 학생 24%보다 20% 높았다. 또 학창 시절 책을 자주 손에 쥐었던 학생은 훗날 직장에 들어간 후 독서하지 않은 학생들보다 200만 원 더 많은 연봉을 받았다. 이 연구 외에도 독서의 힘은 부모의 학력과 소득 격차도 극복한다는 다양한 연구 결과가 있다.

미국 브리검영Brigham Young 대학 연구팀이 최근 발표한 「자녀에 대한 부모의 시간 투자 효과」 논문에 따르면, 부모가 자녀에게 일주일에 30분 정도 더 책을 읽어 주면 자녀의 연봉이 5,000달러약 600만 원 정도 더 오른다고 나타났다. 이는 미국의 청소년 추적 연구 데이터National Longitudinal Survey of Youth를 활용한 연구 결과다.

존 워너메이커John Wanamaker는 1838년 미국 필라델피아 변두리의 가난한 벽돌공의 아들로 태어났다. 학력은 부족했지만 어릴 적부터 신앙이 좋았고 매사에 성실했다. 그는 시의 YMCA의 간사로 근무하다가 1869년에 존워너메이커사를 설립했다. 1875년 필라델피아 철도청의 화물보관창고를 구입하여 전문 상점들을 한 지붕 아래에 배치하는 새로운 시도로 미국에서 가장 큰 백화점을 선보였다. 여러 도시에 백화점을 거느려 "백화점의 왕"으로 불렸다. 그는 제23대 대통령 벤저민 해리슨 행정부의 체신장관을 지냈다.

백화점의 왕 워너메이커의 7가지 성공 습관은 다음과 같다.

1. 새벽형 인간이다. 새벽에 일어나 그날의 계획을 치밀하게 세웠고, 남들보다 30분 먼저 출근해서 일찍 하루를 시작했다.

2. 긍정적인 삶의 태도이다. 그는 필라델피아의 다른 소년들에 비해 밝은 미래를 꿈꾸거나 희망을 노래하기에는 상황이 너무 힘들었다. 하지만 그는 매사에 긍정적이며 낙관적이었다. 그의 입술에서 흘러나오는 말들 중에 자신의 삶을 불평하거나 남을 비판하거나 "나는 할 수 없다."라는 부정적인 말은 찾아볼 수 없었다. 그는 비록 어려운 가정형편 때문에 교육을 제대로 받지 못하고, 아버지가 일찍 세상을 떠나 소년 가장의 역할을 해야 했지만 자신의 환경을 비관하지 않았다. "할 수 있다."라는 긍정적인 생각으로 그의 지경을 무한대로 넓혔다.

3. 절약하고 저축하는 습관이다. "내가 처음으로 1달러를 저축했을 때 마치 백만장자가 된 듯이 기뻤습니다. 어린 시절 그만한 돈을 모으는 일은 쉽지 않았으니까요. 그 시절 나는 날마다 번 돈을 저축하며 절대 궁핍하게 살지 않겠다고 굳게 결심했습니다." 그는 절약해서 모은 재정을 직원들의 복리후생, 교회 건축, YMCA 후원, 도서관 건축 등을 위한 자선 사업에 기부했다. 한국에는 1908년 그의 기부로 종로2가에 YMCA 회관을 준공했다.

4. 독서하는 습관이다. 많은 지식과 영감을 얻어 경제 분야에도 탁월한 식견을 지닐 수 있었다. 깊은 독서가 바탕이 되어야 한 분야에서 최고가 될 수 있다. 그는 때와 장소를 가리지 않고 책을 읽는 독서광이었다. 15살 때부터 하루에 2시간 이상씩 독서하기로 결심했고 1년 20여 권 책 읽기, 틈날 때마다 책을 읽었다. 아침 30분은 성경을 읽고 오후 시간에는 신문, 잡지, 문학소설, 수필, 신앙서적, 시집 등을 읽었다.

5. 기도하는 습관이다. 그는 백화점 건물을 지으면서도 기도실을 따로

만들었는데, 방음 시설을 설치하기도 했다. 청년 시절에는 존 챔버스 목사님의 교회와 YMCA에서 하는 기도 모임에 헌신했다. 1890년 '베다니 형제애'를 조직하면서 기도와 봉사의 규칙을 제정하여 매일 기도하는 일에 아버지들과 함께 헌신했다. 매일 아침과 저녁으로 지켜 온 평생의 거룩한 습관이었다. 기도보다 앞서는 일이 없었다.

6. 메모하고 정리하는 습관이다. 순간적으로 떠오르는 아이디어를 기록하기 위해 작은 수첩을 호주머니 속에 소지했고, 머리맡에도 메모지를 놓아두었다. 개인 일기, 기도문, 가족과의 편지글뿐만 아니라 비지니스와 관련하여 항상 메모하고 정리하는 습관으로 시간을 낭비하지 않고 효율적으로 사용했다. 이는 현대에도 중요한 원리이다. 바로 '적자생존'이다. 적어야 산다.

7. 칭찬하고 격려하는 습관이다. 워너메이커는 칭찬과 격려로 사람들의 마음을 움직일 줄 아는 사람이었다. 그의 칭찬과 격려 습관은 그의 주변으로 사람들이 몰려들게 했다. "칭찬은 고래도 춤추게 한다." 그런데 칭찬은 시의적절할 때 더 효과가 있다.

이것이 존 워너메이커의 생활신조4T 이다. 'Think' 생각하라, 'Try' 실행에 옮겨라, 'Toil' 땀을 흘리고 애를 쓰라, 'Trust in God' 하나님을 의지하라, 'Think-Try-Toil-Trust in GOD!'

일반적으로 성공의 척도를 권력, 재정, 명예나 사회적 지위로 보기도 한다. 하지만 그리스도인은 성경적인 기준에서 이를 잘 관리해야 할 의무가 있다. "하나님이냐, 돈이냐?" 예수님께서는 보통 돈이나 부를 나타내는 "맘몬"이라는 낱말을 인용하셔서 돈을 의인화하고 그것을 일종의 신격으로 다루셨다.

자끄 엘륄J.Ellul 은 『하나님이냐, 돈이냐』에서 "예수가 우리에게 계시해 보여 주는 것은 첫째, 돈은 하나님의 권세라는 점이다. 둘째, 그 권세는 영적인 가치를 지닌다는 것이다. 다시 말하면 권세는 영적인 의미와 방향을 지니고 있다."라고 한다. 그가 말하길, 권세는 결코 중립적이지 않고, 어느 곳을 지향하고 있으며, 인간으로 하여금 어디를 향하게 한다. 그리고 예수께서 하나님과 맘몬 사이에 설정한 병립 관계를 과소평가해서는 안 되며, 어느 것이든 둘 중의 하나와 인간과의 관계는 주종 관계라고 말한다. 다시 말해 사람이 돈을 필요로 한다기보다 돈이 사람을 필요로 하며, 돈이 사람을 얽매어 돈의 법칙에 따라 살지 않으면 안 되도록 사람을 예속한다는 것이다. 자끄 엘륄은 현대 그리스도인에게 가장 위험한 딜레마가 자본주의돈 라고 말한다.

> "게으른 자여 개미에게로 가서 그 하는 것을 보고 지혜를 얻으라. 개미는 두령도 없고 감독자도 없고 통치자도 없으되, 먹을 것을 여름 동안에 예비하며 추수 때에 양식을 모으느니라." (잠 6:6-8)

'정의'와 '의', 그리고 '공의'

성경에서 말한 '지혜'wisdom 는 품성이나 한 인격의 존재 목적, 삶의 행실과 관련이 있다. 그런데 '지식'knowledge 은 교육이나 경험을 통한 사물, 현상에 대한 객관적 정보나 기술적 이해력으로 지적인 체계를 가리킨다.

지식의 한계는 현실에 전적으로 일치할 수 없는 사실의 축적이다.

지혜는 모든 사실을 현실에 응용하고 적용하는 능력이다. 명철은 사실들을 평가하고, 분별하며, 통찰할 수 있는 능력이다. 그러한 능력은 지혜의 틀을 갖추는 데 필수요건이다. 그래서 신앙생활에서 사적 영역인 개인의 신앙, 대사회적 관계에서 공적 영역인 올바른 성경적 관점은 중요한 지침이다.

잠언에서 강조하는 지혜는 이상적인 도덕성이나 선과 악의 분별, 올바른 사리판단, 종교적 품성에서 드러나는 실용적인 현명함을 말한다. 성경은 수많은 논리를 통해 교회 공동체, 정치사회적 리더의 도덕성과 정의, 정치적 자유와 정의, 경제적 정의와 평등, 경제적 양극화 해소와 사회 안전망에 관해 강조한다. 이러한 측면에서 볼 때 성경은 좌와 우를 뛰어넘는 대안적인 체제이다. 그래서 성경의 기본적 지향과 가치만 실천해도 사회 공동체는 교회 공동체를 인정하게 된다.

> "공의와 정의를 행하는 것은 제사 드리는 것보다 여호와께서 기쁘게 여기시느니라." (잠 21:3)

하나님께서는 모세의 율법을 통해 하나님의 공의의 속성을 계시하셨다. 죄는 율법이 선포되기 전에도 세상에 있었다. 다만 율법이라는 기준이나 규범이 없었을 때는 죄를 죄로 여기지 않았을 뿐이다. 율법은 죄를 깨닫게 하는 중요한 가치 기준이다. 공의와 사랑의 하나님이 그의 백성에게 계시를 통해 삶의 원리와 행동 양식에 관한 율법을 주신 것이다. 하나님은 공의를 행하시고, 억압당하는 모든 사람을 돌보시며, 심판하시는 분 시 103:6 이시다. 또한 의로우시고, 불의를 행하지 아니하시며, 아침마다 빠짐없이 자기의 공의를 비추시는 분 습 3:5 이시다.

성경에는 '정의'와 '의', 그리고 '공의'를 구분한다. 미묘한 차이 같지만 깊은 뜻과 그 의미가 내포되어 있다. 성경에서의 정의는 법적인 공평보다는 더 포괄적 개념이다.

정의를 행한다는 것은 국가적인 측면에서 보면, 사회적 약자나 소외자들을 불법이나 악한 자에서 보호하며 권력을 공정하게 행사하는 것과 공정한 사법 기관의 간섭이나 개입이 적절히 작용하는 것 등을 의미한다.

정의는 하나님의 도덕법과 일치하는 것으로 상호의무를 이행하는 것, 하나님의 계명에 따라 올바른 결정을 하는 것 등을 의미한다. '정의' 正義 는 올바른 도리 렘 33:15; 암 5:24; 시 33:5 를 말한다. 신학적으로는 서로 연결된 용법으로 사용되었다. 하나님의 본성을 표현하는 말이며, 죄에 의해 잃어버린 인간의 완전성과 의를 가리키기 위해 인간의 사회생활에서 인간과 인간 사이에 있어야 할 정당한 관계를 뜻한다.

"그 날 그 때에 내가 다윗에게서 한 공의로운 가지가 나게 하리니 그가 이 땅에 정의와 공의를 실행할 것이라." (렘 33:15)

일반적인 '의' 義 는 죄를 하나도 짓지 않은 상태를 말한다. 윤리적인 성질과 윤리적인 표준에 일치한지의 여부에 따라 그 기준이 한정된다. 사회 또는 집단의 규범에 의존하며, 상대적인 차원이다. 성경적인 차원에서는

'하나님의 의'를 말하고, 사회 규범과는 구별된다. 법적이고, 언약적인 차원이다. 사회적 약자[고아, 과부, 나그네]를 돌보고, 인자를 사랑하는 것이다. 그래서 성경적 정의는 세상의 상대적 정의를 초월하는 절대적 정의이다.

'의'는 제1의적으로 '하나님의 의'이고, 그 자신의 거룩하심에 합당하도록 인간에게 요구하시는 의이다. 하나님께서 그리스도의 신앙을 통해 주신다. 이 행위의 결과, 즉 이 '의'를 이웃 사람의 사랑에서 완성하시는 그리스도 안에 있는 생명이다. '의'는 구약에서와 같은 '하나님의 의와 구원', '하나님의 의와 심판'에 관한 부분 외에 '예수님을 통해 인간에게 전이되는 하나님의 의'[로마서, 갈라디아서 등]로 등장한다. 하나님은 믿는 자를 '의로운 자'로 여기신다.[롬 3:25; 행 13:38; 롬 4:3]

'공의'[公義]는 공명정대와 의로움을 말한다. 공의는 특히 다른 사람에 대한 행동과 관련하여 하나님이 보시기에 옳은 일을 행하는 것과 하나님의 규범과 도덕적 기준에 따라 옳은 것을 의미한다. 성경에 언급된 '공의'는 여러 가지 단어로 언급되는데, 같은 원어가 거의 '의'로도 번역되어 있다. 하나님의 공의란 그분의 절대 공정하심과 정의로우심을 뜻한다. 하나님은 이를 사랑하신다.[시 37:28] 하나님께서 요구하시는 것으로[미 6:8], 치리자는 공의에 따라야 하고[잠 29:4; 렘 5:1; 합 1:4; 습 3:5], 사람마다 이것을 행해야 한다.[렘 7:5; 암 5:15; 미 6:8] "무릇 나 여호와는 정의를 사랑하며 불의의 강탈을 미워"[사 61:8] 한다고 성경에서 언급한다.

하나님의 영광이 함께할 때에 이스라엘은 번영과 영광을 누렸다.[시 10:18-22] 그러나 죄가 만연해지면 하나님의 영광은 떠난다. 하나님의 임재가 없다면 그 존재 의미는 상실한다. 그 영광이 함께하지 않는다면 그 존재 기반을 잃는다. 하나님은 그분의 속성상 절대 거룩하시며 공의로우신 까닭에 악과 불의와 함께 거하실 수 없다. 이 사실은 그분의 언약에 잘 드러나 있다. 즉 율법을 지키는 자에게는 축복을, 그렇지 않은 자에게는 징계와 저주를 내리시겠다고 분명히 말씀하셨다.[신 28:1-68]

하나님은 공의와 사랑의 하나님이다. 이를 행하는 중요한 수단이 심판이다. 이 심판에는 이중적인 면이 있다. 현재의 성도들의 행위에 대한 심판이나 징계와 종말론적인 마지막 날의 최후 심판이다. 심판 가운데서도 하나님께서는 회개의 기회와 용서의 은총을 예비해 두신다. 어리석은 사람들은 심판으로 인한 현재의 고통을 하나님이나 사람들에게 전가하기도 한다. 다윗 왕의 위대한 점은 이러한 징계와 심판을 받을 때에도 모든 것을 자신의 책임과 잘못으로 돌렸고, 하나님의 성령과 영광이 떠나는 것을 두려워했다는 점이다.

하나님께서는 악과 불의에는 심판의 형벌이 있고, 의와 선에는 축복과 상급을 주신다고 했다. 이를 율법구원론이나 행위구원론으로 오해하면 안 된다. 이는 은혜와 구원의 문제와는 별도로 행위 규범과 신앙 윤리에 관한 문제이다.

구약의 '하나님의 공의'[righteousness]가 신약에서는 주로 '하나님의 의'[righteousness]로 표현된다. 공의로 번역된 히브리어는 명사 '미슈파-트'로서 이것은 "심판하다"는 동사 '샤-파트'에서 파생한 것인데, 이 미슈파-트는 인간 상호의 관계를 정하는 하나님의 공정한 심판이라는 말에서 파생되었다.

"의롭게 된다"[justification]라는 뜻을 지닌 헬라어 '디카이오수네'는 본래

"하나님과 올바른 관계를 맺는다"는 뜻이 있다. 헬라어 명사로는 '디카이오수네' dikaiosune 가 "공의" 또는 "의"로 번역되는데, 신약에 주로 쓰인 말이다. 70인역 본에서 히브리 '체테크' 올바름, 공정함, 의로움 와 같은 의미이다.

영어 성경에서는 'justice' 혹은 'righteousness'로 표현한다. 우리말 성경에서는 의로 번역했다. 그런데 본래 뜻과는 다른 헬라 문화의 산물이다. 헬라의 철학자인 플라톤이 이 '디카이오수네'라는 단어를 'justice'라는 뜻으로 자주 사용했고, 아리스토텔레스는 '아레떼' 덕 라는 뜻으로 사용했다고 전해진다.

동방의 히브리 사람들에게 '디카이오수네'라는 개념은 그러한 '인간의 덕스러움과 선한 의지'를 가리키는 것이 아니다. 하나님 앞에서 옳다 인정하심을 받은 사람이나 사물의 상태를 가리킨다. 나가 된 의, 의가 된 나, 인식과 실존인 존재적 정체성 개념의 의, 그리스도인의 의로운 지위를 가리킨다. 그리고 하나님과 인간에 대한 모든 의무를 완전히 실행하는 것을 의미하며, 온전한 관계를 유지할 때의 표현이다.

신앙적인 차원에서는 크게 세 가지 의미가 내포되어 있다. 구속, 곧 죄 사함을 얻은 백성들로 죄가 전혀 없는 상태를 말한다. 십자가에서 우리의 모든 죄를 대속하신 구속의 은혜로 마귀의 참소를 받지 않는 권리이다. 하나님 앞에 당당하게 나아갈 수 있는 자녀의 권세이다. 이 단어는 하나님의 의에만 씌어져 있지 않고, 경건한 행위에 대해서도 씌어져 있다. 마 55:20

"정의를 지키는 자들과 항상 공의를 행하는 자는 복이 있도다." (시 106:3)

성경에는 하나님의 말씀, '정의'와 '의' 그리고 '공의'를 지키고 행하는 자에게 복이 있다고 언급한다. 이는 크리스천의 부르심에 대한 응답이자, 그 목적이다. 사회적 현상이나 문제점에 대한 보다 근원적인 차원의 대안이다. 오늘날 사회 문제, 불평등과 분배, 복지와 사회보장 제도는 이차적인 해결책이다. 의로움이란 하나님의 성품과 일치하는 것이다. 이는 불의에 도전하는 정의의 사자[암 5:24; 사 61:8; 시 146:6–9]로서, 신실하고 정직한 태도와 실천으로 드러난다. 이것이 하나님 나라의 가치 체계이다.

"거짓이 판치는 세상에서는 진실을 말하는 게 혁명이다." 조지 오웰 George Orwell의 말이다. 국가와 사회적으로도 정의가 무너지고, 역사적 진보가 가로 막히며, 지식인마저 패한 세상에는 문화나 예술가가 결국에 세상을 향해 메시지를 던진다. 운동 경기에서 몸싸움이 안 되고 아웃복싱, 전투에서 전면전이 안 먹히니 게릴라전을 한다는 뜻이다.

시, 소설, 영화, 연극, 그림 등이 저항 문화에 속한다. 다만 지식 엘리트는 거들뿐이다. 기회주의적 정치인들은 이에 편승하고, 굴복과 좌절로 음주문화가 확산되며, 상실감이나 회의감은 고조된다. 중독이나 타락한 문화의 범람, 성적 일탈이나 방종, 풍자나 해학, 아니면 냉소나 무관심으로 흐르기도 한다. 이러한 작용과 반작용, 두 극단의 모순은 확대심화 및 재생산되고 우리의 삶에 투영된다. 이는 SNS에서도 드러난다.

이때 대부분의 그릇된 교회는 방관 혹은 묵인하거나 이를 용인한다. 그리고 현실 도피적인 행동과 모든 모순과 부조리들을 수용한다. 선지자, 예언자적 역할이 성경이나 신학적 지식에 불과할 때가 많다. 오히려 사회적 문제의 도피처로 작동하고, 악을 방기하거나 강화할 우려도 있다. 결과적으로 이를 용인하게 한다. 그러나 이는 성경적인 방법이 아니다. 하나님의 뜻에 반한 교회나 세계는 성경말씀으로 변혁해야 한다.

> "너희는 스스로 씻으며 스스로 깨끗하게 하여 내 목전에서 너희 악한 행실을 버리며 행악을 그치고 선행을 배우며 정의를 구하며 학대 받는 자를 도와 주며 고아를 위하여 신원하며 과부를 위하여 변호하라 하셨느니라." (사 1:16-17)

'부'의 지혜로운 관리

『라이프 성경사전』에서는 부富, wealth에 관해 다음과 같이 설명한다. "많은 재물, 부귀, 특정한 경제 주체에 딸린 재화의 총계. 이스라엘 백성이 유목 생활을 할 당시 부의 척도는 아무래도 낙타, 나귀, 소, 양, 염소 등 가축의 숫자로 좌우되었다." 수 22:8

이스라엘 백성의 조상인 아브라함창 13:2, 이삭창 26:14, 야곱창 30:43; 32:5이나 또 당시 대표적 족장인 롯창 13:5, 욥욥 1:3 등은 모두 엄청나게 많은 가축을 소유하고 있었다. 가나안에 정착하여 농사를 생업으로 하던 시기에는 부의 척도가 토지나 농장, 과수원 등 땅의 규모로 좌우되었다. 그래서 나봇의 포도원 사건에서 볼 수 있듯이 때로는 권력에 의한 토지 몰수 사건도 발생하였다.왕상 21장 그 후 남북 이스라엘의 멸망과 포로 후기에 많은 이방 나라의 영향을 받으며 가축이나 토지가 부를 좌우하던 시대에서 벗어나 비록 원시적이기는 하지만 시장 경제가 형성되어, 시장에서 거래할 수 있는 각종 의복을 비롯한 다양한 상품과 식품, 심지어는 금속 제품이나 귀금속, 나아가 노예[종]의 숫자가 그 사람의 재산을 판단하는 기준이 되었다.[삼상 25:2; 전 5:19; 습 1:18; 약 5:2]

한편 성경도 '부' 그 자체를 악하다고 평가하지는 않는다. '부'의 근원은 하나님이시다.[창 26:12,13; 신 28:8,9; 시 24:1] 그러나 '부'를 소유하는 과정에서 자연스레 악이 개입하고[욥 20:15; 호 12:8; 미 6:10–13], 탐욕과 교만의 원인이 되어[잠 18:23; 겔 28:5], 경건한 자는 가난해지는 현실로 인해 성경은 종종 부자가 악한 자로, 가난한 자가 선한 자로 묘사되는 경향이 있다.[사 53:9; 딤전 6:17]

또한 '부'는 순간적이고 불안정하며[잠 23:5], 덧없고[약 1:9–11], 하나님을 망각하게 만들기도 하며[신 8:12–14; 렘 5:7–8], 자신에게 해가 되기도 하고[전 5:13–14], 더욱이 생명을 구속할 수 없다.[시 49:6–9; 잠 11:4,28] 하지만 '부' 역시도 하나님께로부터 온다고 가르치며[창 24:35; 삼상 2:7; 욥 1:21; 잠 10:22; 렘 20:5], 예수께서도 '부' 그 자체를 악하게 평가하지는 않으셨다. 다만 하나님과 재물을 겸하여 섬길 수 없다는 말씀으로,[마 6:24] '부'가 자칫 숭배의 대상이 되어 하나님을 섬기는 데 거침돌 역할을 하게 되는 위험성을 경고하고 계신다.[신 6:10–12; 잠 30:8,9; 마 19:17, 21,22; 막 4:19]

성도는, 이 땅의 '부'를 하나님이 주신 선물이요[신 28:2–11; 전 5:19–20], 하나님이 잠시 맡겨 주신 것임을 알고 재물의 청지기관을 확립해야 한다. 그리하여 '부'를 의지하거나[시 49:6], 사치하거나[약 5:5], 남의 재물을 탈취하거나[욥 20:15; 잠 18:23], 또 오직 자신만을 위해 쓰지 말아야 한다.[욥 31:16–17] 그 대신 하나님의 영광을 위해 사용하고[눅 12:21], 가난하고 궁핍한 이웃을 구제하는 데 쓰며 시 112:9; 눅 18:22,23; 요일 3:17, 하나님 나라의 건설에 필요한 대로 힘을 다해 써야 한다. 출 30:15; 대상 29:3; 딤전 6:18 그것이 하늘나라에 부를 축적해 두는 지혜로운 방법이다. 마 6:19–21

부에 대한 욕구에는 그릇된 동기가 있을 수 있다. 즉 사람은 타인에 대한 지배 수단으로서 또는 자기의 성공의 표식으로서 부를 추구하는 경우가 있다. 하나님께서 보통 이상의 특별한 권력이나 명예, 부를 주신 이유는 역설적으로 사람들을 섬기고, 영혼 구원과 하나님 나라의 사명을 감당하도록 하기 위해서이다. 그 사명을 잘 감당할 때 부는 지속될 수 있다.

윌리엄 바클레이 William Barclay 의 '재물관'은 다음과 같다. 첫째, 기독교인은 소유물을 소유하되 소유물에 소유되어서는 안 된다. 둘째, 재물을 소유함으로써 하나님의 은혜가 함께해야 한다. 셋째, 재물은 소유로 말미암아 잘못된 독립심을 조장할 수 있다. 넷째, 돈을 벌기 위해 불명예스러운 행동을 함으로써 너무 많은 대가를 지불할 수 있다. 그것은 행복보다는 두려움을 가져올 뿐이다. 다섯째, 많은 소유는 인간의 마음을 영원이란 빛에서 멀리 이 세상의 사물에 고착하게 만든다. 여섯째, 재물은 인간을 이기적으로 만들기 쉽다. 그러므로 사람은 빈곤을 추구해서는 안 되지만 부를 지나치게 갈망해서도 안 된다. 재산의 소유는 일에서 나오고 대부분 인간의 경우 물질적 소유에 대한 약속이 일에 대한 열의를 더하게 만든다. 이러한 점은 자본주의의 장점이 될 수 있다.

"너는 행악자들로 말미암아 분을 품지 말며 악인의 형통함을 부러워하지 말라 대저 행악자는 장래가 없겠고 악인의 등불은 꺼지리라." (잠 24:19-20)

5

성경적
사회관

✦

크리스천들의 삶과 사회 공동체는 밀접한 관련성이 있다. 구약성경의 소돔과 고모라가 의인 열 명이 없어서 멸망당했다면 창 18:32, 예루살렘은 의인 한 명이 없어 멸망당한 성 렘 5:1 이었다. 그런가 하면 요셉 한 명이 나라를 경제 위기에서 건져냈다.

사무엘 선지자가 머문 '라마 나욧'은 성령의 임재가 강하게 나타나서 그곳을 찾는 사람들이 성령의 임재와 은사를 체험했다. 사무엘상 19장에 등장하는 "라마 나욧"은 라마에 있는 땅으로 사무엘을 따르던 선지자들의 집단 거주지였다. "라마"는 선지자 사무엘의 고향이다. "나욧"은 어떤 지명이나 장소의 명칭이 아니라, "거처", "처소"를 뜻하는 말로서 사무엘이 세운 선지 학교를 의미한다. 하나님께 기도하고 예배하던 성스러운 땅이었다. 사울이 우울증에 걸려 다윗에게 자기의 단창을 던진 위험한 사건 이후에 다윗이 잠시 피신한 곳이기도 하다.

신학은 항상 하나님을 전지전능하신 분, 무소부재하신 분이라고 가르친다. 그리고 이 세상과 분리되어 스스로 자존하신 분이며, 우주 저 너머로부터 이 세상에 오시는 분이라는 '초월성'과 하나님이 피조 세계에 존재하심을 의미하는 '내재성'이라는 성경의 이중적 진리를 균형 있게 제시해 왔다. 초월성과 내재성이라는 이중적 진리, 이 어느 쪽에도 치우치지 않고 두 가지를 모두 인정하는 창조적 긴장과 균형의 관점이 있어야 한다.

오늘날 지식정보화 시대를 맞아 정보 홍수와 물결이 거세게 몰아치고 있다. 포스트모던 시대의 기성 권위의 해체, 상대적 진리, 깊은 사색이나 사유보다는 감정이나 일순간의 유희에 만족하는 문화, 기존 질서나 전통 해체주의 문화 속에서 복음의 능력과 대안은 중요하다. 이러한 시대 문화에 내재된 '존재론적', '인식론적', '윤리적'인 부분에 대한 분석과 대처는 이 시대 크리스천에게 중요한 과제이다.

세상 문화나 이데올로기가 성경적 가치관을 무력화하거나 해체시켜, 크리스천들을 반복음화할 것인가, 아니면 크리스천들이 시대와 문화 이면에 내재된 성경진리에 반한 이데올로기와 문화를 드러내고 해체시켜, 이 시대를 성경진리로 변혁하며 복음화의 물결로 만들어 갈 것인가?

하나님의 역사인 초월성과 내재성, 두 가지 진리를 모두 균형 있게 수용해야 신학과 이성 혹은 문화의 관계가 적절히 수립된다. 이 둘 사이의 균형을 잃어버리면 곧 심각한 신학적 문제가 드러난다. 즉, 초월성을 지나치게 강조하면 문화적 상황과의 관련성을 잃게 되고, 내재성을 지나치게 강조하면 어떤 특정의 문화에만 얽매이는 편협한 신학이 되고 만다. 올바른 관점은 하나님은 우주 안에 활동적으로 존재하시며, 세계와 인간사 경륜과 섭리 과정에 관여하신다는 시각이다.

"하나님이 세상을 이처럼 사랑하사 독생자를 주셨으니 이는 그를 믿는 자마다 멸망하지 않고 영생을 얻게 하려 하심이라 하나님이 그 아들을 세상에 보내신 것은 세상을 심판하려 하심이 아니요 그로 말미암아 세상이 구원을 받게 하려 하심이라." (요 3:16-17)

'안식년'과 '희년' 禧年

이스라엘의 절기 중에서 '안식년'과 '희년'禧年 이라는 절기가 있다. 희년禧年, jubilee, יובל, yobel 요벨 은 성경에 나오는 규정으로 안식년이 일곱 번 지난 50년마다 돌아오는 해이다. 이 해가 되면 유대인들은 유일신 야훼가 가나안 땅에서 나누어 준 자기 가족의 땅으로 돌아가고 땅은 쉬게 한다. 희년은 7월 10일, 속죄일에 선포되었다.

유대인들은 분배받은 땅을 '기업'基業, Inheritance 이라고 하여 영구히 팔지 못하도록 했다. 따라서 땅의 매매는 희년까지 한시적으로만 이루어졌고, 희년 전이라도 매도자가 원할 경우 언제든지 매도자, 혹은 매도자의 친족이 희년까지 남은 기간에 따라 정당한 값을 치르고 땅 무르기가 허용되었다

"너희는 오십 년째 해를 거룩하게 하여 그 땅에 있는 모든 주민을 위하여 자유를 공포하라 이 해는 너희에게 희년이니 너희는 각각 자기의 소유지로 돌아가며 각각 자기의 가족에게로 돌아갈지며 그 오십 년째 해는 너희의 희년이니 너희는 파종하지 말며 스스로 난 것을 거두지 말며 가꾸지 아니

한 포도를 거두지 말라. 이는 희년이니 너희에게 거룩함이니라 너희는 밭의 소출을 먹으리라." (레 25:10-12)

십계명 중, 제4계명은 안식일의 준수를 말한다. 안식일 계명의 연장선상에 안식년이 있다. '안식일'은 7일 중에서 처음 6일 동안은 일하고 안식일에는 쉬는 절기다.[출 20:8–10] 그 이유는 하나님께서 천지만물을 창조하시되 엿새 동안 창조하시고 일곱째 날에 쉬셨기 때문이다.[출 20:11] 그러므로 안식일은 사람을 위한 절기인 것을 알 수 있다. 안식일을 제정하셨던 여호와께서도 아들의 이름으로 오셔서 "안식일이 사람을 위하여 있는 것"[막 2:27] 이라고 하셨다. 하지만 '안식년'은 사람을 위한 절기라기보다는 땅[토지]을 위한 절기이다. 그래서 안식년은 "땅의 안식년"이라는 별명이 있다.[레 25:5] 물론 결과는 비슷하다. 안식일에는 사람이 노동을 해서 쉬니, 땅도 안식하게 되고 마찬가지로 안식년에는 땅이 쉬니 사람이 쉬게 된다.

고대 이스라엘에서 희년이란 안식년이 7회 지난 49년이 가고 50년째 되는 해이다. 구약에 따르면 매 일곱 번째 날이 안식일이며, 일곱 번째 해가 안식년이다. 나아가 일곱 번째 안식년, 곧 마흔아홉 번째 해는 희년으로 제정되었다.[레 25:8–55] 이 일곱 번째 안식년인 희년은 거룩한 날, 해방의 날로 간주되었으며, 특별히 일반적인 해나 다른 안식년과는 구별되었다. 상징적인 숫자 7×7=49[50년] 는 해와 시간의 충만함을 표현하며, 또한 이 안에 이미 종말론적인 의미가 담겨 있기 때문이다. 노예, 속박 가운데 있던 모든 개인이 자유롭게 되고, 모든 사람이 그들 자신의 땅으로 되돌아갔으며, 모든 토지가 원래의 주인에게로 돌아갔다.[레 25:13–17]

희년은 제50년의 제7월, 곧 티스리 월Tishri 月 10일의 대속죄일에 시작되었다. 대속죄일은 모든 절기들 가운데 가장 엄숙한 절기였고, 희년은 가장 즐거운 절기였다. 유대인의 전통은 이스라엘의 각인이 희년을 알리는 나팔 소리를 아홉 번씩 내서 전국에 울렸다고 한다.레 25:9 고대 이스라엘의 희년을 알리는 나팔 소리는 주님의 마지막 나팔 소리고전 15:51-53의 전주와도 같은 것이었다.

레위기 25장에 따르면, 수양의 뿔요벨을 세차게 불면서 시작되는 희년에는 이스라엘 사회 전체가 3가지를 실천해야 했다. 1. 모든 종노예을 자유롭게 풀어 주라. 아무 조건 없이 풀어 주라. 2. 땅을 본래의 주인에게 되돌려 주라. 3.경작하던 땅을 쉬게 하라.

성경에는 "기업"과 "희년"이라는 단어가 나온다. 기업이라는 말은 이스라엘이 "하나님으로부터 선물받은 땅"이라는 의미이다. 어느 때고 기업 무를 권리가 있는 근족近族에 의해 자유를 얻고 옛 집으로 되돌아갈 수 있기는 하였으나, 희년은 전체 이스라엘을 위한 해방의 큰 날로서 지켜졌다. 모든 질서가 새롭게 되고 원소유로 환원된 것은 바로 이때였다. 레 25:28,33,40,41

하나님께서는 애굽의 노예로 있던 이스라엘 백성을 해방시키고 특별한 법을 주셔서 살게 하셨다. 그들은 가나안 땅에 정착하게 되었고, 하나님의 약속대로 땅을 분배받았다. 그러나 각 지파가 공평하게 나누어 받은 땅의 경계를 마음대로 옮기지 못하게 했다. 특별히 "땅은 하나님의 것"이라고 말씀하시고, 영구히 소유하지 못하게 하셨다.레 25:23 희년은 원상태로 회복이 되는데 땅기업이 원래 받은 대로 돌아가는 것은 매우 중요했다.

빚으로 인한 영원한 채무 관계에서 벗어나고 토지, 즉 생산 수단을 빼앗기지 않고 다시금 스스로 살아가는 발판을 마련해 주었기 때문이다. 어느 민족에서도 찾아볼 수 없는 혁신적인 사회안전망이었다.

이사야서 61장 1절-3절의 말씀은 예수 그리스도께서 세상에 오실 때 성취하신 일에 관한 것이다. 결국에 안식년과 희년은 규정만 있을 뿐 실행된 적이 없던 절기였던 것이다. 지킬 수도 없는 절기, 그 절기가 주어진 후 1,500여 년이 지난 이후에서야 그 비밀이 드러났다. 1.500년 후에 갈릴리 나사렛 회당에서 희년이 도래했음이 선포되었기 때문이다. 이것은 매우 중요한 희년 절기의 성취이다.

예수님께서는 창조주이심을 드러내셨고[요 1:10], 이제는 이 세상[땅]을 마귀로부터 빼앗아 자신을 믿고 따르는 자들에게 주시겠다고 약속하셨다.[요 1:10–12] 또한 마귀에게 종노릇하고 있던 우리를 마귀의 사슬에서 완전히 해방시켜 자유롭게 해 주신다고 하셨다.[요 8:32–36] 자유와 해방, 회복을 선포하러 오신 것이다.

부의 재조정과 분배는 성경적이다. 이것은 강압적이거나 투쟁을 통한 굴복의 의미가 아닌 자발적이고 은혜로운 나눔과 부의 흐름이며, 희년의 성취이다. 희년의 은혜로운 의미는 화해와 용서와 평화이다. 땅은 언약 제정자의 구속사 안에서 지상의 땅 개념을 통해서 구체화할 의무를 담고 있다.

이 주빌리 정신의 사회적 실현은 2012년 미국에서 등장했다. "롤링 주빌리[Rolling Jubilee] 프로젝트"란 이름으로 시민들의 성금 155억 원을 모아 부실 채권을 매입하는 등 부채탕감 운동을 벌인 것이다. 이는 미국의 금융 위기를 맞아 일어난 시민운동, "월스트리트를 점령하라." Occupy Wall Street 라는 기획으로 시작한 빚 탕감 운동 프로젝트이다. 저신용자들의 부실채권을 헐값에 사서 부채를 탕감해 주는 운동이다. 이는 본래 일정 기간마다 죄나 부채를 탕감해 주는 기독교의 전통인 희년에서 유래했다.

마음 전쟁에서의 승리

마음은 생각과 감정, 의지를 포함한다. "대저 그 마음의 생각이 어떠하면 그 위인도 그러한즉." 잠 23:7 사람은 마음으로 생각하는 만큼 된다는 의미이다. 좋은 생각은 좋은 습관을 만든다. 좋은 습관은 마침내 좋은 삶을 가져온다. 사람은 말을 하며 사는 존재이다. 마음은 말을 통해 표현된다. 말은 자신을 표현하는 도구이다. 그 사람의 말과 인격, 태도를 보면 그 사람이 어떤 사람인지를 알 수 있다.

《매일경제, 2016.3.1》의 기사에는 "번 아웃 증후군" Burnout Syndrome 이라는 단어가 등장한다. '밀리면 끝장'이라는 투쟁적 경쟁과 전 세대에 걸친 사회 병리적 증세의 심화를 반영한 단어다. "할 수 있다."라는 긍정의 압박과 "안 되는 건 안 돼."라고 말할 부정의 결핍이 결국에는 탈진을 불러일으킨다는 것이다. "우리 사회가 이제 '피로사회'를 넘어 온 몸이 타들어가 재밖에 남지 않는 '탈진사회'로 진입하고 있다. 이른바 번 아웃 증후군이 만연해지는 것도 탈진사회의 징후라 할 수 있다. 번 아웃 증후군은 오로지 한 가지 일에 몰두하던 사람이 극도의 신체적, 정서적인 피로로 무기력증이나 자기혐오, 직무거부 등에 빠지는 현상을 말한다. 이는 단순히 개인의 문제에 그치지 않고 가정, 직장, 사회에까지 영향을 미쳐 수면장애, 우울증 심지어 자살에까지 이를 수 있다."

보건복지부에 따르면 국내 우울증 환자는 2015년에 60만 1,152명으로 심각한 수치이다. 사회적 면역력마저 완전히 소진되는 탈진적 사회상은 '자살 세계 1위'라는 오명을 벗지 못하고 있다. 국민대통합위원회의 「한국형 사회갈등 실태진단 보고서」에서는 우리 사회 내부의 무한경쟁 환경이 국민의 신체 · 정신적 에너지를 탈진 상태로 이끌고 있다며, 심각한 경고음을 내고 있다. 사회 발전의 동력이었던 경쟁이 투쟁적 경쟁으로 심화하면서 내부에 쌓이는 피로감이 위험 수위에 다다랐고, 그 결과 국민의 사회적 면역력이 급속하게 떨어지고 있다는 게 연구진의 경고이다.

사람은 개인의 내면 관리나 의지나 결단, 이 모두가 마음의 영역에서 이루어진다. "사람의 심령은 그의 병을 능히 이기려니와 심령이 상하면 그것을 누가 일으키겠느냐."잠 18:14 대인관계, 사회적 행동, 신념이나 의지, 믿음생활도 마음의 문제다. 흔들리지 않는 믿음과 내면의 견고함은 인격과 영적인 성숙함의 기준이다. "노하기를 더디하는 자는 용사보다 낫고 자기의 마음을 다스리는 자는 성을 빼앗는 자보다 나으니라."잠 16:32

> "네가 만일 네 입으로 예수를 주로 시인하며 또 하나님께서 그를 죽은 자 가운데서 살리신 것을 네 마음에 믿으면 구원을 받으리라 사람이 마음으로 믿어 의에 이르고 입으로 시인하여 구원에 이르느니라." (롬10:9-10)

여기에서 "마음"καρδία, 카르디아 은 '심장', '마음', '감정'의 의미가 강하다. 영어성경에는 'heart'로 기록되어 있다. 이성이 아닌 가슴으로 믿는 마음인 것이다. 신앙생활도 하나님과 성경 진리를 믿는 것이다. 이 사실 지성, 지적 동의 이 마음 정서, 감정의 공감이나 확신 으로 믿어져야 생명력이 있고, 행동 의지와 결단 으로 나타난다. "그러면 어떻게 할까 내가 영으로 기도하고 또 마음으로 기도하며 내가 영으로 찬송하고 또 마음으로 찬송하리라" 고전 14:15 여기에서 "마음" νοῦς, 누스 은 지성과 이성을 의미한다. 영어성경에서는 'mind'로 되어 있다.

"사랑의 원자탄"이라 칭송을 받은 손양원 목사님은 여수 애양원에서 나환자들을 위해 자신의 삶을 평생 바치셨다. 손 목사님은 신사참배를 반대하여 6년간 옥살이를 했다. 1948년에 여수, 순천에서 좌익 군인들이 반란을 일으킬 때 자기 두 아들 동인, 동신이가 좌익 학생의 손에 죽었다. 반란이 진압되면서 주동자들이 체포되었고, 안재선이라는 좌익 학생이 잡혀 왔다. 그때 손양원 목사님은 지역 계엄사령관과 면담을 통해 아들을 죽인 안재선을 아들로 삼겠다고 말했다. 손 목사님의 일기를 보면 인간으로서의 고통과 고뇌의 심정을 표현한 글이 나온다. "재선이와 같은 식탁에서 밥을 먹을 때는 꼭 모래를 씹는 것 같았다."

손양원 목사님은 6 · 25 때 피난을 가지 않고 나환자들을 지키다가 인민군에게 총살당해 순교하셨다. 용서는 포기나 망각이 아니라 변화를 위한 적극적인 의지이자 행동이다. 원망이나 복수심을 극복하려면 내면의 성숙함과 견고함이 필요하다.

"그러나 너희 마음 속에 독한 시기와 다툼이 있으면 자랑하지 말라 진리를 거슬러 거짓말하지 말라 이러한 지혜는 위로부터 내려온 것이 아니요 땅 위의 것이요 정욕의 것이요 귀신의 것이니 시기와 다툼이 있는 곳에는 혼란과 모든 악한 일이 있음이라 오직 위로부터 난 지혜는 첫째 성결하고 다음에 화평하고 관용하고 양순하며 긍휼과 선한 열매가 가득하고 편견과 거짓이 없나니 화평하게 하는 자들은 화평으로 심어 의의 열매를 거두느니라." (약 3:14-18)

현대 사회에서 흔히 "멘탈 붕괴"라는 말을 많이 한다. 멘탈 붕괴란, 마음이 외부환경이나 자극에 의해 무너진 상태를 말한다. 화는 내가 덫에 걸려든 것이다. 분노의 에너지는 어떤 에너지보다 강하고 폭발적이다. 그 결과는 파괴적이다. 같은 일에 화를 내지 않는 사람도 많다는 사실을 깨달아야 한다. 그만큼 마음 관리가 중요하다. 힘들 때나 좋을 때, 고난이나 축복 가운데서도 마음을 잘 다스려야 한다.

"노하기를 더디하는 자는 용사보다 낫고 자기의 마음을 다스리는 자는 성을 빼앗는 자보다 나으니라." (잠 16:32)

지금이 비록 실패와 고통의 시기일지라도 반드시 합력하여 선을 이루시는 하나님의 공의와 사랑을 믿고 결말이 주어질 때를 기다리면 반드시 은혜와 축복의 때가 도래한다. 하나님의 사랑은 성공한 악인에게 있지 않고 오히려 실패한 의인에게 있기 때문이다.

질투는 남이 받은 축복을 바라보며 세는 것이고, 감사는 나에게 주신 축복을 바라보며 세는 것이다.

"마음의 즐거움은 양약이라도 심령의 근심은 뼈를 마르게 하느니라."(잠 17:22)

1:99의 사회와 성경적 리더십

세계적 권위인 크레디트스위스CS 는 「2013, 세계부보고서」Global Wealth Report 2013 에서 상위 1%가 세계 부富 의 절반을 차지한다고 밝혔다. 전 세계 부의 46%는 상위 1%의 부자들이 차지하고 있다는 것이다. 또 한국의 백만장자는 5년 내로 지금보다 79% 증가할 것으로 예측한다. 이 보고서에서는 상위 10%가 전 세계 부의 86%를 보유하는 등, 부의 집중화 현상이 뚜렷하다고 지적했다.

『승자 독식 사회』의 저자 로버트 프랭크Robert Frank 는 이 시대의 사회 구조는 일등이 모든 특권과 이익을 누리고 차지하는 위험한 구조로 재편되어 가고 있다고 말한다. 일등에 비해 아주 작은 차이로 이등을 했더라도 일등은 그 일등이라는 이름 때문에, 이등과는 비교할 수 없는 매우 어마어마한 힘과 지위, 그리고 돈을 획득한다. 그래서 이 사회는 이미 20:80 사회를 지나 1:99의 사회로 내몰리고 있다는 것이다. 혹자는 이것을 승리에 대해 정당하게 누려야 할 권리로 말하기도 한다. 하지만 이 승자 독식의 구조는 우리 사회에 구조적인 사회악을 가져오고, 개인에게도 치명적인 악영향을 끼칠 수 있다.

사회 문제 분석 전문가들에 따르면, 노동과 자본이란 계급 대립 구조로만 생각하는 관념 경직성을 극복해야 한다고 강조한다. 현실적으로 한국은 기득권 세력과 다수 국민의 양극화와 간극이 1:99의 사회가 아닌 10:90의 사회라고 진단한다. 그 이유는 최상위 계층의 1%가 GDP 전체의 12% 정도를 점유하고 있기 때문이다. 좀 더 세분화하자면, 대기업과 공공부문 자본력, 상위 특권층과 이에 결탁한 노조들이 하나의 그룹을 형성하고 있다는 것이다. 또한 이를 제외한 90%가 다수 국민으로 크게 양분되어 있다는 것을 지적한다.

한국의 경우에도 남한 내에서의 부의 편중에 관한 문제도 있지만 북한 주민의 이해나 남한 내에서의 국민적 통합을 위해서라도 크리스천은 정치, 사회, 문화에 대한 통찰력이 필요하다. 국가 공동체에서의 신뢰와 지지자들의 결집이 통일 시대를 여는 데 중요한 동력으로 작동하기 때문이다.

승자독식사회는 공동체적 선보다는 사적 이익의 극대화와 소유의 확대 재생산에 온 힘을 쏟는다. 교회 내에서도 이러한 사회 현상을 정확하게 직시하거나 대안을 제시하지 않는다. 오히려 이러한 시대에 왜곡된 축복 논리로 신앙적, 사회적 역기능을 초래한 경우도 많다. 교회에서 나타나는 성공 제일주의, 결과 만능주의 등이 문제이다. 목회자들이나 교회 공동체가 은연중에 죄를 지을 수도 있다. 하나님의 경륜과 섭리, 예수 그리스도의 자기 포기, 낮아짐, 성경의 진리보다는 세상적인 안목으로 시류에 편승하고, 사회적 성공이 하나님의 축복이라는 단편적인 복음을 전하고 있는 설교자나 책들도 많다. 결과적으로 목적 달성을 위해서는 수단과 방법을 가리지 않는 사고방식과 행동양식이 사회적 문제를 일으킨다.

앨빈 토플러Alvin Toffler는 '전자 프롤레타리아'라는 말을 처음으로 사용했다. 그는 마르크스가 말한 '프롤레타리아'proletariat라는 말 대신 육체 노동이 아닌 지식과 두뇌에 의한 지능계급 즉, '커그니타리아'cognitariat가 산업사회에서 큰 역할을 담당하게 된다고 말했다. 또한 그는 지식정보화 시대의 새로운 노동문화와 계급 형태, 즉 망치나 농기구, 기계를 대체하는 컴퓨터로 일하는 전자 프롤레타리아의 출현을 예고했는데 현재 상황을 보면 놀랍게도 일치한다. 단순노동 프롤레타리아 아니면, 지식 프롤레타리아로 크게 구분되는 노동계급의 구도화와 형성이다.

노동 프롤레타리아는 자본에 포섭되어 있지만, 지식 프롤레타리아는 형식적으로만 포섭되어 있다. 지식 프롤레타리아는 상대적으로 자유롭고 개방적이어서 지적 능력, 사회문화적 열정과 능력이 뛰어나기에 미래의 사회 변혁 동력이 될 것이다.

산업혁명은 자본가부르주아 계급의 성장을 가능하게 한 원동력이었다. 하지만 산업혁명으로 자본가부르주아 계급와 노동자프롤레타리아 계급라는 계급의 구분이 생겼다. 정보화 시대에는 기계 기술이 지적 기술로 대체됨에 따라 정치, 사회문화, 생활양식, 가치기준의 급격한 변동을 맞는다. 과거의 노동자들은 삽이나 망치로 노동을 했고, 산업사회에서는 기계를 도구로 주로 노동을 했지만, 지식정보화 시대에는 컴퓨터가 이러한 노동의 도구를 대신한다.

하지만 노동의 도구나 형태만 다를 뿐 결국에는 노사 간의 구도는 그대로다. 마르크스가 이 시대에 방문한다면 새로운 문화나 계급의 출현을 보면서 입을 다물고 그의 책들을 덮을지도 모른다. 아니면 "만국의 전자 프롤레타리아여 단결하라!"고 외칠지도 모르겠다. 1864년에 마르크스와 엥겔스의 주도로 1차 인터내셔널이 설립된다. 여기에는 당시의 다양한 사회주의와 공산주의 조류가 참여하여 국제적인 연합체를 구성하는데 마르크스와 엥겔스가 협회 규약이나 선언 등을 기초하게 된다. "공산당 선언"도 이때 만들어지고, 그 유명한 구호인, "만국의 노동자여 단결하라!"는 표어도 이때 등장한다.

성경을 보면 요셉은 총리로서 통제와 계획경제 정책으로 국가의 경제 위기를 극복했다. 국가의 7년 풍년 기간에 농작물을 비축해 두었다가 7년 흉년 기간에 백성들에게 나누어 주었다. 여기에는 하나님께서 요셉에게 부여하신 지혜가 큰 역할을 했다. 그리고 요셉을 통해 이방 국가와 세계에 하나님의 구원사를 드러내셨다. 오늘날 고도로 발달된 자본주의 체제나 시스템에서도 크리스천은 그 역할을 탁월하게 수행해야 한다. 그렇게 할 때 모든 사람을 복음 안에서 수용할 수 있다. 자본주의 질서 안에서는 개인의 소유와 사적 영역과 공동체의 이익 간에 다양한 문제가 발생한다. 규제는 국가나 정부의 정책 목표를 달성하기 위한 정책 수단 중의 하나이다.

하나님이 우리에게 권력과 명예, 물질적인 축복을 허락하신 이유는 하나님의 공의와 사랑의 원리 안에서 소외된 자와 약자를 위해 헌신하라고 부여해 주신 특권이다. 특권에는 그에 상응한 의무감이 따른다는 사실도 깨달아야 한다. 이것은 온전한 영적 지혜이고, 삶의 바른 실천 양식이며, 신앙의 중요한 태도이다.

막스 베버는 그의 저서 『프로테스탄티즘의 윤리와 자본주의의 정신』과 『경제와 사회』에서 이러한 자본주의 폐단과 더 높은 차원의 고도자본주의 정신을 언급한다. 베버가 살았던 19세기 말, 20세기 초 독일에서 자본주의 모순이 드러날 때 그가 당시 사회에 대해 윤리 회복을 주장한 것이다. 노동자와 자본가들의 건전한 직업 소명 의식을 강조함으로써 노동자는 신성한 노동 의식을 갖고, 자본가 역시 탐욕과 착취적 사업 방식을 지양하며 청교도 사업가와 같은 구제와 자선과 책임 윤리에 힘쓰기를 바란 것이다.

성경은 정치, 경제, 지식, 정보의 격차와 양극화를 해소할 수 있다. 우리에게 이러한 영향력을 주신 이유는 연약한 자들을 세우고 섬기는 데 사용하라고 주신 것이다. 하나님의 정치와 경제는 돈과 재화를 절대화하는 경제 체제를 배격하고 저항한다. 이것은 하나님의 주권이 경제생활에 확립되는 것을 의미한다. 주기도문을 통해 경제 법칙을 추론할 수 있다.

"당신의 나라가 임하소서" Thy kingdom come 란 단순히 하나님 나라에 대한 기대감이 아니라 하나님 나라인 '하나님의 주권' sovereignty of God 이 지배하는 나라를 건설해 달라는 기도이다. 이는 하나님의 주권인 정의, 사랑, 공평 등이 통치되도록 살겠다는 고백이다. "우리에게 일용할 양식을 주소서."란 일용할 양식 외의 과분한 양식에 대한 욕심을 배제하겠다는 약속인 동시에, '우리'가 의미하듯 내가 먹고 남은 여분의 양식을 타인과 공유하겠다는 약속이다. 주의 기도는 공동체적 경제와 분배의 원칙을 가르치는 기도문이다.

한국 교회, 보수와 진보 논쟁의 극복

한국 교회는 복음의 원칙과 대사회적 관계에서 정체성과 영향력을 강화하고, 이러한 영향력으로 전도와 선교의 열매를 맺기 위해 특단의 조치가 필요하다. 모든 영역에서 대안을 세워야 하겠지만 최우선 순위는 교회 내의 불치병인 보수와 진보의 개념과 허탄한 사상을 배격하는 것이다.

또한 교회 내부의 잘못된 신학을 분별해야 한다. 이는 학문 영역을 떠나서 우리의 하루하루 삶과 인생을 결정한다. 그리고 정치관과 경제관, 사회적 합의나 의식을 반영한다. 또한 세계 시민citizens of the world으로서의 삶과 의식을 자유하게 하거나 제약하고 결정한다.

"네가 보행자와 함께 달려도 피곤하면 어찌 능히 말과 경주하겠느냐 네가 평안한 땅에서는 무사하려니와 요단 강 물이 넘칠 때에는 어찌하겠느냐."
(렘 12:5)

하나님의 말씀을 선포하다가 지쳐 낙심 가운데에 있던 예레미야 선지자를 향한 말씀이다. 책망이기보다는 소망과 위로의 메시지다. 신앙의 안전지대에서도 사명을 바르게 감당하는 것은 어렵다. 그런데 어떻게 오늘날처럼 힘든 위기의 시대를 헤쳐 나가겠는가, 하는 의미다.

복음 안에서 이념과 사상의 혼돈과 복잡성에 대응할 신앙 의식의 변화을 위한 새로운 도전이 필요하다. 이데올로기나, 보수나 진보라는 정치적 진영 논리나 기준에 사람을 평가하거나 규정한다면 복음은 물론, 한 영혼의 소중한 가치는 훼손된다. 결과적으로 말과 행위로 판단 오류를 범할 수 있다. 그 단적인 예가 세월호 참사에 대한 대처를 두고 보수와 진보가 나뉘어 극단적인 대치를 보인 경우이다. 이는 현상적 접근으로 보수와 진보와는 사실상 무관하다. 이 사건의 본질은 영혼들의 죽음과 가족들의 아픔과 분노이다. 이들에 대한 관심은 성경 진리의 실천이고, 예수 그리스도 사랑의 드러남이다.

예수님은 물론이고 사도 바울과 베드로, 12제자 모두는 보수주의자도 진보주의자도 아니었다. 한마디로 오직 예수주의자들이었다. 제자들의 정체성을 좀 더 정확하게 표현하자면 '주의자'가 아닌 복음의 사람들이었다. 또한 추구하는 이념이 하나님 나라였다. 구약의 선지자들도 특정 정치적 편향에 서지 않았다. 오직 하나님의 계시와 메시지만 전하고 선포했다. 굳이 규정하자면 하나님주의자들, 즉 하나님이 쓰시는 사람들이었다.

정확한 신학적 개념은 이렇게 분류할 수 있다. 성경 진리인가, 비진리인가? 정통 기독교인가, 사이비 이단인가? 근본주의인가, 신정통주의인가, 오순절주의인가, 자유주의인가, 개혁주의 신앙인가, 복음주의인가? 사이비이단을 제외한 포괄적 의미의 '복음주의'인가? 이것이 기준이다.

신학적 입장에 따른 실천적인 면에서의 차이점은 다음과 같이 분류할 수 있다. 이론과 교리가 교조적인가, 실천과 현장이 참여 지향적인가? 전통 지향적인가, 미래 지향적인가? 불의와 타락인가, 정의와 변혁인가? 관념적인가, 실재적인가? 미시적 관점[개인, 가정]인가, 거시적 관점[사회, 국가]인가? 사실인가, 거짓인가? 옳은가, 그른가? 진정성인가, 허위적인가? 윤리적인가, 비윤리적인가?

바울은 디모데에게 "이 모든 일에 전심전력하여 너의 성숙함을 모든 사람에게 나타나게 하라." 고전 4:15 고 했다. 또한 "역대의 파괴된 기초를 쌓으리니 너를 일컬어 무너진 데를 보수하는 자" 사 58:12 라고 했다.

교단 간에도 삼위일체 하나님의 역사나 말씀 가운데 성부 하나님의 거룩함과 내세적 신앙이 초점인가, 성자 예수님의 실천적 · 지상적 삶이 초점인가, 성령 하나님의 권능과 사역이 초점인가? 이렇게 신학적 특성과 문화가 존재한다.

사역의 특성도 있다. 교회 중심 사역인가, 선교 사역 중심인가, 기관 사역인가, 문서 사역인가, 매스컴이나 미디어 사역인가, 청년대학생 사역인가, NGO나 사회복지 사역인가? 이와 같은 관점과 개념 정리가 중요한 기준이 된다.

이렇게 보면 성경과 무관한 진보나 보수라는 이분법적인 관점은 의미가 없다. '개인 구원인지, 사회 구원인지'라는 무의미한 개념이 제거되고 만다. 개별 존재인 영혼을 구원하고 사람의 집합체인 사람들과 정치 사회를 변혁한다는 표현이 성경적이다. 세상사의 세속사와 구별되는 구속사란 종말론적 관점에서의 성경적 역사관을 말한다. 이러한 모순은 자기소멸을 통해 연합과 일치로 자리매김한다. 사람의 전통이나 지식, 이데올로기보다 성경 진리가 우위이며, 최종 권위이다.

성경 진리, 즉 복음은 천하보다 귀한 영혼의 존엄성과 고귀함을 말하지만 우상화나 신격화가 아니라 인간이 하나님 앞에 죄인됨을 선언하고 강제하며 구속한다. 그리고 물질과 세상의 중요성을 인정하지만 우상화나 신격화가 아니라 물질과 세상이 사람에게 다스려지고, 삼위 하나님의 통치와 다스림을 받아야 할 대상으로 선포된다.

그래서 성경은 사회주의의 장점인 통제와 계획 경제를 통한 분배와 평등의 사회체제 그리고 자본주의의 장점인 개인의 창의성 존중과 자유, 민주적 질서와 시장경제 체제의 가치를 종합하는 초월적 이념을 제시한다. 결론적으로 성경 진리는 대립하고 충돌하는 사회주의와 자본주의와 모든 이데올로기를 동시에 심판하고, 지양시키며, 조정하고 통합하는 초이데올로기이다.

이 시대의 소설미디어는 '텍스트'성경 와 '컨텍스트'상황 와의 조화와 균형에서 중요한 도구로 새롭게 접근해 볼 필요가 있다. 크리스천들은 모든 극단적인 사안이나 이슈에 대해 숫자의 미학을 적용하면 지혜롭게 대처할 수 있다. 이는 전부 아니면 전무all or nothing 라는 사고를 초월한 원리이다. 이념의 스펙트럼도 1에서 10까지 다양한 관점이 있다. 그리고 사안에 따라 49:51의 원리나 90:10의 원리처럼 유연하고 다양하게 적용하며 '다양성의 최적화'를 추구하는 것이다.

6

성경적 직업관

프로테스탄트의 노동 윤리는 자본주의의 형성과 발전에 절대적으로 기여했다. 이는 종교개혁과 함께 일어난 노동 윤리의 대전환인 역사적 흐름과 함께한다. 직업과 일에 임하는 원리와 자세에 관해 크게 영향을 미친 것이다. 일은 하나님이 제정하신 기능으로 누구나 해야 한다. 인간이 타락한 이후 예수 그리스도 대속의 죽음에 의해 실현된 구속을 통해 노동은 축복으로서의 의미를 회복했다. 일과 일터는 하나님께서 불러내신 하나님의 통치를 이루어 가는 공동체이다. 하나님께서는 전능하신 창조주이신 초월적 하나님이고, 우리 안에 계신 내재적 하나님이시며, 개별성과 공동체성의 삼위일체 하나님이시다.

사전에서는 '직업'을 정의하기를 "생계를 유지하기 위해 자신의 적성과 능력에 따라 일정 기간 동안 계속하여 종사하는 일"이라고 한다. 이와 비슷한 말인 '생업'은 "살아가려고 하는 사업"으로 정리한다. 성경에는 "생업", "업"이 몇 구절 언급된다. 구약성경에서 직업을 가리키거나 직업과 관련되는 첫 번째 표현을 찾아보면 창세기 4장 2절에서 아벨과 가인에 대해 말하면서 아벨을 "양치는 자"로, 가인을 "농사하는 자"로 설명한다. 히브리어 표현을 직역하면 각각 "양떼를 먹이는 사람"과 "땅을 가는 사람"이다.

하나님께서는 특별계시인 성경과 일반계시인 자연을 통해 자신을 알려 주신다. 창세기 47장 3절에 보면 "생업"이 나온다. 애굽으로 이주해 온 요셉의 형들에게 바로가 "너희 생업이 무엇인가?"라고 묻는다. 이때 "생업"이라고 옮긴 히브리 낱말이 "마아새"이다. "일하다", "무엇을 하다"라는 뜻의 동사 "아사"에서 온 명사다. "일하는 바", "하고 있는 일"이란 의미로 해석할 수 있다.

칼빈은 직업소명설을 말했다. 칼빈은 노동에 관해 다음과 같이 정리한다. "인간을 억압하는 틀이 아니라, 하나님에 대한 자발적인 순종의 기능을 지니므로, 노동을 통해 인간은 자아를 실현하고 하나님께 감사와 영광을 돌리게 된다. 노동뿐 아니라 휴식도 하나님께서 주관하시는 것이다. 이것은 안식일 의미가 있다. 즉 안식일의 의미를 더 구체적으로 본다면 노동으로부터 인간을 해방하는 것이다."

교회의 목사나 선교사만이 전임사역자가 아니다. 크리스천은 모두 전임사역자이다. 다만 은사와 달란트, 사명과 직분, 지위와 역할, 사역의 장소와 일터만 다를 뿐이다. 영적인 의미로 보자면 하나님은 우리를 두 번 부르셨다. 한 번은 구원으로, 한 번은 직업으로 하나님의 사명을 감당하게 하셨다. 이것이 직업소명설이다. 말 그대로 세상 속의 사역자들인 것이다. 직업이 곧 성스러운, 하나님의 영광을 나타내는 성직인 것이다. 하나님은 이러한 사명을 감당하도록 은사와 재능을 부여해 주신다.

사람은 의미와 목적을 추구하는 사회적 존재이다. 목적들의 실현과 획득은 인간에게 제각기 상이한 만족감을 주며, 이 같은 만족감들의 강도, 깊이, 지속성에 따라 각기 직업관이 있다. 하나님께서는 각 사람에 대한 삶의 계획으로 각 사람을 인도해 가신다. 먼저 생존 수단으로서의 직업관이 있다. 또한 물질적 행복 수단으로서의 직업관이 있다. 이는 물질적인 풍요로움을 추구하며, 안락하게 살기 위한 삶의 방편을 말한다. 성공 수단으로서의 직업관은 성공과 부와 명예를 추구하는 것이다. 자아실현 수단으로서의 직업관은 잠재력 계발과 이상이나 자신이 추구하는 가치 실현을 중요시한다. 직업에서 하나님의 인도하심의 표지로서 자신의 은사와 재능을 알고 자신의 스펙, 전공, 경험, 흥미, 성격, 신체적 조건을 고려해야 한다. 소명으로서의 직업관은 하나님께서 이 땅에서 직업이나 일을 통해 사명을 부여하는 것을 완성하려는 원리를 말한다. 이것은 자신들이 지닌 재능과 은사, 소질 등을 사용한 일을 통해 자신만을 세우는 것이 아니라 하나님과 가족, 이웃을 섬기는 것이다.

인간은 하나님의 고귀한 형상이지만 전적으로 타락한 이중적인 존재이다. 그래서 성경은 언약으로서 구원에 이르는 지혜와 그 존재와 행함을 온전하게 제시해 주는 인생 매뉴얼이다. 직업관은 성경에 기초한 진리 체계를 삶 속에서 구현해 나가는 가치 체계이다. 인간의 사회적 직업과 노동은 창조 질서에서 벗어난 인간의 타락에 의한 죄의 결과이다. 그래서 힘들고 고통스러운 과업이라는 측면도 있다. 그러나 직업과 일은 하나님 통치의 대리자로 이 땅에서 행동하는 거룩한 특권이며, 의무이다. 더 나아가서 일과 일터는 하나님께 드리는 영적 예배이며, 창조 세계를 돌보는 적극적 사역의 장이라고 할 수 있다. 사람은 보통 삶의 대부분을 일터에서 보내는데, 인생의 진정한 목적을 위해 직업을 도구화할 수 있는 확고한 태도가 바로 성경적 직업관이다. 이는 자신이 하나님의 영광을 위해 무엇을 해야 하는지, 삶의 목적 아래에 선택의 적절성을 판단하는 지침이다.

크리스천들의 일에 대한 개념과 직업관은 중요하다. 잘못된 직업관은 경계해야 한다. 하나는 성과 속을 구분한 이원론적인 사고 방식으로 성직자와 노동자, 일반 대중들을 구분하는 것이다. 그러나 종교 개혁자들은 성경적인 직업관을 제시했다. 즉, 만인 제사장론이다. 또 하나는 영적인 요소를 희생시키고 세속적인 것을 격상시킨 세속적 이원론이다. 이 관점은 하나님의 부르심, 즉 소명을 직업으로 대치함으로써 축소시켜 버린 것을 말한다.

각 영역과 일터에서의 사명감과 직업에 대한 의식은 개인과 공동체에 중요한 영향력을 미친다. 경영은 하나님의 은혜와 위로부터 공급하시는 것을 대행하는 행위이다. 일터에서의 핵심은 일이나 프로젝트의 수행 여부에 따라 그의 신앙관이 검증된다는 생각으로 해야 한다는 것이다. 책임감과 신뢰도, 대인관계, 일의 성취도, 회사나 동료들의 인정과 평가, 유능함, 학습능력, 일의 적합성은 중요하다. 탑 리더, 서브 리더, 팔로워이든 전문적인 핵심 역량을 갖추는 것이 중요하다. 전도와 선교는 이음과 사귐의 연속이다. 우리와 신앙과 뜻을 같이 하는 사람들과 말하는 것은 매우 쉬운 일일지 모른다. 그러나 우리의 신앙이나 의견에 동의하지 않는 사람과 대화를 시도하는 것은 어렵지만 매우 중요하다.

성경 인물 중에 요셉의 인생을 보면 그가 확고한 사명감으로 최선을 다했던 일, 그의 일터에서의 역할들목동과 현장, 노예와 가정 총무, 죄수 신분의 사역, 총리와 리더십, 국가와 세계경제 해결을 통해 꿈이 자연스럽게 이루어진 것을 볼 수 있다. 요셉의 일터는 그의 꿈을 이루는 과정과 통로가 된 것이다. 그리고 하나님께 영광을 돌리는 삶을 보여 준다.

"우리가 너희와 함께 있을 때에도 너희에게 명하기를 누구든지 일하기 싫어하거든 먹지도 말게 하라 하였더니" (살후 3:10).

'세상 속의 사역자', 성경적 직업관

영어에서 '직업'을 뜻하는 낱말은 'occupation'이다. 『동아 프라임 영한사전』을 보면 몇 가지 뜻의 차이를 나열하고 있다. 'occupation'은 직종을 의미한다. 규칙적으로 종사하는데 그것을 위해 훈련을 받은 직업이다. 'profession'은 변호사, 의사, 교사 등과 같이 전문적인 지식을 요하는 직업이다. 'business'는 실업, 상업 관계의 영리를 목적으로 하는 직업을 말한다. 'job'은 급여를 제공받고 고용된 상태로 직업을 뜻하는 가장 일반적인 말이다. 'position'은 직책이다. 사전적 의미로 '일'이란 필요한 무엇을 얻기 위해 계획된 인간 활동이나 인간의 필요와 욕구를 채워 주기 위해 없어서는 안 될 활동이다. 직업이 가장 넓은 의미이고, 직업군 내에 직책이 있으며, 그 직책에 해당하는 일이 존재한다.

"종들아 모든 일에 육신의 상전들에게 순종하되 사람을 기쁘게 하는 자와 같이 눈가림만 하지 말고 오직 주를 두려워하여 성실한 마음으로 하라 무슨 일을 하든지 마음을 다해 주께 하듯 하고 사람에게 하듯 하지 말라 이는 기업의 상을 주께 받을 줄 아나니 너희는 주 그리스도를 섬기느니라 불의를 행하는 자는 불의의 보응을 받으리니 주는 사람을 외모로 취하심이 없느니라." (골3:22-25)

"상전들아 의와 공평을 종들에게 베풀지니 너희에게도 하늘에 상전이 계심을 알지어다." (골4:1)

· 주 신뢰 의식: 모든 일을 주님의 이름으로 하라.
· 주 경외 의식: 오직 주를 경외함으로 일하라.
· 주 예배 의식: 무슨 일을 하든지 주께 하듯 하라.
· 주 보상 의식: 주님의 보상을 기대하라.

사도 바울은 편지를 통해 부르심을 받은 대로 행하라고 권면했다. 1차적인 소명에 충실하면서 2차적인 직업소명에 드려지도록 했다. 우리의 비전이나 소명, 직업은 종말론적이다. 즉 모든 것을 다 이루신 예수 그리스도 안에서 비전을 보고 소명에 반응하며 직업소명을 수행해야 한다. 마르틴 루터Martin Luther가 "하나님은 소젖 짜는 하녀의 직업을 통해 하나님께서 친히 우유를 짜고 계신다."라고 말했듯이 초라한 일이나 가장 보잘것 없는 지위란 없다. 모든 일이나 지위가 하나님의 사명이다. 그 일을 통해 하나님의 은혜와 축복을 흘려보내는 통로이기 때문이다. 하나님의 사랑을 전달하는 수단, 그것은 하나님을 크게 높이는 성스러운 일이다. 구속자이신 하나님을 중심으로, 예배의 한 형태로 노동을 하며 자기의 이웃을 위해 하나님 집의 청지기로서 일해야 한다.

"지극히 작은 것에 충성된 자는 큰 것에도 충성되고 지극히 작은 것에 불의한 자는 큰 것에도 불의하니라." (눅16:10)

요셉은 노예로 팔려가서도 보디발의 집에서 최선을 다해 일을 했다. 그는 어린 시절에 하나님이 꾸게 하신 꿈을 통해 자신의 비전을 보았다. 비전이 있기에 어려운 환경을 극복했다. 요셉에게는 그 꿈이 그의 평생을 이끌어 가는 이정표가 되었다. 사명과 비전은 위기를 극복하게 한다. 그런데 이 비전은 개인의 꿈, 야망이나 계획과 일치할 수도 있지만, 반드시 그렇지 않을 수도 있다. 때로는 비전을 깨닫고 실현하기 위해서는 개인의 목표나 야망을 포기해야 할 때도 있다.

직업이나 일과 관련된 스토리가 있다. 어떤 사람이 배를 타고 그 안에서 열심히 노를 젓고 최선을 다했다. 그러나 그 배가 해적선이었다면 그가 열심히 하는 일이 과연 올바른 성실이었을까? 우리에게는 지혜로운 분별과 의지, 결단이 필요하다.

우리의 소명은 우리의 존재 자체를 하나님께서 부르신 것이다. 사명은 하나님께서 명령하신 일을 이 땅에서 감당하는 것이다. 그래서 날마다 일용할 양식을 공급하시는 하나님의 은혜와 축복의 통로가 되는 것이다. 이러한 면에서 직업은 하나님의 통치에 참여하고, 그의 뜻을 이루는 현실적인 수단이다. 성경은 부정직한 직업이나 어떤 식으로든 다른 사람에게 피해를 주는 직업을 경계한다.[레 19:11,13; 롬 13:10] 선한 직업과 일은 다른 사람에게 유익을 주고 일하는 사람의 "선한 양심을 유지하게" 해 준다.[벧전 3:16]

사람은 공동체를 통해 성장하고 성숙한다. 우리는 정직하고 성실하게 일하면서 노동의 윤리적인 측면을 세워 나가야 한다. 이것은 우리의 노동을 받으시는 분이 예수님이기 때문이다. 또한 하나님은 그리스도인의 노동 가운데 언제나 함께하시며, 성실히 수행된 노동을 받으시기 때문이다. 공동체에서의 긴장, 대립, 갈등은 필연적이다. 갈등의 조정 능력도 실력이다. 그런데 그것은 새로운 도약의 기회이다.

직업관이 분명한 사람은 삶에서 겪는 위기도 잘 극복할 수 있다. 요셉의 경우에도 노예로 팔린 시기나 감옥에 갇힌 사건은 그의 인생에서 정말 엄청난 위기였다. 그러나 요셉은 자신의 비전을 통해 그 위기를 극복했던 것이다. 다니엘도 이방국가의 노예 신분이었지만 정치 리더로서 정적들의 치밀한 견제나 핍박 가운데서도 흠 없는 처신과 탁월한 업무 수행으로 그 역할을 잘 감당했다. 교회 사역이든 일반 직장이든 모두 그리스도 안에서 구분이 없다. 그리스도 안에 있는 사람과 일이 모두 거룩한 일이다.

출근길의 기도 예문이다.

"주님! 오늘도 누구를 만나든지 내 중심에 깨끗한 주님의 시선을 허락해 주시고, 순수한 동기와 겸허한 내적인 안정을 주셔서 진실한 관계들이 이루어지도록 도와주소서. 맡겨진 임무와 프로젝트를 잘 수행하도록 지혜와 명철을 허락해 주소서. 그리고 일터와 세상 가운데서 하나님의 영광으로 드러내는 도구로 사용하여 주옵소서."

"내 눈이 이 땅의 충성된 자를 살펴 나와 함께 살게 하리니 완전한 길에 행하는 자가 나를 따르리로다." (시 101:6)

사고방식과 행동양식의 선택의지

사회적 동물인 인간은 사회를 형성하면서, 타인과 다양하면서도 무수한 관계를 맺는다. 이러한 관계는 대인관계와 대역할관계로 양분할 수 있다. 대역할관계는 사회적 역할에 따른 직무나 의무로 맺어져 자신의 역할을 수행하게 한다. 성경은 대신^{하나님} 관계, 대인^{사람들} 관계, 대물^{물질이나 모든 환경} 관계의 중요성을 강조한다. 아담과 하와는 그들의 죄 때문에 에덴동산에서 추방당했고, 하나님과 분리와 단절의 고통을 겪었다. 오늘날에도 하나님을 떠난 모든 인류는 하나님과 분리와 단절 상태에 있다. 예수 그리스도의 구속사를 이루는 중요한 역할의 수행도 좋은 대인관계에서 온다.

기도와 대인관계에서의 노력은 분리될 수 없다. 함께 가야 한다. 미국 카네기공대와 매사추세츠공대^{MIT} 졸업생을 대상으로 성공 비결을 분석해 보았더니 "기술과 실력"은 성공 요인의 15%였고, "좋은 인간관계와 공감 능력"은 성공 요인의 85%를 차지했다.

독일의 정치가 비스마르크^{Bismarck} 는 아들에게 다음과 같은 편지를 보냈다. 인간관계나 사회적 여론에 대처하는 지혜를 얻을 수 있는 글이다.

"내가 오늘 한 일에 대해 내일 다른 사람들의 여론을 들어보면 태반이 잘못되었다. 그러니 남의 칭찬을 받는다고 하여 기뻐하지 말고 남의 비난을 받았다고 하여 실망하지도 말아라. 본디 인간은 이러나저러나 간에 잘할 수 없게 되어 있다. 또한 후세에 이름을 남기겠다는 사람도 있지만 지극히 어리석은 생각이다. 지금 나와 함께 있는 사람들도 내 마음을 알아주기 어려운데 어찌 백 년이나 천 년 후의 사람들이 내 마음을 알아줄 것인가. 그러므로 너는 다만 하나님만이 네 마음을 알아줄 것이라고 믿고 너무 세상의 칭찬에 관심을 두지 말아라. 오직 하나님에게만 칭찬받도록 힘써라."

> "타인이 너를 칭찬하게 하고 네 입으로는 하지 말며 외인이 너를 칭찬하게 하고 네 입술로는 하지 말지니라." (잠 27:2)

크리스천의 사회적 책임과 개인적 책임은 중요한 원칙이며, 미덕이다. 특히 리더십에서 그 책임은 대단히 중요하다. 오늘날에는 사회적으로 존경받는 크리스천 리더가 드물다고 한다. "모든 책임은 내가 진다." "모든 책임은 여기에서 멈춘다." 이 말은 미국의 트루먼 대통령이 자신의 책상 위에 놓아두었다는 글귀이다. 그는 일본 제국에 두 차례에 걸친 원폭투하를 했던 최종 결정권자였다. 그리고 제2차 세계대전, 그 종전과 사상 초유의 동, 서 냉전기를 거치며 국내는 물론이고, 세계사적으로도 중요한 결정을 내려야 했던 지도자이기도 했다. 그의 자료들을 보면, 그는 크리스천으로서 중요한 결정을 하는 데 신앙심이 매우 크게 작용했을 것으로 미루어 짐작할 수 있다.

사고방식과 행동양식의 선택의지는 인간관계나 일에서 중요한 영향을 미친다. 미국의 유명한 방송인인 에디 칸토는 성공을 위해 정신없이 질주하던 전형적인 미국인이었다. 그는 앞뒤 가리지 않고 숨 가쁘게 달려가는 인생을 살았다. 그런데 어머니가 보내 주신 짤막한 한 줄의 편지에서 큰 충격을 받았다. 그리고 그 후에 인생관이 바뀌어 훨씬 풍요로운 삶을 살게 됐다. 어머니가 보내 주신 편지의 내용은 이렇다.

"내 아들 에디야, 너무 빨리 달리지 말아라. 그렇게 하면 주변의 좋은 경치를 하나도 못 보고 그냥 지나친단다."

그 후에 에디 칸토는 자신의 수첩에 네 가지 질문을 적어 넣고, 한평생 이 질문을 스스로에게 던지면서 살았다고 한다.

· 내가 하는 일이 과연 가치 있는 일인가?
· 누구를 위해 일하고 있는가?
· 인생의 참다운 보물을 추구하고 있는가?
· 이웃에게 어떤 공헌을 할 것인가?

"너희 안에 이 마음을 품으라 곧 그리스도 예수의 마음이니 그는 근본 하나님의 본체시나 하나님과 동등됨을 취할 것으로 여기지 아니하시고 오히려 자기를 비워 종의 형체를 가지사 사람들과 같이 되셨고 사람의 모양으로 나타나사 자기를 낮추시고 죽기까지 복종하셨으니 곧 십자가에 죽으심이

라." (빌 2:5-8)

"마음"이란 단어는 헬라어로 'fronevw' 프로네오 이다. 이는 "생각하다" to think 혹은 "어떤 견해를 지닌다" have an opinion 라는 뜻이다. 그러므로 예수의 마음이란 예수님의 뜻과 생각, 예수님의 사고방식과 행동양식의 선택 의지를 가리키는 말이다.

마음과 생각, 행동의 작은 변화는 나중에 큰 변화를 가져온다. "하인리히 법칙" Heinrich's Law 이 있다. 1929년에 하버드 윌리엄 하인리히 H.W.Heinrich 가 5만 건의 사건과 사고 자료를 분석하여 얻은 결론이다. 1920년대에 보험회사 관리감독관이었던 하인리히가 사고 자료들을 분석하던 중, 노동재해 발생 과정에서 한 명의 중상자가 나오면, 그 전에 같은 원인으로 발생한 경미한 사고가 있었다는 사실을 발견했다.

"1:29:300의 법칙"으로도 불린다. 모든 일의 배후에는 그 일을 가능하게 한 다양한 징후와 원인이 존재한다는 것이다. 큰 재해와 작은 재해, 그리고 사소한 사고의 발생은 밀접한 연관성이 있었다. 사회생활은 물론이지만, 신앙에서도 이러한 원리가 적용된다. 사소한 습관과 말이나 행동이 사람의 삶과 행위를 좌우한다. 작은 것 하나가 중요한 영향을 미친다. 그래서 "디테일이 힘이다."라는 말도 있다.

"아무 것도 염려하지 말고 다만 모든 일에 기도와 간구로, 너희 구할 것을 감사함으로 하나님께 아뢰라 그리하면 모든 지각에 뛰어난 하나님의 평강이 그리스도 예수 안에서 너희 마음과 생각을 지키시리라." (빌 4:6-7)

정보제공자인가, 진정한 리더인가

나는 개인적으로 가장 낮은 곳에서 철거민들을 돕다가 공의와 사랑의 하나님을 만났다. 그러기에 말이나 글보다는 그 사람의 행동과 삶을 보고 인격을 판단하는 편이다. 행동으로 실천하고 본을 보이기보다는 말이나 자기주장이 앞서는 자들을 보면 거부감이 들고 혐오감마저 든다.

오늘날 교회 공동체에는 설교나 책, 인터넷의 글, 성경 지식 전수자 등 하나님의 말씀을 전하는 좋은 정보자와 자료가 흘러넘친다. 극단적으로 표현하자면 지겨울 정도로 많다. 교회는 말의 잔치와 향연장이라고 해도 과언이 아니다. "말로 떡을 하면 조선 사람 다 먹이고 남는다."라는 말이 있다. 이처럼 말은 하기가 쉽다는 것이다. 그래서 천국에 가면 목사의 입과 성도들의 귀만 있다는 유머가 있는지도 모른다.

하지만 지금 이 시대에 필요한 사람은 곳곳에 널려 있는 정보제공자가 아니라 교회와 사람들과 시대를 주님의 복음과 인격적인 삶 그리고 실천적인 삶으로 변혁할 진정한 변혁가다. 진정한 하나님의 사람이 그립다. 말이나 글이 아니라 온 몸과 영혼으로 본을 보이는 리더가 필요하다. "윗물이 맑아야 아랫물이 맑다."라는 격언이 있다. 그런데 요즘 유머로는 "윗물이 맑아야 아랫사람들이 세수하기에 좋다."라고 한다. 이 시대 교회의 문제도 사실상 리더들의 문제다.

숲 속에 있으면 숲을 볼 수 없다. 한 번쯤 숲에서 벗어나야 제대로 숲을 볼 수 있다. 기존의 교회 문화에 젖어 있는 사람은 이미 매너리즘의 한계에 빠져 있는지도 모른다. 목사인 나도 교회에 다니기 싫다고 말한 적이 있을 정도다. 나는 '길거리에서 휴지 하나 줍는' 선한 행위도 쉬운 일이 아닌데 '천하보다 귀한 영혼을 인도하는' 사역자로서 자격 미달이라는 생각이 들 때도 있다.

"너는 네 떡을 물 위에 던져라 여러 날 후에 도로 찾으리라."(전 11:1)

이 말씀은 나일 강에 홍수가 났을 때 강변 물 위에 곡식을 뿌려 두면, 물이 빠진 뒤 여러 날 후에 싹이 나고 자라서 많은 곡식을 거두게 된다는 의미다. "던지다"라는 말은 '샬라흐'라는 원어로서 파종하는 의미가 아니라 "던진다", "보낸다"라는 뜻이다. 이 말씀은 하나님의 일, 선한 일을 행할 때 '물 위에 식물을 던지는 것' 같이 보상을 기대할 수 없고, 대가를 바랄 수 없어도, 기회가 있는 대로 베풀면 먼 훗날, 뜻밖에 그 대가와 열매를 거둘 수 있게 된다는 말씀이다.

"우리가 선을 행하되 낙심하지 말지니 포기하지 아니하면 때가 이르매 거두리라."갈 6:9-10 영혼들에 대한 사랑도, 선행도, 복음 전파도 마찬가지이다. 바울은 "너는 말씀을 전파하라 때를 얻든지 못 얻든지 항상 힘쓰라 범사에 오래 참음과 가르침으로 경책하며 경계하며 권하라."딤후 4:2 고 말한다.

이 땅에서 우리가 호흡하고 있을 때 하나님께서 기뻐하시고 원하시는 일이라면 당장은 무의미하고 성과가 없을지라도 최선을 다하고 베풀어야 한다. 사람들이 알아주지 않더라도 하나님이 아시고, 하늘나라에 상급이 쌓일 것이다.

정신의학에서는 정상인과 비정상인을 판단하는 중요한 기준이 책임감이라고 한다. 책임이란 말은 영어로는 'Responsibility'이다. 이 영어는 합성어이다. 'Response'란 어떤 도전에 대해 반응하는 것이다. 그리고 'Ability'는 능력이다.

타인을 향한 배려는 중요한 덕목이다. "아스퍼거" asperger 란 아주 이기적이지는 않지만 남의 입장을 이해하지 못해서 다른 사람을 힘들게 하거나, 서로 함께 피해를 보면서도 자신만 피해를 본다고 생각하는 사람을 말한다. 아스퍼거에게 필요한 것은 상대방에 대한 작은 배려다. 작은 배려는 사회의 큰 혼란을 막을 수 있다. 사회 구성원들이 서로를 배려하면 막힘이 없는 아름다운 소통의 사회가 될 것이다. 예수님의 십자가는 남을 향한 최고의 배려를 삶으로 보여 주신 것이다. 배려는 "트라우마" 즉 외상 후 증후군으로 고통스러울 수도 있지만, '외상 후 성장'할 수도 있다. 상처를 받아들이고 어떻게 해석하느냐에 따라 미래가 달라질 수도 있다. '상처나 고통에 머물 것인지, 이를 극복하고 창조적으로 승화시킬지'가 미래를 결정한다.

진정한 멘토란

성경적 의미에서의 올바른 멘토는 하나님이 주신 꿈을 이룰 수 있도록 도와주고 세워 주는 사람이다.

진정한 리더는 하나님의 뜻을 받들어 한 민족, 한 시대가 길을 잃어버렸을 때 길을 보여 주는 것이다. 모세의 뒤를 이은 여호수아의 리더십 실천 과정을 한번 살펴보기로 하자. 여호수아는 철저히 모세의 리더십에 순종했다. 모세는 여호수아에게 훌륭한 멘토였다. 멘토는 상대보다 경험이나 연륜이 많은 사람으로서 상대방의 잠재력을 볼 줄 알고, 그가 자신의 분야에서 꿈과 비전을 이루도록 도움을 주며, 때로는 도전도 해 줄 수 있는 사람이다.

멘토는 누구나 될 수 있지만 거기에는 몇 가지 자질이 필요하다. 첫째, 멘토는 멘토리를 하나의 진정한 인격으로 대할 수 있는 사람이어야 한다. 상대방을 자신의 목적을 위해 이용하려는 사람, 즉 정치적인 술수가 다분한 사람은 멘토의 자격이 없다. 둘째, 멘토는 마치 부모나 가족과 같아서 자신의 멘토리에게 아낌없는 사랑을 줄 수 있어야 하는데 삶을 보는 시각이 부정적이거나 닫힌 마음의 소유자는 멘토로서 자격이 결여된다. 셋째, 멘토는 멘토리의 재능을 볼 수 있는 사람이어야 한다. 멘토는 일반적으로 멘토리보다 세상 경험이 많은 사람이다. 그 분야에서 이미 시행착오를 겪은 사람이다. 그리고 상대방의 장점을 보고, 그것을 극대화시키며, 상대방의 단점을 극소화할 수 있는 안목이 있어야 한다. 넷째, 멘토는 의사소통에 능한 사람이어야 한다. 멘토리에게 힘과 용기를 주는 사람이어야 한다. 그리고 중요한 것은 상대방의 견해를 잘 들어줄 수 있는 열린 귀가 있는 사람이어야 한다. 이것은 하나님이 주신 '역할에 대한 순종'과 '리더 개인에 대한 순종'의 원리를 깨닫게 해 준다.

성경에 보면 모세는 하나님의 종이라고 표현하고 있지만 여호수아는 모세의 시종으로 언급되어 있다. 여호수아는 리더를 돕는 헬퍼십에서 리더십으로 업그레이드된다. 모세가 죽었을 때 비로소 하나님의 종으로 기록되어 있는 것에 주목해야 한다. 뛰어난 멤버십을 지닌 사람이 뛰어난 헬퍼십을 발휘할 수 있다. 뛰어난 헬퍼십의 소유자가 탁월한 리더십을 발휘할 수 있다. 꼭 이러한 원리가 타당한 것은 아니다. 선수 시절에는 무명이었는데 훌륭한 감독으로 대성한 경우도 있기 때문이다. 그러나 확률적으로 본다면 뛰어난 선수가 탁월한 리더가 될 가능성이 높다는 표현이 정확하다. 그 이유는 리더십을 발휘할 수 있는 기회와 지원과 협력을 구하는 데 여건이 유리하기 때문이다.

리더십 계승과 시대 정신은 서로 중요한 관계를 갖는다. 여호수아는 요단강, 여리고성을 지나 아이성에서의 실패와 성공을 경험한 후 가나안 땅에 성공적으로 정착한다. 리더십의 유형 중에 상황적합형 리더가 있다. 여호수아의 리더십 형태도 이와 유사하다. 후크Sidney Hook 는 역사 전개 과정 속에서 리더가 그 객관적인 상황이나 환경보다 덜 중요한, 즉 그 시대 조류에 발맞추어 영향력을 행사하는 대세편승형eventful man 리더와 이와 반대로 개인의 뛰어난 지식, 의지, 품성 등으로 역사의 분기점을 발견하고 여러 사건을 주도하는 대세주도형event making man 리더로 분류한다. 여호수아는 하나님의 약속과 계시를 따르기는 했지만 상황과 조건을 초월한 행동력을 보인 대세주도형 리더였다고 할 수 있다.

공동체에서 하나님의 은혜와 축복은 영적질서와 영적권위를 통해 역사한다. 물론, 정당한 권위이다. 그런데 사울왕과 다윗과 같이 부당한 권위를 통해서도 하나님의 역사가 나타난다. 따라서 지혜로운 분별이 필요하다. 튼튼한 삶, 튼튼한 신체, 튼튼한 마음, 튼튼한 영성은 주님과의 온전한 관계, 전능하신 분 안에서만이 조화와 균형을 유지할 수 있다. 결론은 말씀과 기도, 성령의 도우심이 필요하다는 것이다. 중요한 기준은 고난, 시험, 고통 안에서 검증되어야 한다.

공동체에서의 성경적인 리더십과 현대적인 리더십의 원리는 서로 조화와 균형을 갖추어야 한다. 그래야 적용하기에 적합하다.

공동체가 올바르고 온전하게 목적을 달성하려면 몇 가지 기본적인 프로세스가 있다. 맨 먼저 조직이나 공동체의 비전이 공유되어야 한다. 이는 리더와 공동체 안에서 충분한 대화가 이루어지고 비전과 목표를 공유하는 일이다. 이것은 커뮤니케이션을 통해 형성된다. 그리고 공동체의 비전이 세워지면 구성원들은 활발한 대화와 교류가 이루어지고, 자발적이며 적극적인 참여가 일어난다. 그다음에는 역할과 책임과 의무의 분담이 이루어져 하나의 팀으로 조직화되고 재편되어야 한다. 이어서 서번트 리더십과 함께 팔로워십이 형성되어야 한다. 이 지점에서 상호 간에 절대적으로 구축되어야 할 점은 믿음이다.

또한 팀이나 조직이 가동되고 프로젝트를 수행할 때도 전쟁터에서 생사를 건 전투에 임하는 자세와 역할이 필요하다. 이때 팀이나 동료, 자신의 리더가 뒤에서 강력하게 엄호사격을 해 준다는 믿음과 확신이 있어야 한다. 그래야만 서로를 의지하고 목표의 고지를 향해 돌진할 수 있다. 이러한 프로세스를 거쳐 리더와 각 역할을 맡은 자들이 혼연일체가 될 때에 팀이나 공동체는 살아 움직인다. 조직의 역동성과 함께 보상과 징계도 필요하다. 이러한 최적의 환경에서 결국에는 목적을 완벽하게 이루는 성취를 이루게 된다. 그리고 그 성과물을 공유하게 된다.

7

성경적 통일관

한국의 크리스천들은 성경적 통일관을 겸비해야 한다. 성경적 통일관은 '통일이라고 하는 현세적인 수단을 통해 민족복음화와 영적 구원의 내세적인 목적을 달성하는 것'이다. 통일은 정치적, 영토적으로 중요하지만 경제적으로도 국가의 경쟁력이 되기에 중요하다. 이는 미시, 거시 경제의 토대이다. 그래서 통일은 민족사의 최고 프로젝트이다. 각 영역, 학문의 최고 수준의 학자나 활동가들은 대부분 통일 문제에 관심이 높다. 탁월함은 차별화를 압도한다. 통일 이슈를 선점하는 자가 이 시대의 리더가 될 것이다. 그래서 미래의 가치와 비전을 선점하는 크리스천들이 필요하다.

대북 강경론자들을 보면 대부분 미필자로 '치킨호크'가 많다는 생각이 든다. '치킨호크' Chickenhawk 란 "겁 많은 병아리이면서 겉으로는 매인 척" 하는 어설픈 모습을 지칭한다. 실제로 최전방이나 힘든 부대에서 근무한 사람들은 오히려 대부분이 전쟁이 없는 평화를 꿈꾼다. 미필자들의 열등감이 안보라는 도피처와 자기방어의 위장이라는 생각이 든다. 예수 그리스도의 복음은 평화의 메시지라는 사실을 절대 간과해서는 안 된다.

한국은 '통일'이라는 용어보다는 '재통일'이라는 용어를 사용하는 것이 적절하다고 본다. 한국의 통일은 엄밀히 정의하자면 역사적으로 오랜 단일민족과 통일국가에서 분단된 상태가 되어 다시 시도하는 재통일이다. 그래서 학문의 전문성을 포괄적으로 적용한 논문 주제로서 '통일' Unification 보다는 '재통일' Reunification 이라는 용어가 의미상 올바른 규정일 것이다. 통일운동은 'K1'이다. Korea의 첫 번째 민족사 과제는 통일이다. 통일은 'UFC' 경기와 같이 치열한 도전이다. 통일은 치밀한 전략과 액션이 필요하다.

에스겔 선지자가 남유다와 북이스라엘의 회복과 연합에 대해 선포한 말씀이 오늘날 한국 교회에 적용되는 미래 선언이다. "그 막대기들을 서로 합하여 하나가 되게 하라 네 손에서 둘이 하나가 되리라." 겔 37:17 분단 전 3천여 개의 북한 교회 재건도 이 시대 크리스천의 사명이다.

정치학, 경제, 사회, 문화, 사회과학을 수렴하고 초극하는 성경적 통일관 정립이 필요하다. 사회과학적 환원론을 경계하고 이를 수렴하며 정치, 경제, 사회 등 각 분야의 리더들과 교류를 통한 평화적 통일 운동과 북한 복음화에 헌신해야 한다. 이스라엘 역사상 가장 존경받는 다윗 왕조가 세워질 때에 중추적인 역할을 했던 잇사갈 지파의 특징은 시세를 아는 자들이었다. 시대와 하나님의 때를 분간할 줄 알았다는 것이다. 하나님은 그 시대를 아는 자를 리더로 쓰신다.

1907년에 일어났던 평양대부흥운동의 물결이 다시 한 번 한반도에 펼쳐지도록 기도해야 한다. 성령 운동과 북한 선교는 불가분의 관계이다.

"만군의 여호와께서 말씀하시되 이는 힘으로 되지 아니하며 능력으로 되지 아니하고 오직 나의 영으로 되느니라." (슥 4:6)

북한 선교는 공중 권세 잡고 있는 악한 영들과 권세와의 영적 대결, 능력 대결의 장이다.

에스겔 선지자가 남유다와 북이스라엘의 회복과 연합에 대해 선포한 말씀이 있다. 오늘날 우리에게도 적용되는 통일과 북한 선교의 미래 선언이다. 1민족 1체제의 하나님이 통치하는 통일왕국을 제시하는 메시지이다

"그 막대기들을 서로 합하여 하나가 되게 하라 네 손에서 둘이 하나가 되리라." (겔 37:17)

바벨론 포로 70년은 개인과 민족적으로 회개의 시기였다. 다니엘은 조상들의 죄악을 대신 회개했다. 동일시 회개인 것이다. 다니엘은 B.C. 605년 당시 강대국이었던 바벨론 왕 느브갓네살이 유다를 제1차 침공했을 당시 포로로 끌려간 사람 중 한 사람이었다. 그때 그의 나이가 15세였다. 그는 나중에 바벨론의 국무총리가 된다. 다니엘서 9장에서 다니엘은 말씀을 묵상하며 기도하던 중에, 이스라엘 백성이 포로로 끌려온 지 70년 만에 해방되리라는 것을 알게 되었다. 자신들이 포로로 끌려오던 때에 하나님의 사람 예레미야가 한 말이 기억났다. 예레미야는 남유다가 바벨론에 의해 멸망하여 70년간 포로 생활을 할 것과[렘 25:11-12], 하나님의 은혜로 유다 땅으로 다시 돌아올 것[렘 29:10]을 예언했다. 예레미야의 말씀을 응하

게 하신 것이다. 예레미야의 시간Jeremiah's Time 이다.

"곧 그 통치 원년에 나 다니엘이 책을 통해 여호와께서 말씀으로 선지자 예레미야에게 알려 주신 그 연수를 깨달았나니 곧 예루살렘의 황폐함이 칠십 년 만에 그치리라 하신 것이니라." (단 9:2)

이렇게 이스라엘이 바벨론에서 예루살렘으로 귀환한 것은 오직 하나님의 은혜였다. 다니엘은 바벨론 포로를 예언했고, 동시에 바벨론의 멸망과 이스라엘의 귀환도 예언하여, 포로된 백성에게 그의 예언은 유일의 소망이었다.단 9:2

다니엘에게 임한 기도 응답이 지금 한반도에서 드려지는 우리의 기도에도 있기를 소망한다. 이제 한국은 해방 70년, 분단 70년이라는 세월을 보냈다. 통일한국으로 가는 길이 열리기를 기도한다. 세계는 "소통"communication 과 "융합"convergence 을 중심으로 끊임없이 발전해 가고 있다. 사유 없는 지식, 통찰 없는 이성, 메마른 지성이나 향방 없는 신학적 지식과 교회는 통일 시대를 감당할 수 없다. 전략적 민첩성도 필요하다. 급변하는 상황에 능동적으로 대처해야 하기 때문이다.

그러나 교회의 세속화와 종교다원주의나 혼합주의는 경계해야 한다. 통일 운동은 영적 전투이다. 그래서 한국의 크리스천들은 교회 내에서 통일을 위한 기도나 준비도 중요하다. 더 나아가서 하나님의 말씀으로 무장하고 성령의 권능으로 충만하여 교회와 국가, 시대를 이끌어 가야 한다.

미국 풀러신학대학원 교수인 클링턴은 "리더십이란, 하나님의 사람이 하나님께서 주신 능력으로 하나님의 백성을 하나님의 목적으로 나아가도록 영향을 끼치는 역동적인 과정이다."라고 말한다. 하나님의 선명한 목적은 선교 명령이다. 한국 교회에 평화적 통일과 북한복음화 사명을 감당하는 결단의 중요한 터닝 포인트가 되기를 기대한다.

통일과 성경적 리더십

유다 백성의 70년 포로 생활은 그들을 멸망케 하기 위한 것이 아니라, 그들을 하나님 백성으로 바로 세우기 위해 참회와 결단의 기회를 주시기 위함이었다. 포로 기간은 하나님께서 바벨론에게 주신 구원의 기회였다. 이러한 포로 시대에 이방인들에게 하나님의 말씀이 전파되었다. 이스라엘이 겪었던 포로 시대의 민족적인 징계와 고통이 이방인에게는 구원의 기회가 된 것이다.

시편 137편이 "포로의 노래"Song of the Captive로 일컬어져 온 것은 적절하다. 그것은 포로된 땅에 있는 이스라엘 사람을 묘사한다. 그들을 사로잡은 자들이 그들을 힐난하고, 그들로 하여금 수금을 켜서 시온의 노래들 중 하나를 부르도록 요구할 때 가인歌人들은 침묵을 지켰다. 포로들의 마음은 울컥했을 것이다. 이 시에 나타난 애처로움은 고난과 낙담 중에 있는 포로들에 대한 독자의 동정을 유감없이 자아낸다.

"우리가 바벨론의 여러 강변 거기에 앉아서 시온을 기억하며 울었도다 그 중의 버드나무에 우리가 우리의 수금을 걸었나니 이는 우리를 사로잡은 자가 거기서 우리에게 노래를 청하며 우리를 황폐하게 한 자가 기쁨을 청하고 자기들을 위하여 시온의 노래 중 하나를 노래하라 함이로다 우리가 이방 땅에서 어찌 여호와의 노래를 부를까 예루살렘아 내가 너를 잊을진대 내 오른손이 그의 재주를 잊을지로다 내가 예루살렘을 기억하지 아니하거나 내가 가장 즐거워하는 것보다 더 즐거워하지 아니할진대 내 혀가 내 입천장에 붙을지로다."(시 137:1-6)

바벨론 포로생활 70년 동안 이스라엘 민족은 나라를 잃고, 성전을 잃어버렸으며, 언어와 자유를 상실했다. "바벨론의 여러 강변"은 바벨론을 가로지르는 수많은 수로를 의미한다. 강이란 티그리스와 유프라테스 강 사이에 흐르는 수많은 강줄기를 말한다. 티그리스 강은 메소포타미아 북쪽 산 아래로부터 흘러내리는데 유프라테스 강보다 조금 높은 곳에서 흐른다. 이 강가에서 선지자 에스겔은 하나님의 부르심을 받았다.

이스라엘은 나라를 잃고 신앙의 자유와 안식일도 없이 포로 신세가 되었다. 이스라엘 민족은 비로소 하나님이 소중해졌고, 안식일의 예배와 자신들의 나라가 그리워졌다. 포로 때의 바벨론에서는 종교적 자유가 허용되었지만, 예루살렘 신전에서와 같은 제의祭儀는 할 수 없었다. 그 대신 안식일 예배가 중심이 되어 회당에서의 율법 낭독과 기도를 중심으로 하는 새로운 예배 의식이 시작되었다. 바벨론 강가에 심겨진 버드나무, 즉 슬픔을 상징하는 나무에 자기의 수금하프, harp을 걸어 놓았지만 곧 노래하는 것을 그쳤다. 노래 대신 울음이, 찬양 대신 탄식이 입술에서 새어 나왔다. 시온을 향한 사랑이 강렬해질수록 그에게 시온을 멸망시킨 자들을 향한 증오심은 커졌다. 그들은 하나님의 성읍을 멸망시킨 에돔과 바벨론을 저주했다. 포로 기간을 반영하는 이 노래는 바벨론 유수 말기에 쓰인 것 같다.

바벨론 포로에서 해방되어 시온으로 귀환하는 내용의 시편 126편은 시편 137편과 대칭을 이루면서 시온의 포로를 돌리실 때에 마치 꿈꾸는 것 같았다며, 찬양과 기쁨으로 귀환을 노래한다. 과거 시온[예루살렘]의 백성들은 하나님의 계명을 어기고, 우상 숭배와 각종 음행과 패역으로 하나님의 진노를 샀다. 결국에는 포로생활을 통해 전인적으로 정련되고 정화되게 하셨다. 하나님은 그 암울한 시기에 오히려 정금과 같은 계시를 통해 이스라엘의 구원을 성취하셨다.

"여호와께서 시온의 포로를 돌려보내실 때에 우리는 꿈꾸는 것 같았도다 그때에 우리 입에는 웃음이 가득하고 우리 혀에는 찬양이 찼었도다 그때에 뭇 나라 가운데에서 말하기를 여호와께서 그들을 위하여 큰일을 행하셨다 하였도다 여호와께서 우리를 위하여 큰 일을 행하셨으니 우리는 기쁘도다 여호와여 우리의 포로를 남방 시내들 같이 돌려 보내소서 눈물을 흘리며 씨를 뿌리는 자는 기쁨으로 거두리로다 울며 씨를 뿌리러 나가는 자는 반드시 기쁨으로 그 곡식 단을 가지고 돌아오리로다."(시126:1-6)

하나님은 이스라엘 백성을 해방시켜 고토로 돌아오게 하셨다. 하나님에 대한 유일신 신앙을 회복케 하셨다. 당시 남방[네게브] 지방은 비가 오면 흐를 수 있는 개천이 있었는데, 건기에는 메말라 있다가 우기에는 순식간에 물이 찼다. 눈물을 흘리며 씨를 뿌리는 자는 반드시 기쁨으로 그 곡식단을 가지고 돌아온다고 한다. 씨 뿌리는 비유는 한국 통일에 대한 크리스천들의 수고와 헌신에도 적용된다. 70년의 긴 시간을 바벨론에서 포로생활을 했던 이스라엘 사람들은 수많은 기도와 인고의 시간 끝에 기쁨의 수확을 얻었다. 예루살렘으로 돌아온 남은 자들이 예루살렘 성전을 재건하고서 감격했던 시대이다.[스 6:13-16] 우리가 잘 알고 있는 야베스의 기도는 이러한 역사적 배경으로 시작한다. 야베스는 고통[수고]이라는 뜻이다. 이 기도는 남쪽 이스라엘이 바벨론 포로생활에서 돌아와 역대상을 기록하여 삶 가운데 하나님을 굳건히 의지하고 살 수 있는 기도요, 신앙의 지침이자 신앙생활의 버팀목이 되었을 것이다.

이스라엘은 바벨론 포로와 귀환 이후에도 이방 국가의 지배를 받는다. 이스라엘의 역사는 페르시아, 그리스, 로마의 지배를 받게 되고, 로마의 지배 아래 있을 때 잠시 독립하지만, 다시 로마의 통치를 받는다. 이때 예수 그리스도가 탄생한다.

그렇다면 이처럼 이스라엘의 완전한 독립이 이루어지지 않는 이유는 무엇일까? 이러한 문제에 대한 해답은 영적 이스라엘과 예수 그리스도와 복음에 있다. 이는 지상 국가의 한계이며, 이스라엘 성전이 무너진 것도 같은 맥락이다. 건물인 교회도 영원하지 않다. 복음만이 영원하다. 시제가 '이미' 도래한 하나님 나라와 '아직' 완성되지 않은 하나님 나라의 긴장관계에 있는 것이 영적 현실이다. 구원받은 하나님 백성을 통한 구속사적 진행, 어거스틴이 말한 '하나님의 도성'과 그 완성이 온전한 하나님 나라이기 때문이다. 하나님 나라는 영토적 개념에 국한되기보다는 이보다 더 포괄적인 영적 개념임을 알 수 있다. 재림 예수님의 지상 출현이 온전한 하나님 나라의 완성으로 이어지기 때문이다.

통일한국과 자유민주주의의 공존

황장엽 비서 생전에 그분과 대담을 나눈 적이 있다. 여의도 사무실의 삼엄한 경비 가운데 황 비서와 박완신 박사 한기총 통일정책위원장, 권석철 장로 여의도순복음교회 북한선교회장 와 함께 통일, 주체 사상, 기독교에 관한 의미 있는 대화를 나누었다. 그분은 "기독교 사상만이 북한의 주체 사상을 극복할 수 있다."라고 말씀하셨다.

주체 사상의 창시자가 직접 한 말씀이라서 충격이었다. 나중에 기회가 되면 기독교와 북한 사상과 주체 사상에 관해 세미나를 열자고 했는데 안타깝게도 그만 운명하셨다. 황 비서는 내가 창원 황씨라고 하자, 같은 종친이라고 특별히 반가움을 표시하기도 했다. 그리고 그분 저서인 『민주주의 정치철학』에 직접 사인하셔서 나에게 선물로 건네주셨다. 그분의 결론은 주체 사상은 구소련 연방 해체와 중국의 사회주의 해체 시기에 북한과의 정권을 유지하고자 임시방편으로 삼은 것이었다는 점을 강조했다. 제한적이고 특수성을 띤 과도기적 사상이었지 보편적인 사상에는 한계가 있었음을 피력했고, 그분의 결론은 아이러니하게도 가장 우월한 정치체제로 자유민주주의를 꼽았다.

민주주의는 기독교 역사와 함께해 왔다고 해도 과언이 아니다. 기독교적 가치는 하나님 주권의 절대성, 인간의 평등성, 존엄성에 근거하여 정치적 권력을 상대화하여 책임적이고 대행적인 것이 되게 한다. 권력은 백성에게서 나오며, 위임된 것이기 때문에 하나님과 국민 앞에서 책임 있게 수행해야 한다는 원칙은 중요한 지침이 된다.

민주적 방식에 대해 많은 정치학자들은 다음과 같이 정의한다. “민주화에서 어떻게 하는 것이 가장 핵심적인 개혁 조치라고 할 것인가? 국민 대중을 통치의 객체가 아니라 주체로 만드는 개혁일 것이다. 나라의 주권자로서 국민 대중이 나라를 경영하려면 모든 중요한 문제에서 자기결정권을 자유롭게 행사할 수 있어야 한다.”

니버는 “권력정책 이론”Power politics 을 주장한다. 인간이 정치적인 사회에서 자기의 권리를 보존하고 정의를 실현하기 위해서는 공통적인 이해관계에 있는 사람들이 권력을 조직화해야 하고, 그 조직된 권력은 한편에 편중되지 않도록 분산시켜 균형 있게 서로 견제해야 한다는 것이다. 권력의 분산, 권력의 균형, 권력의 견제를 말하는 것이다.

니버에 따르면 ‘인간성의 애매성’과 ‘권력의 애매성’에 근거한다. 권력 없이는 무질서가 나타나고 권력이 지나치면 독재주의가 발생하는데, 국가나 온당한 권력은 무질서와 독재주의의 두 암초를 기술적으로 피하면서 항해해야 하는 배와 같다고 니버는 말한다. 이러한 모든 이유로 민주사회에서의 정의 실현은 어떤 형태이건 간에 권력의 균형과 견제에 의존하는 것이라는 결론을 내릴 수 있다.

통일한국은 정치적 민주주의 시장경제와 복지정책을 민족문화 속에 혼합한 선진 복지국가가 되어야 한다. 그러나 이러한 현상적인 개념만으로는 복음화 통일의 문제를 해결하는 데 한계성이 있다. 이데올로기는 인본주의적인 정치 사상에 불과하다. 기독교는 하나님의 구속사와 섭리사관에 입각하여 이데올로기의 상대적인 가치 체계를 평가하고 수용해야 한다. 소위 말하는 마르크스주의는 '역사적 진보주의'라는 진화론적 사고의 토대 위에 서 있다. 역사적 진보주의가 추구하는 것은 인본주의적 유토피아의 건설이다.

인간의 행위와 노력에 의해 인간이 지상 낙원을 이룰 수 있다고 하는 생각은 결국 인간 자신에 의한 인간 구원이며, 하나님의 주권적 구속 사역을 부정하는 것이다. 그런데 어떻게 하나님의 존재와 창조론을 바탕으로 한 기독교 세계관과 마르크스주의적 경제 분석 방법이 융합될 수 있는지 의문을 갖게 된다.

통일과 북한 선교을 사회과학적 시각으로 보는 것도 일정 부분 필요하다. 하지만 이때는 환원주의還元主義, reductionism를 경계해야 한다. 환원주의는 '어떤 실체는 그보다 더 간단한 기본적인 실체로 이루어져 있다'고 전제하고, 전자에 관한 설명을 좀 더 기본적인 후자의 설명으로 대치하려는 사고 형태를 말한다. 이론적 환원은 한 이론의 기본 가정, 법칙 및 개념을 다른 이론의 그것으로 대치하는 것을 뜻한다. 선교신학과 성경만이 갖고 있는 본질적이고 독특한 환원 불가능한 요소를 사회과학적 연구방법론이나 관점으로 통일과 북한 선교에 우선순위로 적용하는 잘못을 범해서는 안 된다.

통일한국은 '하나님 나라'the Kingdom of God의 건설이다. 통일은 소극적 의미의 '재통일'이 아니라 적극적 차원의 '새로운 통일'이어야 한다. 마태복음에는 하나님 나라는 하늘나라the Kingdom of Heaven란 말로 더 잘 나타나는데, 이것은 영토나 왕국의 의미가 아니라 하나님의 '주권' sovereignty 또는 그의 '통치' reign 를 의미한다.

한국의 통일 Unification, 유니피케이션 은 유비쿼터스 Ubiquitous 통일이 되리라고 예측한다. 남한과 북한 간의 인터넷 교류는 시간 문제일 뿐 반드시 이루어질 것이다. 인터넷이 아니더라도 휴대폰이나 모든 정보 통신 매체를 통해 서로 간의 정보 교환과 통신이 활발히 진행될 것이다. 이러한 면에서 북한 사회의 개방개혁은 정보통신에 의해 가속화될 수 있다. 그동안 폐쇄된 세계의 모든 실상이 여과 없이 북한 사회로 흘러들어 간다면 개방과 민주화의 물결은 더욱 거세게 북한을 자극하게 될 것이다. 그렇게 되면 결국은 통제보다는 열린 국가체제로의 변화는 불가피할 것이다.

팍스 크라이스트 Pax Christ

우리는 정의롭고 평화로운 국가 공동체와 사회 공동체를 원한다. 아름다운 세상, 그리고 행복한 가정 공동체를 꿈꾸는 것은 지극히 당연한 인간의 소망이다. 그러나 세상의 모든 가치나 질서가 우리의 뜻과 의지대로 희망을 주지 못한 경우도 많다. 하지만 그렇다고 해서 희망을 잃어버려서는 안 된다.

성경을 통해 분단된 이스라엘의 남, 북의 연합과 협력을 볼 수 있다. 성경을 보면 현재의 남한과 북한과 같이 분단된 상태의 이스라엘에 대한 언급이 나온다. 이스라엘의 남유다와 북이스라엘은 200여 년간 상호 대립과 적대 관계를 유지했다. 남, 북 왕국은 힘의 우위를 통한 군사적인 무력

통일정책을 추구했다. 그런데 군사적으로 서로 연합하여 민족적 위기에 대처하는 지혜를 보인다. 참으로 흥미로운 사실이다.

사건의 배경은 이렇다. 북이스라엘 왕 여호람은 모압이라는 속국이 공물 바치기를 거부하고 배반하자 남 유다 왕에게 도움을 청한다. 이스라엘 민족의 국력이 약해졌기 때문에 모압이 이스라엘을 무시했다. 이스라엘 왕 여호람은 유다 왕 여호사밧에게 특사를 보낸다. 그리고 공동으로 연합전선을 펴서 모압을 치자고 의논하는 것을 엿볼 수 있다. 여호람은 "나는 당신과 같고 내 백성은 당신의 백성과 같고 내 말들도 당신의 말들과 같으니이다 하는지라." 왕하 3:7 고 말하면서 서로가 한민족 공동체임을 강조한다. 유다 왕은 흔쾌히 이 제의를 받아들이고 전쟁에 출정한다. 지나가는 길에 에돔 왕이 더 합세하여 왕 세 명이 연합한다. 그런데 진군한 지 7일 만에 먹을 물이 떨어져 사람들과 말들이 어려운 상황에 처하게 된다. 이스라엘 왕이 근심하며 슬픔을 이기지 못한다. 한계 상황에 처하게 된 것이다. 이에 여호사밧이 하나님의 선지자를 찾는다. 이 위기를 돌파하는 방법은 하나님의 도움밖에 없다고 판단한 것이다. 그러자 충성스러운 부하들이 엘리사 선지자를 추천한다. 그래서 세 명의 왕이 엘리사를 만나고자 이동하여 찾아간다.

엘리사는 처음에는 거부한다. "내가 당신들과 무슨 상관이 있느냐."라고 외면하자 왕들은 황급히 매달린다. 엘리사가 말하기를 "내가 유다 왕 여호사밧의 낯을 보고 도움을 주겠다."라고 말하자 그들은 화색이 돈다. 엘리사가 거문고 탈자를 불러서 찬양할 때에 하나님의 감동이 임해 하나님의 메시지를 받고 전한다. 성경적인 예언이란 미래를 미리 안다는 의미의 '예언'豫言 보다는 하나님이 말씀을 맡겼다는 '예언'預言 이 더 정확하다. 하나님의 뜻을 전달하는 메신저의 역할이다.

하나님이 함께하시면 한민족이 "윈-윈"한다. 엘리사는 말씀을 선포한다. "그가 이르되 여호와의 말씀이 이 골짜기에 개천을 많이 파라 하셨나이다."왕하 3:16 이렇게 말하면서 "너희가 바람과 비를 보지도 못하지만 이 골짜기에 물이 가득하여 충분히 전쟁을 수행하게 될 것"이라고 선포한다. 그리고 "이것은 여호와께서 보시기에 작은 일이라 여호와께서 모압 사람도 당신의 손에 넘기시리니."왕하 3:18 라고 말한다. 이 정도 물을 얻게 된 것은 작은 기적일 뿐 모압 군대와의 전쟁에서도 반드시 승리할 것이라는 확신에 찬 메시지를 전한다.

드디어 전쟁이 시작된다. 모압 사람들도 다 갑옷을 입고 전선에서 서로 대치한다. 그런데 이 모압 사람들이 아침에 일찍 일어나서 해가 물에 비취므로 맞은편 물이 붉어 피와 같음을 보고왕하 3:22 세 명의 왕이 서로 다투고 자중지란을 일으켰다고 오판한다. 그리고 침공을 감행해 오자, 이스라엘의 연합군이 총공세를 펴서 섬멸한다. 그리고 적진 깊숙이 진격해 들어가서 완전히 대승을 거둔다. 분단 국가였지만 위기가 있을 때는 서로 손을 잡고 외세의 군대에 대처하는 역사를 통해 국가적 교훈을 얻을 수 있다.

성경에 나오는 리더십과 한국의 통일 시대의 리더십은 밀접한 관련이 있다.

· 모세의 민족해방 리더십 - 민족의 문제 해결, 민족단일화, 통합 리더십.

· 다윗의 통일국가 리더십 - 분열된 국가를 통합하는 리더십 모델.

· 여호수아의 뉴프런티어 리더십 - 통일을 여는, 북한을 향한 뉴프런티어 리더십.

· 느헤미야의 프로젝트 리더십 - 분단 전 3천 개 이상의 북한 교회 재건에 적용되는 리더십.

· 솔로몬의 글로벌 리더십 - 한반도를 둘러싼 외교에서는 국제정치와 외교의 리더십.

이러한 모든 리더십을 아우르는 예수님의 리더십과 성경적 리더십으로 크리스천은 통일 운동과 북한 선교에 대한 리더십을 보여 주어야 한다. 통일 한국의 모델과 하나님 나라의 통치와 임재에 대한 성경적 지침이 에스겔서 37장 21절-28절에 등장한다.

현재 한국적 상황에서 성경적 진리의 적용은 예수 그리스도의 통치와 다스림만이 전쟁의 불안과 위협에서 평화와 자유함을 준다는 것이다. 즉 '팍스 크라이스트' 그리스도의 평화, Pax Christ 에 의한 평화만이 한반도와 인류의 미래를 보장해 준다. 하루빨리 북한에도 신앙의 자유가 정착되도록 힘써 기도해야 한다.

성경에 나오는 이스라엘의 분열과 회복, 남유다와 북이스라엘의 민족 통일을 통해 많은 교훈을 얻을 수 있다. 통일된 새 이스라엘의 실현은 분단 왕국의 영토적 통합만이 아니라 하나님 통치의 지상적 실현이었다.

전쟁에 대한 신학적 관점

신학적으로 전쟁에서의 '성전'Holy War 은 중요한 의미가 있다. 성전의 일반적인 개념은 "여호와는 용사시니"출 15:3 라는 말씀과 "전쟁은 여호와께 속한 것인즉"삼상 17:47 이라는 말씀에 근거한다.

이는 성전을 단순한 영토 확장이라는 일반적 전쟁의 성격을 지닌 것으로 보는 것은 아니다. 이는 하나님의 뜻을 거스르는 세력에 대한 하나님 공의의 심판이라는 성격이 있다는 것을 의미한다.암 1:1; 2:3 이러한 성전 개념은 가나안 정복 전쟁과 사사 시대의 전쟁을 통해 뚜렷이 발전되었으나 다윗 시대 이후로는 점차 희미해져 갔다. 하나님의 뜻을 알아보고 묻는 방법은 꿈, 우림, 에봇 그리고 선지자의 말씀 등이 근거가 되었다. 삿 7:9–14; 삼상 28:6; 삼하 5:19; 왕상 22:5,7,8

이와 같이 하나님께 묻는 것은 전략의 필수적인 요건이었다. 모든 전쟁은 하나님께서 배후에서 역사하셨다. 군대와 상호 간의 교통 가운데 지휘와 전쟁의 승패가 결정되었다. 그리고 하나님의 은총이 떠나면 전쟁에서 패하였다. 군사들은 성전을 "여호와의 싸움"삼상 18:17; 25:28 이라고 했으며, 전쟁에서 외치는 함성 가운데 하나를 들어보면 "하나님께서 원수를 우리의 손에 붙이셨다."삿 3:28; 삼상 7:8 라고 했다.

신약 시대에 오면 전쟁의 개념은 영적 전투고전 14:8; 고후 10:3; 딤전 1:18–19 의 범위로 확대되고 재해석된다. 하나님이 택하신 백성들의 공동체인 교회는 죄와 악의 세계를 지배하는 사단과 그를 추종하는 세력에 대항하여 전투를 치루는엡 6:10–12 곳이다. 이 영적 전투를 하기 위해서는 영적 무장엡 6:10–17을 해야 한다. 이 싸움도 성경의 진리와 성령의 도우심으로 승리할 수 있다.

이스라엘 민족이 1976년 아랍과의 전쟁에서 크게 승리한 예에서 우리는 성경의 지혜를 구할 수 있다. 이스라엘이 승리한 후, 한 기자가 "250만 명의 인구가 어떻게 1억 2,000만 명의 아랍권을 이길 수 있었습니까?"라고 묻자, "우리는 250만 명이 아니라 하늘에 하나님이 계시고, 땅에는 나치에 학살당한 600만 명이 있었기 때문"이라고 대답했다고 한다.

이스라엘과 아랍 간의 6일 전쟁 당시 이스라엘이 승리할 수 있었던 원인은 크게 세 가지로 구분할 수 있다. 유일신 신앙, 국론통일, 제공권 장악이 그것이다. 그런데 이 같은 요인보다 더 중요한 무형의 핵심 요인이 있었다. 전쟁 초 이스라엘은 "우리는 공개할 수 없는 최신 무기가 있다. 우리는 그 무기 때문에 반드시 이길 것이다."라고 전 세계 앞에 새로운 사실을 언급했다. 이를 의아해한 세계 군사 전문가들과 미국의 정보 당국은 극비리에 그 정체를 밝히기 위해 나섰지만 어느 정보 기관도 그 최신 병기의 실체를 밝히지는 못했다.

전쟁이 끝난 후 이스라엘이 밝힌 최신 무기는 바로 여호와 하나님에 대한 믿음이었다. 이스라엘은 그 무기를 믿고 용감히 싸웠으며, 결국 6일 만에 거대한 아랍 연합군을 물리치고 승리를 거두었다.

하지만 대한민국의 통일은 이러한 무력 전쟁으로 이루어져서는 절대 안 된다. 오히려 우리는 차원 높은 간증을 남겨야 한다. 하나님의 인도하심에 따라 평화적인 통일이 이루어졌고, 하나님 나라가 한반도에 세워졌다는 위대한 간증을 남겨야 한다. 세계 역사상 최고의 간증을 남기는 제사장 국가가 되는 것이 '유토피아'가 되어야 하리라 생각한다.

성경에서는 이스라엘의 분열과 통합 역사를 자세히 언급한다. 한국과 이스라엘의 역사는 아주 유사하다. 이러한 면을 통해 교훈을 얻을 수 있다. 다윗 왕은 사울 왕의 죽음으로 왕위에 등극한다. 이스라엘의 12지파 중 하나인 유다 지파의 추대로 왕이 된다. 그래서 불완전한 지지 기반으로 왕권을 세운다. 이때 다윗 왕은 대다수였던 11지파의 지지를 받은 정권과 대립한다. 사울 왕의 아들이었던 이스보셋이 아브넬의 지원으로 11지파를 통합하여 왕권을 세운 것이다.

다윗 정권과 이스보셋 정권, 이 두 정권의 대결과 전쟁은 필연적이었다. 그러나 다윗은 유혈 사태를 불러올 정도의 위험과 대결은 피하고 싶었다. 그 후 다윗은 헤브론에서 7년 6개월간 소수파의 지지로 정권을 유지한다. 그러나 다윗의 의지와는 무관하게 적대 세력이었던 이스보셋은 무력도발을 감행한다. 동족상잔의 비극이 일어난 것이다. 이 기브온 전투가 발발하게 된 직접적인 원인은 기브온 못을 차지하기 위한 것이었다. 팔레스타인의 지형적 특성상 풍부한 저수량의 기브온 못은 군사적 · 경제적 요충지였다. 유다의 전사자는 19명, 아사헬과 이스라엘의 전사자는 360명이었다. 두 정권 간의 치열한 전투를 치루고 난 후 대세는 다윗으로 기울어졌다.

이러한 대치 상황에서 큰 이변이 일어났다. 이스보셋의 최측근이었던 아브넬이 배반한 것이다. 그는 다윗에게 이스라엘의 다수 지파를 움직여서 다윗을 왕으로 추대하겠다고 제의한다. 다윗은 이를 수용한다. 그리고 이스보셋의 핵심 측근이었던 바아나와 레갑이 이스보셋을 암살한다. 이스보셋의 머리를 베어 다윗에게로 투항한다. 그들은 자신들의 전공을 인정받고 상급을 기대했다. 그러나 다윗은 자신들의 군주를 배반하고 암살한 그들의 죄를 물어 처단한다. 하나님의 주권과 이스라엘의 통일이다. 만약 하나님의 주권적 섭리로 통일이 이루진다면 하나님을 대적하는 권력을 무너뜨리실 것이다. 이렇게 볼 때 남한보다는 북한이 더 위험할 수 있다. 좀 더 구체적으로 말하면 북한 주민이 아니라 권위적 · 폐쇄적 독재 권력을 누려온 김일성 일가와 소수의 정치 · 군사 지도자들일 수도 있다. 북한이 가장 신뢰한 부하나 인접 국가가 등을 돌릴 수도 있다.

위에서 언급한 이스보셋의 최측근이 권력 붕괴의 발단이자 비극적 결과의 요인이었는데 이는 북한 땅에도 적용될 수 있다. 물론 비극적인 시나리오보다는 평화적이고 점진적인 통일을 바라는 것은 당연하다. 그러나 지금의 상황을 보면 우리의 상상이나 기대와는 정반대의 방향으로 갈 수도 있다는 점이다. 북 · 미 간 대화, 북한의 핵 폐기, 6자회담의 안전장치를 통한 대북 경제제재 해제, 북한의 개혁과 개방, 민주적인 정치가 이루어지고 남한과 북한의 단계적인 평화적 통일이 이루어진다면 최선의 카드가 될 것이다.

'샬롬'shalom, 통일한국

"평화 연구에서 일반적으로 평화 개념은 소극적 평화 개념과 적극적 평화 개념으로 정의한다. 기독교적 평화 개념은 소극적 평화 개념과 적극적 평화 개념의 양자를 연결한다. 평화란 폭력, 슬픔, 불의의 부재이며 정의, 자유의 현존이다. 하나님과 이웃, 자연과 더불어 친교 안에서 사는 삶이다. 이것을 한마디로 '샬롬' shalom 이라고 한다. 특히 주목할 것은 기독교적 평화 개념은 소극적 · 적극적 평화 개념을 연결하면서 정의를 강조하여 적극적 평화 개념을 우선시한다는 것이다. 따라서 평화는 정의로운 평화이다.

기독교적 평화를 뒷받침하는 신구약에서의 평화는 무엇일까? 구약성서에서 평화의 의미로 쓰인 '샬롬'이라는 말은 포괄적인 내용을 함축한다. 이 '샬롬'이라는 말은 "완전하게 하다", "온전하게 하다", "안전하게 하다", "끝마치다." 등의 여러 형태로 쓰인 샬롬에서 파생한 말이다. '샬롬'의 기본적 의미는 "완전성", "총체성", "온전함", "안전함" 등이다.

그러나 샬롬이 지닌 뜻은 구약학자의 견해에 따르면 건강, 질서, 온전함, 정의, 조화, 안정, 구원, 복지 등의 다양하고 포괄적인 의미가 담겨 있다. 그러므로 샬롬은 우리말의 '평화', 독일어의 Frieden, 영어의 Peace와는 단순히 일치시킬 수 없는 말이다. 샬롬의 일차적인 의미는 어떤 유기체나 인간 공동체, 민족, 가족 등이 손상되지 않고 온전하고 완전하며 안전하게 존재하는 것을 뜻한다." 희년신학연구

구약성서의 평화 사상은 첫째, 샬롬은 야훼 하나님이 주신다는 것이다. 하나님의 말씀과 임재가 평화를 가져온다. 야훼는 평화이다. 삿 6:24; 시 29:11; 35:27; 욥 25:2; 민 6:26

둘째, 평화는 정의와 연결된다. 사회정의가 실현되는 곳에 하나님의 평화가 임재한다. 정의가 평화를 창조한다. 즉 '정의로운 평화' Frieden mit Gerechtigkeit 이다. 시편 기자는 정의와 평화가 서로 입을 맞춘다는 시적 형

식을 사용하여 정의와 평화가 서로 밀접하게 연관되어 있다고 말한다.

셋째, 평화는 지상과 온 우주적 관점에서의 관계적 개념이다. 하나님과 인간, 인간과 인간, 인간과 자연, 자연과 자연, 하나님과 자연이 바른 관계를 지키며 살아갈 때, 상호친교 가운데 지낼 때 평화가 이루어진다.[창 1:26]

넷째, 구약의 평화 사상은 미래 지향적 하나님 나라 완성의 기다림이며, 메시아의 대망은 평화에 대한 종말론적 소망과 희망이다.[사 2:2-4; 미 4:1-3] 다툼과 전쟁이 무력화되고 소멸되는 것이 평화다. "그가 많은 민족들 사이의 일을 심판하시며 먼 곳 강한 이방 사람을 판결하시리니 무리가 그 칼을 쳐서 보습을 만들고 창을 쳐서 낫을 만들 것이며 이 나라와 저 나라가 다시는 칼을 들고 서로 치지 아니하며 다시는 전쟁을 연습하지 아니."[미 4:3] 할 것이다.

메시아는 궁극적인 평화에 대한 실체와 보증이다.[사 9:1-6] 평화의 왕 메시아는 성경 진리를 통한 다스림과 임재, 정의를 구현함으로써 평화를 성취한다. 기독교 복음은 평화의 복음이다. 예수 그리스도 자신이 평화요,[Fax Christ] 평화의 왕으로서 오셨다.[히 7:2]

예수가 탄생하실 때 "지극히 높은 곳에서는 하나님께 영광이요 땅에서는 하나님이 기뻐하신 사람들 중에 평화"라고 했다.[눅 2:14] 천사들이 예수께서 세상에 오심을 평화로서 규정했다. 신약성서의 평화는 화해와 연관된다. 그리스도는 화해의 사건이다.[엡 2:14] 그리스도는 하나님과 세상, 하나님과 인간의 막힌 담을 헐고 평화를 가져오신 분이다. 예수 그리스도를 통해 인간은 하나님과의 평화를 누리게 되었다.[롬 5:1]

이러한 성경적인 샬롬의 개념과 원리는 한국의 위기 상황에도 적용된다. 삼위 하나님의 통치가 임할 때 샬롬의 질서가 나타난다. 위로부터 평화가 임하기 위해서는 한국 교회가 주님 앞에 바로 서 있는지 성찰하고 회개해야 한다. 이러한 면에서 통일의 방식과 통일이 지향하는 목표와 담고자 하는 내용도 평화이어야 한다.

통일 이후의 삶이 평화라 할 때 그것은 소극적 의미의 평화, 곧 전쟁 부재 상태로서의 평화만은 아니다. 보다 적극적인 의미의 평화 곧, 성서가 말하는 '샬롬'이 이루어지는 평화가 온전한 목적이어야 한다. 평화는 '평화를 위해 일하는 사람'이라는 존재론적인 근거와 하나님의 통치 및 종말론적 지평과 연관하여 이해해야 한다는 사실이다.

한국의 크리스천들과 교회 공동체는 평화통일과 북한 복음화를 통한 하나님과의 수직적인 화해, 남 · 북 간의 수평적인 화해의 실현자로서 사명을 감당해야 한다. 사회 공동체를 선도해 나가며, 조화와 협력에 최선을 다해야 한다. 그리고 더 넓게 국제 사회에서는 피스메이커로서 창조적 공존의 미를 추구해 나갈 수 있는 의지와 실행력을 겸비해야 한다.

우리에게 통일은 '프라미스 랜드' promiseland, 약속의 땅 이다. '프라미스'는 가나안 땅, 즉 "약속의 땅"을 의미한다. '약속의 땅' הארץ המובטחת 은 히브리어 성경에 기록된, 하나님이 이스라엘 백성에게 주겠다고 약속한 땅이다. 젖과 꿀이 흐르는 축복의 땅이자 약속의 땅이다.

'그 위대한 약속과 명령', 약속의 땅이라는 말의 기원은 구약 성경에 있다. 이스라엘 백성이 이집트로 끌려가서 혹독한 노예 생활을 할 때, 하나님을 대신하는 선지자들은 젖과 꿀이 흐르는 약속의 땅 즉, 지금의 이스라엘 지역으로 되돌아갈 것을 예언했다. 결국 모세의 지도 아래 이스라엘 백성은 이집트에서 탈출하여, 지금의 시나이 반도에서 고난과 광야의 시기를 겪고 그 약속의 땅으로 되돌아간다.

통일과 북한 선교 사역은 창세기 1장 28절의 "땅에 충만하라, 땅을 정복하라."는 약속의 말씀을 따르는 사역을 말한다. 통일한국의 땅에서 사람들의 마음과 영혼을 복음과 예수 그리스도의 사랑으로 점령하자는 의미이다.

8

성경적 정치관

✦

성경적 사회 체계를 현대적으로 적용하자면 개인 소유권을 존중하는 '자유시장경제'와 리더들을 세워 백성을 다스리는 방식인 '대의제 책임정치'를 추구한다고 볼 수 있다. 물론 구약 시대와 신약 시대를 비교할 때 오늘날의 제도와 방식과는 차이가 있다. 성경적인 정치관은 결코 모든 사람이 다 완전히 똑같은 지위와 역할을 갖는 것은 아니다. 그래서 탁월한 정치 리더란 정치 문제의 정답을 찾는 것이 아니라 그 해법을 찾는 지혜로운 자이다.

"영역 주권론"은 아브라함 카이퍼[화란의 칼빈주의, 개혁주의자]의 주장이다. 교회와 국가는 서로 다른 영역으로서 각자의 임무가 있다. 국가는 권력이 다스림의 핵심이고, 교회는 영적 권세가 다스림의 핵심 원리이다. 교회와 목회자는 영적 영역에서 진리와 비진리 사이를 분명히 가르면서 성도들을 교육해야 한다.

우리가 세상이 추구하고 이상을 제시하는 정치 권력이라는 우상에 기대면 하나님 나라의 증거를 훼손하고 정치적 힘과 권력을 얻기 위한 비성경적 수단을 정당화한다. 교회와 국가라는 두 개의 영역인 기관의 역할과 위상은 어거스틴에서 시작하여 루터와 칼빈에 의해 '두 왕국'으로 표현된다. 루터는 이 두 영역을 구별된 대상으로 인식했고, 각 기관을 하나님이 다스린다고 보았다. 교회는 말씀과 성령으로 다스려지고, 세속정부는 법과 무력으로 통치된다. 이 두 왕국은 다 함께 사단과의 대결 구도 속에서 하나님의 도구로 사용된다. 그리고 이 두 영역은 서로가 침범할 수 없는 영역으로 완전히 분리된다.

'정교분리', 이는 이데올로기적으로는 정치와 종교, 제도론적으로는 국가정부 와 종교 단체교회 의 분리를 말한다. 정교분리는 국가의 권력과 질서나 교회의 영적 권세의 분리는 아니다. 권력은 정당해야 한다. 그리고 교회도 실정법이나 국가의 통제에 협력해야 한다. 교회의 범죄에 대해서는 국가의 법질서에 따라야 한다. 그러나 부당한 국가권력에 대해 교회는 선지자적 사명을 다해야 한다. 이는 신학적으로도 정당하다. 다윗 왕을 향한 나단 선지자의 회개 메시지 선포도 이와 연관된다.

칼빈은 그의 『기독교강요』의 "시민정치에 관하여"On Civil Government 에서 하나님께서 제정하신 두 개의 질서로서 교회와 국가의 관계를 논한다. 그리스도의 영적 왕국과 국가정치는 매우 상반된 것이나 국가정치는 마치 인간의 삶에 필요한 빵이나 물, 빛, 공기 이상으로 중요하다고 본다. 정치가 하나님의 이름에 반역하여 우상을 세우는 것은 결코 허용할 수 없다고 본다. 칼빈은 정치제도를 말하면서 전제주의보다는 민주주의를 더 선호한다.

칼빈의 영적 정부와 세속 정부의 구분은 루터와 동일하지만 그 관계성에서는 차이를 보인다. 칼빈은 모든 성도는 영적 정부와 세속 정부 두 영역에 속하며, 국가에 순종할 것을 요구받는다고 한다. 그래서 하나님의 소명을 받은 사람들이 적극적으로 정치에 참여하여 하나님의 목적을 이루며, 사단의 나라를 파멸시킬 것을 주장한다. 국가나 사회는 일반은총의 영역이고, 교회는 특별은총의 영역이다. 더 나아가서는 교회와 정치 사이에 침해할 수 없는 영역의 독립성과 고유성을 주장하는 것이 '영역주권론'이다. 각자가 고유 영역에서 기능을 하고 국가와 사회의 치안과 질서가 바르게 유지되도록 조정하고 통합하는 것이 국가나 정치 영역이다. 일반은총이 무너지면 교회의 특별은총도 침해받는다. 정치에는 구원이 없다. 그래서 교회는 국가와 상호 공존해야 한다는 것이 개혁주의 신앙이다.

성경의 정치관은 근본적으로 유, 무형의 하나님 나라와 관련된다. 교회의 머리는 예수 그리스도이시다.[골 1:18] 교회의 주主는 예수 그리스도이시다. 교회는 예수 그리스도의 다스림을 받는다. 예수 그리스도께만 영광을 돌린다. 교회가 이러한 영적 원리에 의해 다스림을 받지 않거나 영광을 돌리지 않는다면 그것은 교회의 사명을 감당하지 못하는 것이다. 교회와 국가는 하나님의 통치영역 안에 존재한다. 그러나 역할과 관여하는 영역이 다르다. 국가는 세속적인 영역에 관여하며, 교회는 신령한 영역에 관여한다. 국가는 국민들의 안보, 정치, 경제, 사회, 문화 등에 관여하는 반면 교회는 영혼 구원, 하나님 나라 확장에 관여한다. 교회와 정치에 대해서는 다양한 의견이 있겠지만 교회와 정치의 관계는 상호 간에 대립 개념이 아니다. 각자가 자신의 본연의 사명에 충실하면서 상호보완적인 변증법적 균형을 유지하는 '창조적 긴장'creative tension 관계가 이상적인 역학 관계일 것이다. 이는 로버트 달Robert Dahl의 주장이다.

"즐거워하는 자들과 함께 즐거워하고, 우는 자들과 함께 울라."(롬 12:1)

역사적 큰 사건은 크리스천들에게 많은 해석을 요구한다. 그래서 신앙생활과는 무관하지 않다. 모든 사건의 동기나 배후에는 성경적 해석의 공간과 이유, 영적인 실체가 있기 때문이다. 그래서 사건의 주체나 객체, 가해자나 피해자 등 그 안에는 주님의 귀한 지체들이 관련되어 있다는 것도 엄연한 현실이다. 오히려 교회 공동체는 적극적으로 악과 고통에 대한 해석과 위로자, 치유자로서의 막중한 의무와 사명이 있다. 크리스천들의 삶과 사회는 밀접하게 관련이 있다.

"교회의 공적 책임을 세상 속에서 드러내지 않는 교회는, 교회가 아니다." 디트리히 본회퍼Dietrich Bonhoeffer의 말이다. 비유를 들자면, 아침에 온 대지에 빛이 부딪쳐서 나타나면 태양이 떠올랐다는 사실을 안다. 이는 태양을 증명해 주는 현상이다. 빛이 반사되는 것이 증거이고, 증명이다. 그렇다면 그 빛이 부딪쳐서 반사되는 사람은 본질인 태양을 전하는 증인이 된다. 성경에서는 빛의 열매는 "착함", "의로움", "진실함"으로 나타난다엡 5:9고 한다.

"가난한 자와 고아를 위하여 판단하며 곤란한 자와 빈궁한 자에게 공의를 베풀지며 가난한 자와 궁핍한 자를 구원하여 악인들의 손에서 건질지니라 하시는도다."(시 82:3-4)

예수님은 선한 목자로서 '한 영혼'의 가치와 구원을 강조한다. 이를 양에 비유하며 설명한다. 길 잃은 양의 비유는 소수와 다수의 공동체적 사랑의 원리를 말한다. 공동체 내에서 한 사람을 온전히 사랑하지 못한다면 나머지 다수도 온전한 사랑을 하거나 누릴 수 없다. 신앙 공동체 안에서 한 사람이라도 실족하거나 소외되거나 잃어버렸을 때, 그 상태를 그대로 방치하거나 외면한다면 이미 그 공동체는 사람에 대한 유대를 상실한 것이다. 영적으로 유기체적 생명력을 잃은 상태라고도 할 수 있다.

하나님은 어디에 계셨는가?

"너희 생각에는 어떠하냐 만일 어떤 사람이 양 백 마리가 있는데 그 중의 하나가 길을 잃었으면 그 아흔아홉 마리를 산에 두고 가서 길 잃은 양을 찾지 않겠느냐." (마18:12)

한 마리의 양을 찾는다는 것은 나머지 아흔아홉 마리의 양과 모두를 향한 십자가의 구속사적 사랑을 의미한다. 한 영혼의 고통을 외면한다면 이미 그 공동체는 닫힌 상태라고 볼 수 있다. 이러한 상태에서는 영혼들을 온전히 사랑할 수 없다. 이미 인간의 존엄성과 가치, 선한 양심과 인간성을 상실했기 때문이다. 그것은 악함, 완악함, 패역함, 타락한 심리 상태의 존속이 드러난 것이다. 모든 사람은 그 한 마리 잃어버린 영혼이 될 수 있다. 잠재적 상태이다. 이를 외면하거나 눈 감으려 한다면 동일한 연속성에서 마침내는 병든 공동체로 전락하고 말 것이다. 세월호 참사에서도 영혼을 보는 예수의 관심과 사랑은 동일하다. 이 땅에서 소외받고 고통받는 인간에 대한 관심이나 표현은 성경 진리의 실천이다. 예수 그리스도의 마음으로 역사적 사건의 희생자를 위로하고, 아픔에 공감하며, 기도하는 것은 성경 진리의 실천이다. 이는 사랑과 관심의 표현이다. 인간에 대한 우상과는 연결할 수 없으며 구별되는 일이다.

5월은 5 · 18광주민주화운동 기념일이 있는 역사적인 달이다. 5 · 18에 대한 문제는 정치사회적 · 역사적으로 나름대로 재조명되었고, 구체적인 성과물도 있었지만, 신학적 적용은 미미한 실정이다. 그래서 필자는 5 · 18광주민주화운동을 기독교적 관점으로 재조명하고자 한다. 이러한 시도는 광주와 역사에 빚진 자로서, 이 시대를 살아가는 자로서 최소한의 도리이며 신학자의 책무이기 때문이다. 또한 5 · 18을 통해 세월호의 아픔과 고통의 의미를 해석하고, 위로하며, 고난의 반응에 동참하는 소박한 실천이기도 하다.

우리는 5 · 18이나 세월호 사건을 절대화하면서 스스로 그 기억에 오래 머물러 있으려는 심리를 경계해야 한다. 역사와 사건을 진영논리나 우상화가 아닌 한국 교회의 신학적 사변이나 사유를 초월하여 신학적으로 상황화하는 일은 중요하다. 이는 개인의 고통, 사회 문제, 국가적 재난이나 현실에 중요한 지침을 제공해 주어야 할 교회의 신성한 역할이자 의무이다.

한국 사회의 정교 분리의 이분법적 도그마가 지닌 실천적 한계를 어떤 식으로 극복해야 할지는 앞으로 해결해야 할 중요한 과제이다. 과연 아우슈비츠 집단 학살의 현장, 유대인들 600만 명이 학살당할 때 하나님은 어디에 계셨는가? 이른 아침에 아름답게 피었다가 꽃잎처럼 사라져 버린 세월호 사건 때의 고귀한 어린 영혼들, 많은 영혼들, 그중에 크리스천 가족들의 고통과 아픔은 어찌할 것인가?

5 · 18광주민주화 운동의 정신적 지주였던 홍남순 변호사의 탄식과 고백은 지금도 가슴을 친다. 고등군법회의에서 15년의 징역형을 선고받고, 1981년 12월 25일에 형집행정지로 풀려난 홍 변호사는 5 · 18광주민주화운동의 존경받는 정신적 지주였다. 검찰의 취조를 받는 자리에서 조철현[비오] 신부를 만나자 그분은 대뜸 말씀하시기를 "조 신부님, 어디가 하나님이 있소! 하나님이 계시면 이럴 수가 있소?"라고 통분과 비탄의 고백을 했다고 전해진다. 세월호 사건에서도 이와 비슷한 탄식과 절망, 분노와 통탄의 비명이 들려온다. "하나님! 어디에 계신가요. 하나님이 살아 계시다면 왜, 어떻게, 이런 일이 일어날 수 있나요?"

이러한 큰 사건에 대한 해석과 대안은 신앙적인 차원에서 과거와 현재의 고통을 이기고, 미래를 여는 큰 힘이 된다. 5 · 18민주화운동과 기독교의 역할을 보자. 5 · 18은 정치적 의미로 보자면 4 · 19학생운동과 6 · 3민주화운동, 79년 부마항쟁, 6 · 10민주화운동 등과 함께 인간의 존엄성과 인권, 평화, 자유, 민주화를 외친 민족사의 한 획을 긋는 역사적 사건이다. 4 · 19가 아직도 미완의 혁명이라면 5 · 18광주민주화운동도 마찬가지다. 광주의 정신이나 핵심가치가 점차 실현되는 발전론적 과정에 있기 때문이다. 광주민주화운동은 성경적 적용으로는 죄 없는 어린양의 대속의 죽음을 의미한다고 할 수 있다. 무고한 광주시민의 죽음도 "우리 모두의 죄악 때문에", "도살장으로 끌려가는 하나님의 어린양의 죽음"사 53:1–5

과 같은 성격의 희생양이었다. 인간의 사건이었지만 교회의 참여와 예배와 신학, 그리고 신앙고백과 하나님의 간섭과 임재와 신앙적 체험이 존재했기에 반응과 해석, 신학의 상황화와 체계화된 신학적 해석의 장이 되었다. 역사 자체를 바꿀 정도로 위대한 사람이나 집단은 드물다. 그러나 우리 각자가 시대의 사건들, 그 지점에서의 올바른 성경적 해석과 신앙적 행위들의 의지적 결단을 통해 그 시대와 환경을 좋은 방향으로 변화시킬 수 있고, 그런 이해와 행동들의 총계가 시대의 새로운 역사로서 쓰일 것이다. 그래서 복음은 시대 정신을 초월한다.

기독교는 교회 공동체는 물론이고, 이 땅의 모든 영혼에게 관심을 보여야 한다. 특별히 사회적 약자나 고통과 절망 가운데 있는 영혼에게 위로는 최우선의 역할이자 의무이다. 성경 곳곳에 이를 뒷받침하는 내용이 나온다. 바울은 이렇게 말한다. "즐거워하는 자들과 함께 즐거워하고 우는 자들과 함께 울라."롬 12:15 로마서 12장은 슬픔에 잠긴 사람들을 위로하며, 원수를 갚는 것이 하나님께 있다고 말한다. 분노와 애통에 머물지 말고 하나님께 의지하고 기도하면 하나님께서 원수를 친히 갚아 주신다는 위로의 말씀이다.

하나님은 공의와 사랑의 하나님이시다. 심판에는 이중적인 면이 있다. 하나는 현재 성도들의 행위에 대한 심판이나 징계이고, 하나는 종말론적인 마지막 날의 최후 심판이다. 그러나 하나님은 심판 중에도 회개의 기회와 용서의 은총을 예비해 두신다. 어리석은 사람들은 심판으로 인한 현재의 고통을 하나님이나 사람들에게 전가하는 경우도 있다.

"서로 마음을 같이하며 높은 데 마음을 두지 말고 도리어 낮은 데 처하며 스스로 지혜 있는 체 하지 말라 아무에게도 악을 악으로 갚지 말고 모든 사람 앞에서 선한 일을 도모하라 할 수 있거든 너희로서는 모든 사람과 더불어 화목하라 내 사랑하는 자들아 너희가 친히 원수를 갚지 말고 하나님의 진노하심에 맡기라 기록되었으되 원수 갚는 것이 내게 있으니 내가 갚으리라고 주께서 말씀하시니라." (롬 12:17-19)

"너희의 하나님이 이르시되 너희는 위로하라 내 백성을 위로하라." (사 40:1)

사도 바울은 고린도 교회 성도들이 환난을 당할 때 편지에 위로의 말을 전했다. 본문에서 "너희"는 하나님과 믿음의 관계를 맺고 있는 성도들을 말한다. 우리는 하나님으로부터 위로를 받는 존재이지만 동시에 고난이나 환란을 당한 사람들을 위로하는 역할도 아울러 감당해야 한다.

"우리의 모든 환난 중에서 우리를 위로하사 우리로 하여금 하나님께 받는 위로로써 모든 환난 중에 있는 자들을 능히 위로하게 하시는 이시로다 그리스도의 고난이 우리에게 넘친 것 같이 우리가 받는 위로도 그리스도로 말미암아 넘치는도다 우리가 환난 당하는 것도 너희가 위로와 구원을 받게 하려는 것이요 우리가 위로를 받는 것도 너희가 위로를 받게 하려는 것이니 이 위로가 너희 속에 역사하여 우리가 받는 것 같은 고난을 너희도 견디게 하느니라." (고후 1:4-6)

악과 고통에 대한 기독교의 신정론

세월호 사건은 이 시대의 국가와 사회, 교회에 많은 메시지를 던져 주었다. 국가 리더십의 한계, 국가와 행정기관의 안전과 통제 문제, 자본과 인간의 탐욕으로 인한 선체의 변형과 부실 관리, 이단이라 규정하는 세력들의 반사회적 사업 행위, 인명 구조의 태만과 부실, 위기 시스템 관리 소홀과 생명 경시, 다양한 문제점이 중첩적으로 드러났다.

진실은 역사가 심판할 것이다. 우리는 그 어느 누구도 이 '슬픈 기억'을 '나쁜 기억'으로 변질시키는 일을 경계해야 한다. 그것은 세월호 참사를 정치적, 진영 논리로 이용하거나 해석하는 것이다. 교회 부흥은 사람들의 도구화가 아니다. 그러나 교회의 모습을 통해 예수 그리스도의 사랑이 나타난다면 사람들은 교회에 대해 좋은 이미지를 갖게 될 것이다.

신적인 정의는 무엇인가? 신정론神正論, Teodicy은 '신'theos과 '정의'dikee를 의미하는 두 헬라어의 합성어다. 이 세계에 있는 수많은 악에 대해 하나님의 선하심을 정당화하려는 시도를 뜻한다. 이 문제는 하나님께 능력과 선함을 동시에 귀속시키려 하는 모든 형태의 유신론에 존재하기 마련이다. 신이 선하다면 왜 세상에는 악이 존재하는가를 설명하는 이론이다. 신은 악이나 화를 좋은 목적을 위한 수단으로 인정하고 있으므로 신은 바르고 의로운 것이라는 관점이다. 이 세상에 악이나 화가 존재한다는 이유를 들어 신의 존재를 부인하려는 이론에 대응하여 생긴 것이다. 기독교는 신정론의 문제에 대한 다양한 해결을 제시한다. 불행은 믿음을 시험하는 도구이자 타락한 자의 생각을 되돌리는 수단으로 이해한다. 이러한 신정론은 인간의 고통과 악에 대한 몇 가지 해석의 실마리를 제공해 준다.

어거스틴은 악의 문제를 존재론적이며, 선의 결핍이라고 본다. 악은 그 자체로 존재하는 것이 아니라 단지 어떤 현 실재의 악한 측면일 뿐이다. 도덕적 접근은, 악은 인간의 자유의지의 오용이며 그 결과이다. 재앙, 지진, 병 등 소위 자연악은 인간이 타락한 결과이다. 하나님의 징계로써 이는 자유의지의 오용에서 기인한 것이다. 전 세계의 모든 것이 하나님의 지혜에 의해 조화공간적 인 것처럼, 인간 역사의 사건도 하나님의 섭리에 의해 조화시간적 를 이루어 나간다. 그리고 최고의 완성을 향해 간다. 이는 종말론적 접근이라 할 수 있다. 일반적으로 정통 신학계에서는 어거스틴의 주장에 많이 동조하는 편이다.

이레나이우스의 신정론은 '영혼 발달 과정'Soul-making 이라고 말한다. 악과 고난이 영적 성장에 필수적일 수 있다는 관점이다. 우리는 현재 이러한 두 가지 관점 가운데 모순과 지양의 변증법적 선택 과정이 필요하다. 해석과 적용은 개인의 관점에 따라 결정되기 때문이다. 선과 악에 관해 서로 대립하는 관점으로 일원론과 이원론이 등장한다. 일원론적 신정론은 우주는 항상 선하므로 악도 결국 선으로 귀결된다고 주장한다. 이러한 입장을 지닌 대표적인 사람이 어거스틴이다. 이원론적 해법은 선신과 악신이 서로 대립하고 대결하는 것으로 이해한다. 현실은 선신과 악신의 투쟁의 장이기에 때로는 악한 신이 승리하기도 하고, 때로는 선한 신이 승리하기도 한다는 것이다. 이런 신은 유한성의 범주에 종속되어 신의 개념에 불충분하다. 신은 전능한 신이 아니게 되기 때문이다. 그렇게 되면 이단적인 면으로 흐르게 된다.

"그가 우리를 흑암의 권세에서 건져내사 그의 사랑의 아들의 나라로 옮기셨으니 그 아들 안에서 우리가 속량 곧 죄 사함을 얻었도다." (골 1:13-14)

사단의 권세는 하늘의 영역, 곧 공중에 있는 악의 권세이다.[엡 6:12] 이 악은 하나님을 반역한 무언가를 제시한다. 공중에 있는 악의 권세, 반역의 권세는 어둠의 권세이다.[마 12:26] 우리는 그리스도의 십자가 죽음에 의해[골 2:15], 부활 안에 계신 그리스도의 생명에 의해[요 5:24] 마귀 사단에게서 구출되었다. 그리고 하나님께서 사랑하시는 아들의 왕국으로 신분과 위치가 옮겨졌다. 아들의 왕국은 그리스도의 권위이다.[계 11:15; 12:10]

결국에는 예수 그리스도의 이 땅에 오심과 재림 예수의 다시 오심에 그 해답이 있다. "하나님은 세상을 사랑하사 그 아들을 십자가에 못 박게 하시기까지" 우리를 사랑하신 것이다. 그것은 우리의 죄와 사망의 권세를 무너뜨린 십자가에 있다. 결코 하나님은 인간의 고통과 악을 외면하지 않으신다. 그리고 예수 그리스도의 재림과 종말론적인 구속사에서 모든 악은 심판받고, 소멸되며, 하나님 나라가 이루어진다.

5 · 18광주민주화운동과 신정론을 연결하여 이해해 보자. 이 항쟁으로 구속되고 유죄 판결을 받은 핵심 중에 종교적 성향인 인사는 김성용과 조철현 신부 두 사람이었고, 평신도로는 명노근 교수와 홍남순 변호사였다. 5 · 18 당시의 기록들을 보면 전남대 명노근 교수는 광주항쟁 주역으로 징역 10년을 선고받았다. 그는 고등군법회의 최후 진술을 기독교 장로로서 신앙 고백을 하는 심정으로 말했다. 그가 투옥과 절망 가운데서 고백한 하나님은 원수를 친히 갚아 주시고 심판하시는 분이었다. "10년 형을

선고받고 추운 감방에서 매일 새벽 3시에 일어나 기도하는 중에 하나님의 분명하신 음성을 듣고 이 고통을 참을 수 있었다. 내가 당한 수모와 광주로 받은 상처를 참아 내고 있다. 원수를 갚는 것은 사람에게 있지 않고 하나님에게 있으며, 따라서 심판하시는 하나님을 두려워하여 기도하고 있다."

"예수님은 악 속에서 선을 찾으셨을 뿐만 아니라 고통 속에서 뜻을 찾으셨다. 예수님께서 체포 현장에서 말씀하신 98개의 단어 중, 30개는 하나님의 뜻에 대한 것이다. 우리의 기도는 하나님의 뜻을 발견하는 길이다." 맥스 루케이도

5 · 18광주민주화운동을 신학적으로 접근해 보자. 한국기독학생총연맹 KSCF 에서 발표한 "광주항쟁의 성서 신학적 의미" 1985 는 가치 있는 해석의 시도였다. "광주항쟁의 객관적인 분석을 뛰어넘는 신앙적 해석을 위한 제안"이 담긴 이 선언문은 1980년 5월 18일에 비상계엄의 전국 확대와 그것에서 시작된 일련의 군사 작전을 "환란의 날이며 질책과 치욕의 날" 왕하 19:3 로 규정한다. "광주의 죽음은 우리에게 또 다른 희망의 원초가 됨을 알 수 있다. 이 죽음을 통해 우리 민족은 부활할 것이다. 지금 우리에게 죽음을 선포하는 세력에 죽음을 선포할 수 있는 부활이 광주항쟁의 피가 우리에게 주는 의미이다." 이러한 선언문은 교회의 예언자적, 선지자적 사명의 롤모델이다. 기도문 같은 선언문과 신앙고백이다. 이 해석은 현재에 이루어졌고, 앞으로 이루어질 미래의 연속성에 있기 때문이다.

"너희도 함께 갇힌 것 같이 갇힌 자를 생각하고 너희도 몸을 가졌은즉 학대

받는 자를 생각하라." (히 13:3)

성경에는 위로와 치유의 메시지가 있다. 인간의 죄성과 타락, 죄악으로 왜곡된 세계 구조를 변혁하는 것이 복음이다.

종교개혁가인 루터는 개인과 공동체적 삶을 위한 하나님의 뜻으로서 성경에 나오는 하나님의 율법을 크게 세 종류인 시민법, 의식법, 도덕법으로 구분한다.

시민법 또는 정치적 율법 은 사람의 신체나 재산을 보호하고, 위해를 막기 위한 제도로 형벌과 보상을 통해 한 사회의 질서와 정의를 유지하기 위함이다. 의식법은 하나님과 인간과의 관계에서 죄를 사하기 위한 각종 제사제도 등 예배의 외적 형태에 관한 율법이다. 도덕법은 믿음과 사랑을 명령하는 하나님의 율법이다.

루터는 의식법은 그리스도의 속죄를 기념하는 성례로 대체되었고, 도덕법은 여전히 유효하다고 말한다. 루터는 구약에 나타난 시민법이 언약 백성인 이스라엘 백성에게 주어진 것이므로, 온 세상에 동일하게 적용하기에는 한계가 있다고 본다. 오늘날 각 국가 공동체나 사회가 지닌 다양한 정의와 질서의 사회법을 하나님께서 이스라엘에게 주신 시민법과 동일한 범주로 보는 입장이다. 동시에 하나님께서 모든 사람에게 주신 양심의 법 또는 자연법 을 모세가 탁월하게 해석하고 적용했음을 인정한다. 모세의 법 안에 있는 훌륭한 시민법의 정신이 천성적으로 사람 속에 새겨 주신 자연법의 원리와 일치한다는 점에서 현대의 실정법에도 적용할 수 있다고 보았다.

하나님의 공의와 사랑의 일면을 볼 수 있는 한 사건이 있다. 엘리 위젤 Elie Wiesel 은 루마니아에서 태어났다. 15살이 되었을 무렵 그는 나치에 의해 아우슈비츠 수용소로 끌려갔다. 그곳에서 부모와 두 누나를 잃고, 자신만 유일하게 살아남았다. 이후에 그는 아우슈비츠 강제수용소 등의 참상을 그린 자전적 첫 작품 『밤』을 발표했다. 그런데 무려 100만 부 이상이 팔리고, 영화로 제작되는 등 세계적으로 주목을 받았다. 그는 1986년에 노벨 평화상을 수상하기도 했다.

다음은 『밤』에 나오는 이야기를 중심으로 배경을 설명한 것이다. 우리는 제2차 세계대전 당시 히틀러와 독일 나치의 유대인 학살에 대해 잘 알고 있다. 핵심적인 주도 인물은 독일의 아이히만 Adolf Otto Eichmann, 1906–1962 이다. 그는 독일의 SS친위대 중령이었다. 그를 통해 600만 명의 유대인이 학살당했다. 어느 날 큰 거리에 아치를 세우고 남녀 각각 한 사람과 한 어린 소년의 목을 아치에 매달아 두었다. 그 후에는 많은 사람을 그 밑으로 지나가게 하여 공포심을 조장하고 위협했다.

그때 종군 기자이며 작가인 엘리 위젤이 한 독일군을 향해 “하나님은 어디 있습니까?”라고 물었다. 그러자 독일 군인이 대답했다. “지금 막 죽어 가는 저 소년과 함께 죽어 가고 있습니다.” 아이히만은 이렇게 끔직한 현장을 지휘했던 유대인 박해의 실무 책임자였다. 종전 후에 아이히만은 잠적했다. 아이히만은 국제 전범으로 수배를 받았다. 그는 아르헨티나로 도망을 가서 이름을 바꾸고 15년 동안 살았다. 그러나 1960년 이스라엘 정보 기관 모사드에게 체포되었다. 아르헨티나 시골 공장에서 수염을 기르고, 머리 스타일을 바꾸며, 이름까지 고쳐 살던 아이히만을 체포한 것이다. 마침내 그는 방탄유리 상자에 넣어져 최고 재판소의 재판을 받는다.

재판은 1961년 4월 11일에 시작되었다. 4개월 동안 114회의 공판을 열었다. 그의 재판 문건만 해도 1,500건이었다. 증인신문만 120명이었다. 아이히만의 변호인들은 '그가 상사의 명령에 복종했을 따름이라'고 했다. 그들은 칸트의 인식 중, "범주적 명령"categorical imperative, 사고와 행동에서 오는 절대적 요구까지 끌어내어 무죄를 주장했다. 하지만 재판부는 이를 받아들이지 않았다. 국제 전범재판은 아이히만을 사형죄로 확정했다. 이 사건의 판결문을 읽는 데는 3일이나 걸렸다. 그는 사형 판결을 받았다. 이스라엘 대법원에서 이루어진 항소심 판결도 이와 같았다. 사면청원도 기각되었다. 1962년 5월 31일 밤에 아이히만은 처형되었다. 한때 그는 유대인들에게 공포의 존재였지만, 재판관의 형량언도의 "사형"이라는 한마디에 그는 생을 마감해야 했다. 엘리 위젤은 그의 책을 통해, 다시 두 번째 질문을 던졌다. "하나님은 어디 있습니까?" 그는 이렇게 대답했다. "하나님은 지금 아이히만을 심판하고 계십니다."

복음주의 관점에서의 자유와 해방

1979년 10월 26일, 비극적 사건이 일어났다. 궁정동 안가에서 박정희 대통령과 차지철, 김재규, 김계원이 한양대 여대생 신모양과 가수 심모양을 앉혀 놓고 시바스 리갈을 마시고 있었는데, 정치적 갈등과 권력암투로 그의 핵심 측근인 김재규에 의해 그들이 저격당한 것이다. 이는 이미 언론을 통해 알려진 사실이다. 문제는 이 자리에서 상상을 초월한 대화가 오고갔다는 점이다. 이 시점은 전국적으로 민주화 운동과 정권 퇴진의 불길이 확산될 때였다. 부산과 마산에서도 치열한 국민적 저항과 시위가 대규모로 일어나던 때였다.

부마항쟁은 1979년 10월 16일에서 20일까지 부산과 마산 지역에서 일어난 민주화운동으로 반정부 항쟁사건이다. 박정희 정권의 유신체제는 정치, 사회적 갈등을 빚어오다가 1979년에 한계에 이르렀다. 대표적으로 '크리스찬아카데미사건', 'YH무역노조 신민당사 농성'이 일어났고, 잇따라 김영삼 신민당 총재에 대한 총재직 정지 가처분과 의원직 박탈로 정국은 파국으로 치달았다. '부마항쟁'부산, 마산의 민주화운동에 대처하는 위험한 해결책을 박정희는 측근들과 교감한다. '박정희가 곧 국가'라는 무모한 신념의 소유자였던 차지철은 캄보디아에서처럼 강경 진압이나 유혈 진압도 불사해야 한다고 주장한다. "탱크를 동원해서 시위대를 깔아 버리면 다 조용해질 것"이라는 차지철의 말에 박정희도 동조했다고 전해진다. 또한 박정희 대통령은 자신이 직접 민주 시민들의 시위대에 발포 명령을 내릴 수 있다고 했다는 점은 국민들의 존엄성을 무시한 도를 넘은 발언이었다. 그날 밤 박정희 대통령이 시해당하지 않았다면 광주와 같은 비극은 부산, 마산에서 먼저 시작되었을지도 모른다.

한국 사회에는 '5월 증후군'이 존재한다. 이것은 해마다 5월이 되면 5 · 18에 대한 생각이나 그림이 떠오르면서 불안하고 답답해지며 때로는 매우 강한 분노나 슬픔을 느끼는 것을 말한다. 광주 시민과 5 · 18민주화운동 관련자들이 겪는 '5월 증후군'May Syndrome 이다. 5월만 되면 5 · 18 피해자와 가족, 광주 시민들은 물론이고, 이에 정신적으로 교감하고 공감하는 타 지역 사람들과 국민들도 사회 심리적으로 분노, 초조감과 무력감에 시달리고 아파한다는 것이다. 이 치유의 역할은 교회가 담당해야 한다. 이는 전인적인 치유 사역이다. 성경은 치료하는 광선을 언급한다.

> "내 이름을 경외하는 너희에게는 공의로운 해가 떠올라서 치료하는 광선을 비추리니 너희가 나가서 외양간에서 나온 송아지 같이 뛰리라." (말 4:2)

하나님의 말씀과 성령의 권능은 우리를 전인적으로 치료하는 광선이다. 말라기 4장 2절에서는 예수님을 "의로운 해", "치료하는 광선"이라고 말씀한다. 그 빛이 오늘까지 그리고 영원히 나와 함께하시면서 나를 비추시고 지키시며, 이끄시고 고치시는 것이다. 병든 자의 육체적 고통과 죄인의 영혼을 아울러 치유하는 초월한 능력은 마치 시들어 가는 식물을 소성하게 하는 햇빛처럼, 죄와 사망, 고통의 그늘 아래 있는 인생들을 살리시고 새롭게 하시는 종말에 임할 메시아의 능력을 시사한다.

> "그가 찔림은 우리의 허물 때문이요 그가 상함은 우리의 죄악 때문이라 그가 징계를 받으므로 우리는 평화를 누리고 그가 채찍에 맞으므로 우리는 나음을 받았도다." (사 53:5)

성경에는 정치 영역이나 모든 사건, 즉 정사와 권세의 배후를 인격체로 본다. 인격체로서의 실체인 악한 영을 지칭한다고 말한다.[벧전 5:8] 정사와 권세의 배후에는 지역이나 나라를 조종하고 역사하는 악한 영이 존재한다. 또한 통치자와 권세자라는 표현은 영적 존재 중 특정 계급에 속한 영들을 가리킨다. 이들은 반드시 악한, 선한 천사 모두를 말한다. 또한 하나님을 인정하지 않는 세상 구조와 사상과 여러 제도를 가리키는 것이기도 하다. 이러한 정치적 수단은 지속적이고 유지 가능한 질서에는 한계가 있다. 그래서 정치 권력에 대한 충성이 하나님 나라에 대한 충성을 이기게 해서는 안 된다.

마귀는 가장 강력한 무기인 죽음을 사용하여 예수님을 못 박고 승리한 듯 보였으나, 예수님께서는 죽음의 권세를 이기고 부활하시면서 세상의 정사와 권세에서 승리하셨다. 우리가 과거에는 마귀의 정사와 권세 안에서 마귀의 지배를 받고 살았는데, 이제는 예수님의 십자가 은혜로 말미암아 마귀의 정사와 권세에서 해방되어, 하나님 사랑의 복음 안에 머물게 된 것이다. 예수님께서는 십자가에서 정사와 권세에 대해 이미 승리하셨고, 이를 선포하셨다. 거듭나지 않은 자연 상태의 인간에게 사단은 여전히 "세상의 신"고후 4:4 으로서 권세를 갖는다. 전쟁과 폭력이나 살인은 성경의 원칙에 위배된다. 그러므로 오직 성경의 진리와 성령의 역사만이 악을 다스릴 수 있다. 예수님은 우리의 왕으로 이 세상에 오셨고, 믿는 우리들과 이 세상을 영원히 의와 공평으로 다스리실 것이다.

성경에서 라헬은 사랑스러운 여인이지만, 슬픔을 상징하기도 한다. 마태복음에서 기자는 예수님이 갓 태어난 뒤 베들레헴과 인근 지역에서 벌어진 아기들 학살 사건에 주목한다. 이는 당시 이스라엘을 지배하던 로마의 헤롯 대왕의 행위로 2세 이하의 아이들을 모조리 죽인 사건을 말한다. 그는 새로운 왕 예수님의 탄생을 시기하여 만행을 벌였다. 그러나 이 슬픔과 비극을 새로운 소망으로 바꾸기 위해 예수님이 이 땅에 오셨다. 예수님의 등장이 지상에서는 온전한 위로였다. 로마의 황제였던 아우구스투스는 "헤롯의 아들로 사는 것보다 헤롯의 돼지로 사는 것이 더 나을 것"이라 말했다. 오직 자신의 권력을 위해 친인척까지도 무자비하게 숙청한 헤롯에게 돼지는 보호 대상이지만, 아들은 보호받을 수 없는 존재였기 때문이다. 이 슬픔으로 통곡하는 어머니들의 심정을 예레미야 31장 15절에 있는 라헬의 슬픔과 연관 지어 설명할 수 있다. 베들레헴에는 야곱이 사랑했던 아내 라헬의 무덤이 있다. 라헬은 에브랏[베들레헴]으로 내려가던 길에 아들 베냐민을 낳다가 목숨을 잃었다. 그는 슬픔과 통곡의 여인이었다. 그래서 베들레헴 도상에 묻혔다. 고통 속에서 마지막 숨을 거두기 전, 라헬은 이 자녀의 이름을 베노니[Benoni]라고 불렀다. 내 슬픔의 아들, 내 고통의 아들이라는 뜻이다. 그때 야곱은 아들의 이름을 베냐민[Binyamin]으로 바꾸어 불렀다. '내 오른손의 아들'이라는 뜻이다. 이때부터 베들레헴은 라헬의 무덤이 있는 장소로, 이스라엘에서 슬픔과 애통의 상징으로 자리 잡게 됐다.

예레미야는 남유다가 바벨론에 포로로 잡혀갈 때의 슬픔을 "라헬이 그 자식 때문에 애곡하는 것"[렘 31:15]으로 표현했다. 예수 출생 때 생긴 유아 살해의 비극이나 슬픔, 이방 국가에 포로로 끌려가는 선민 이스라엘의 조국을 잃은 수치와 슬픔, 애굽의 바로 왕이 나일강에서 아이들을 던져 죽일 때의 슬픔과 고통은 서로 시간과 공간을 초월하여 연결되어 있고, 그 의미가 같다는 것이다. 라헬은 라마에서 통곡하고 있는 어머니의 상징이다. 구약의 예레미야는 라헬의 무덤을 거론하며 역사를 회상한다. 한 세기

전B.C. 721년에 앗수르에게 포로로 잡혀 간 북왕국 이스라엘의 패망과 희생자들을 생각한다.

"여호와께서 이와 같이 말씀하시니라 라마에서 슬퍼하며 통곡하는 소리가 들리니 라헬이 그 자식 때문에 애곡하는 것이라 그가 자식이 없어져서 위로받기를 거절하는도다." (렘 31:15)

위의 말씀처럼 라헬은 위로받기를 거절했다고 한다. 이 세상 어떤 것도 죽은 자식을 대신할 수 없기 때문이다. 그 어떤 것도 극한 고통과 슬픈 마음을 완전히 위로해 줄 수 없기 때문이다. 라마는 예루살렘 북쪽 약 8km 거리에 있는 작은 도시이다. 이곳은 수도 예루살렘을 지키는 전략적 요충지였다. 이스라엘인들이 바벨론으로 끌려갈 때, 이스라엘인의 집합 장소로 알려져 있다. 시대와 역사의 절망과 비극을 상징하는 도시였던 것이다. 라헬은 야곱의 둘째 아내였다. 아이를 갖지 못한 애환이 있던 여인이었다. 나중에 아들 요셉과 베냐민을 낳았다. 사무엘상 10장 2절은 라헬이 베냐민 땅에 있는 라마 즉, 예루살렘에서 북쪽에 위치한 곳에 묻혀 있다고 한다. 예레미야는 이스라엘의 자손들을 위해 통곡하는 어머니 라헬의 고통을 연상하며 슬픔에 잠긴다. 결국 라헬의 슬픔이란 강대국의 침략과 하나님의 뜻을 저버리고 영적으로 타락한 지도자들, 무능하고 부패한 폭압적 정치에 의해 희생된 이스라엘 자녀들에 대한 어머니들의 슬픔을 상징적으로 묘사하고 있는 것이다.

야곱의 이름은 이스라엘이다. 그는 네 명의 아내와 열두 아들을 두었다. 야곱은 라헬과 라헬의 두 아들 요셉과 베냐민을 특별히 사랑했다. 편애한 것이다. 야곱은 이스라엘 12지파의 아비로 사실상 국부와 다름없다. 그의 아내인 라헬은 국모라 할 수 있다. 예레미야는 야곱과 라헬의 자손인 남유다와 북이스라엘을 라헬의 두 아들로 의인화해 하나님의 구속사건을 언급한다. 분단된 상태에서 남유다는 바벨론, 북이스라엘은 앗수르의 침략으로 패망하고, 외국의 머나먼 땅의 포로로 끌려간 것이다. 민족의 어머니인 라헬이 바벨론으로 끌려가는 자신의 자손들을 보면서 슬피 운다고 표현했다. 라헬이 라마에서 슬피 울었다는 것은 라헬의 무덤이 있는 곳을 상징적으로 지칭한다. 그래서 슬픔으로 통곡하고 있지만 하나님께서 그들을 살려서 조국으로 돌려보낼 것이라는 메시지이다.

> "여호와께서 이와 같이 말씀하시니라 네 울음 소리와 네 눈물을 멈추어라 네 일에 삯을 받을 것인즉 그들이 그의 대적의 땅에서 돌아오리라 여호와의 말씀이니라." (렘 31:16)

라마에 묻힌 라헬, 이 여인은 라마에서 통곡하고 있는 모든 이스라엘의 어머니를 대표한다. 라마는 라헬의 시대부터 슬픔과 통곡의 처소가 되었다. 귀한 자식을 잃고 슬퍼하며, 위로받기도 거절하는 라마의 라헬에게 하나님은 위로의 예언을 전하신다. 슬픔에 잠긴 자들에게 이제 통곡과 눈물을 멈추라고 하신다. 그리고 네 장래에 소망이 있을 것이니, 바로 네 자녀들이 돌아올 것이라고 말씀하신다. 성경 전체를 구속사적 관점으로 보면, 이것이 바로 실존의 한계인 인간의 구원과 회복이며, 복음의 메시지인 것이다. 마태가 예수님의 탄생과 라헬의 슬픔과 통곡, 그 이야기를 연결한 것은 예수님은 치유, 회복, 은혜와 축복, 바로 그 사역을 하기 위해 오신 분이라고 선언하는 것이다.

슬픔의 상징인 베들레헴에서 태어나신 하나님의 아들 예수 그리스도의 도래에 대한 예언은 성취되었다. 인간과 세상의 죄로 인한 부조리한 현실, 즉 이러한 한계 상황의 역설적 진리로 예수님께서 오신 것이다. 인간의 모든 고통을 해결하기 위해 유대 땅 베들레헴에서 예수님이 태어나신다는 예언을 이루신 것이다. 더 이상 슬픔이 아닌 새로운 천국백성의 소망과 그의 나라의 도래, 영혼을 구원해 주시겠다는 새로운 언약으로 오신 것이다. 그리고 영적인 이 약속들은 오늘날 예수 그리스도를 통해 이루어진다. 모든 신음하는 피조물의 회복과 구속사, 이것이 성경이다.

성경적 고통과 기억의 연대

세상은 그리스도의 통치 아래 변혁되어야 한다. 아브라함 카이퍼는 영역주권론에서 교회나 정치 영역 등 각 영역에는 하나님의 주권과 역사가 나타난다고 주장한다. 크리스천 한 개체의 영혼은 한 국가의 시민이면서 교회의 구성원들이다. 불신자도 일반은총의 영역에서 사랑받을 충분한 이유와 가치가 있다. 이러한 귀한 영혼들의 핍박과 고통에 대해 절대적으로 교회는 외면해서는 안 된다. 칼빈은 불의한 권력 계층에 대한 불순종과 저항권을 인정한다. 세속 지배자들이 하나님의 뜻에 어긋난 정치를 할 경우 그리스도에 대한 복종의 신앙고백적 태도로, 이에 저항할 수 있는 권리를 말한 것이다. 우리나라의 헌법에는 '국민저항권'이라고 명시된 부분은 없다. 헌법 전문에 있는 '불의에 항거한 4 · 19 민주이념을 계승하고'라는 문구로 이를 유추하고 그 권리를 헌법에 보장하고 있다고 보는 게 헌법학계의 다수설이다.

칼빈은 교회와 국가의 유기적 관계, 즉 국가와 교회의 통치 영역을 구분했다. 루터가 국가 권력을 영광화하는 경향을 띤 데 비해, 칼빈은 권력에 대한 저항권을 인정하고 국가에 대한 교회의 자유를 확보했다. 악한 정부에 대한 합법적인 저지 수단으로 칼빈이 제시한 소위 '저항권'이라 불리는 것도 사사로운 개인들의 처신보다는 악한 왕들의 횡포를 제어하고 온전한 신앙생활을 하기 위해서였다. 성경에는 모순과 부조리한 사회적 · 영적 · 현실적 차원의 대안이 있다.

> "주의 성령이 내게 임하셨으니 이는 가난한 자에게 복음을 전하게 하시려고 내게 기름을 부으시고 나를 보내사 포로 된 자에게 자유를, 눈 먼 자에게 다시 보게 함을 전파하며 눌린 자를 자유롭게 하고 주의 은혜의 해를 전파하게 하려 하심이라 하였더라." (눅 4:18-19)

지금이 바로 주님의 은혜의 해를 전파할 때이다.[눅 4:19] 이 희년을 선포하기 위해 예수님이 오셨다.

성경에서 말한 가난한 자는 물질적으로 빈궁하여 살림살이가 어려운 자[레 14:21] 나 인격적으로 억압받고 사회적으로 멸시받으며 육신적으로 연약한 자를 가리킨다.[시 40:17] 또 심령이 가난한 자도 있다.[마 5:3] 이는 자신의 죄를 철저히 참회하여 늘 심령이 맑고 정결하며 하나님 나라와 의를 사모하는 심령 상태를 지닌 자이다.사 66:2 주님께서는 이런 자를 가리켜 실제로는 '부요한 자'라 칭찬하셨다.계 2:9 예수님께서 십자가를 지신 후에 말씀과 성령의 능력으로 은혜의 해가 전파되고 있다.

역사적으로 5 · 18광주민주화운동은 한국 교회에 많은 과제를 안겨 주었으나 현재도 제 역할을 다하지 못하고 있다. 그러한 현실적 문제 노출이 세월호 사건이다. 5 · 18은 국가권력과 리더가 절대적으로 해서는 안 되는 죄를 저지른 행위였다면, 세월호는 반드시 국가 권력과 행정이 해야 할 의무를 져버린 사건이었다. 그리고 막대한 자본의 소유자와 기업들이 반드시 해야 할 역할을 미수행하거나 방기해서 그 피해가 더 커진 범죄 행위다. 문제는 이렇게 중요한 국가적 이슈에 대해 한국 교회가 신학적으로 적절한 대안이나 합의, 공통적인 대안을 제시하지 못하고 소수 그룹 간의 충돌과 혼란만 가중시켰다는 점이다. 오히려 세월호 유가족들과 피해자들에 대한 위로는 차치하더라도, 최소한 상처는 더하지 말았어야 했다. 그런데 한국 교회가 온갖 실언으로 오점을 남겼다. 문제를 제시하지만 정작 대안이 없는 것도 한국 교회의 안타까운 현실이다. 소경이 소경을 인도하는 격이다.

다윗은 시편 23편에 "내가 사망의 음침한 골짜기로 다닐지라도" 주께서 함께하신다고 고백했다. 주님께서는 세상 끝날까지 우리와 함께하신다고 하셨다. 이 말씀을 적용하자면 삼위 하나님은 역사적 현장에서도 해방자, 심판자, 위로자가 되신다. 1980년 5 · 18 현장에 숨죽여 기도하는 가녀린 소녀와도 함께하셨고, 청년대학생들이 민주화를 외치는 거리에서도 함께하셨다. 공포와 절규, 무고한 시민이 쓰러져 가는 죽음의 현장, 총소리와 비명 소리와 외침 가운데에도 함께하셨다. 숨진 아들을 부여잡고 눈물을 흘리며 우는 여인과도 함께하셨다.

5 · 18광주민주화운동에서 보여 준 시민들의 지성과 윤리적 도덕성은 세계사적으로도 자랑스럽고도 위대한 것이었다. 총기가 지급되고 총격전이 펼쳐진 대도시의 극한 상황에서도 시민들은 깊고 넓은 인간애와 시민의식을 보여 주었다. 어른들은 청년들을 내 자식처럼 아꼈다. 자발적인 헌혈자들이 줄을 섰을 뿐 아니라 시민군에게는 물과 빵, 주먹밥을 만들어 나누어 주었다. 구별과 차별이 없는 사랑과 일치, 나눔과 섬김의 대동 세상이었으며, 해방 광주였다. 국가공권력인 경찰과 치안 담당자들이 제 역할을 하지 못할 상황이었지만 자체 치안질서반을 구성하여 질서를 유지했다. 장기적인 혼란 속에서도 단 한 건의 강도 사건이나 범죄자도 나오지 않았다.

이제 5 · 18광주민주화운동이 실패했다고 할 자는 없다. 세월호 사건도 마찬가지이다. 과정은 고통스럽겠지만 곧 하나님의 경륜이 드러날 것이다. 고통과 죄악, 악인들의 득세, 구조 악 가운데에서도 주님의 십자가^고난과 부활^를 바라볼 수 있어야 한다. 십자가가 고통을 이길 능력이고, 부활의 증거이며, 궁극적인 승리이기 때문이다.

프랑스를 상징하는 정신과 가치인 '자유', '평등', '박애'는 독일의 나치에게 부역한 자들을 철저하게 청산하면서 세운 역사 정신이다. 노벨문학상 수상자 알베르 카뮈^Albert Camu^의 말이다. "어제의 범죄를 벌하지 않는 것은 내일의 범죄에 용기를 주는 것과 같은 어리석은 짓이다. 프랑스 공화국은 관용으로 건설되지 않는다." 관용은 지난 죄와 과오를 무조건 봐 주는 게 아니다. 그것은 죄과를 청산한 후에 베푸는 정의이다.

"주께서 주의 백성을 구원하시려고, 기름 부음 받은 자를 구원하시려고 나오사 악인의 집의 머리를 치시며 그 기초를 바닥까지 드러내셨나이다." (합 3:13)

인간의 고통과 악에 대한 해석과 대안에는 한계가 있다. 개인이나 공동체, 민족을 들어 쓰시기 위해 특별한 고난과 연단을 주시기도 한다. 그리고 하나님의 영광을 드러내기 위해 고난을 허용하기도 하신다. 이것이 고난의 신비이다. 이스라엘 백성이 출애굽할 때에 홍해는 이스라엘 백성에게는 구원의 날이었고, 애굽의 군대에게는 심판의 날이었다. '주의 날'은 기쁜 날, 안식일, 부활의 날, 구원과 심판의 날을 말한다. 세월호 사건에도 그리고 현재의 이해할 수 없는 모든 사건 가운데도 주님의 심판과 위로의 날은 반드시 임할 것이다. 크리스천들은 이 모든 사건과 사람들의 배후에는 삼위 하나님의 섭리와 경륜이 있음을 고백하게 될 것이다.

성경 67권, '성경적 정치학'

성경은 66권이다. 아마 성경이 67권이었다면 '성경적 정치학'이었을 것이라는 재미있는 상상을 해 본다. 그만큼 정치는 큰 이슈이다. 성경적 정치관이란 구속사적 관점에서 본 정치다. 하나님께서 창조물에 적절한 위치를 부여하셨고, 그 관계가 아주 적절하도록 만드셨다. 정치와 종교는 분리가 아닌 구별이다. 그래서 기독교 정치란 올바른 창조 질서의 이행이라는 사명이 내재되어 있다. 이상적인 정치 실현을 위해서는 교회가 진리에 헌신된 올바른 정치 리더들을 길러내야 한다.

칼빈은 두 통치교회, 정치가 분리가 아닌 유기적인 관계라고 말한다. 교회는 하나님의 영광을 위해 존재한다. 교회의 직접적인 참여가 아닌 성경 해석을 통해 정치에도 하나님의 영광이 나타나도록 방향을 제시해야 한다. 올바른 길하나님의 뜻을 깨닫고 실현하게 하는 것이다. 이를 위해서는 먼저 교회의 성경 진리의 무장, 기도와 성령의 인도하심, 영적 각성, 도덕성의 회복, 경건한 의식과 행위가 전제되어야 한다. 성경을 보면 부패하고 타락하여 국가 개혁을 시도할 때 성경의 원칙으로 돌아가서 하나님의 말씀을 기준으로 삼았고, 그 말씀을 듣는 영적 갱신에서 개혁 운동이 시작되었다.

성경의 모든 인물은 삼위 하나님의 구속사를 이루기 위한 사람들이었다. 모세, 여호수아, 요셉 등의 인물들은 예수님를 예표했다. 사무엘의 왕, 선지자, 제사장의 3중 직분도 예수님에 대한 예표였다. 그 실체로 예수님이 오신 것이다. 이러한 면에서 구약 성경의 다니엘과 친구 세 명은 세속사적 관점이 아닌 구속사적 관점에서 이스라엘의 역사를 보았다. 성경의 정치관은 통치자 중심의 관점이 아닌 그를 세우거나 폐하는 창조주 하나님, 또는 구원의 주 예수 그리스도를 중심으로 보아야 한다. 예를 들면, 다니엘은 조국 이스라엘이 바벨론 제국에 의해 멸망한 것이 하나님의 징벌임을 알았다. 인간 세상의 정치에서 하나님의 주권적인 면을 본 것이다.

이를 알게 된 그는 조국을 멸망시킨 바벨론 제국을 위해 총리로서의 역할을 감당했다. 바벨론에 포로로 잡혀 간 다니엘과 세 친구들은 하나님의 말씀과 신앙을 지키기 위해 왕의 명령을 거역하기도 했다. 복음주의의 정치관은 기본적으로 정치 영역에도 미치는 하나님의 전적주권[the sovereignty of God]을 분명히 하는 것이다.

그리스도는 만왕의 왕이요, 만유의 주가 되신다. 그런데 이 세상에는 왕이나 통치자가 존재한다. 그러므로 세상의 왕들은 기독교 신앙을 거부하거나 적대할 수 있다. 그래서 이들은 종교를 내면적 자기수양의 사적 영역으로 축소하고자 시도한다. 이것이 정교 분리 정책이다. 구약은 대부분 정치사이다. 기독교가 변질되면 구약보다는 신약의 영성을 강조하거나 편중하게 되고, 내세를 지향하게 한다. 그 결과 정치에 대한 교회의 냉소주의나 무관심으로 불의한 정치 권력의 전횡이나 폭정을 가져온다. 그 영향으로 정치적, 경제적 불의를 겪게 되거나 백성은 고통을 당한다.

"지혜로운 왕은 악인들을 키질하며 타작하는 바퀴를 그들 위에 굴리느니라." (잠 20:26)

영국의 사회학자 에드먼드 버크[Edmund Burke]는 이점에 대해 언급한다. "악이 승리하는 데 꼭 필요한 것은 선한 사람들이 아무것도 하지 않는 것이다." 하나님의 통치와 주권이 희석되어서 교회와 정치 권력이 동시에 타락하거나 서로를 견고하게 해 준다. 서로가 공생하거나 부패할 우려도 있다. 그렇게 되면 기독교인은 정치 폐해로 인한 고통이나 현실을 외면하거나 도외시한다. 결국 부당한 정치 체제나 질서에 대한 저항 혹은 현실 타개와 전망을 망각한다. 단지 내면의 고통을 덜거나 위안을 얻고자 교회를 찾게 되고, 기도나 개인의 영성에 치중하는 관념적인 교리나 비성경적 신앙행위에 매몰된다. 그 결과 성경에서 말하는 위정자에 대한 선지자와 예언자 역할, 부당한 권력의 피해자들, 사회적 약자들을 돌보라는 준엄한 명령을 위반하게 된다. 물론 기도는 중요한 수단이다. 그러나 현실의 정치, 사회 혹은 경제적 이슈를 내면적 영성으로 회피하거나 대체해서는 안 된다. 하나님 나라의 신앙은 내면의 거룩함이나 연단, 안정만이 아닌 공평과 정의의 나라이며, 평화와 사랑의 나라이기 때문이다. 누구든지 그리스도의 통치를 온전히 받아 그분의 본질인 '선과 그 의'를 추구하는 자들은 현실을 이길 수 있다.

세상의 모든 리더에게는 한계가 있다. 성경의 인간론에 입각하여 타락한 결과 나타난 인간의 부패성이 정치적 또는 통치적 부패로 나타난다는 것이다. 구속사적 정치관은 창조, 타락, 구속, 완성이라는 성경적 패러다임의 연속선상에서 세상을 바라보는 통찰이다. 모든 신음하는 피조물, 기존 질서의 재구성이 성경의 종말론적 시각이다.

> "내가 들으니 보좌에서 큰 음성이 나서 이르되 보라 하나님의 장막이 사람들과 함께 있으매 하나님이 그들과 함께 계시리니 그들은 하나님의 백성이 되고 하나님은 친히 그들과 함께 계셔서 모든 눈물을 그 눈에서 닦아 주시니 다시는 사망이 없고 애통하는 것이나 곡하는 것이나 아픈 것이 다시 있지 아니하리니 처음 것들이 다 지나갔음이러라." (계 21:3-4)

미국의 정치학자인 데이비드 이스턴 David Easton 은, "정치란, 가치의 권위적 배분"이라고 말한다. 사회적 가치란 누구나 갖고 싶은 희소성을 말한다. 바로 권력, 돈, 명예이다. 이러한 가치가 적절하게, 그리고 모든 공동체의 구성원들이 인정하고, 수긍할 수 있는 수준으로 균등하게 배분되어야 갈등이 없다. 이스턴은 이러한 중요한 기능이 정치라고 했다. 이러한 여러 가지 가치들 가운데, 우선순위를 보면 역시 권력과 돈이 앞선다. 권력은 공공의 가치인데 비해 돈은 사적 이익에 속하기 때문이다. 이러한 중요한 가치의 분배에서 종교도 아주 중요한 역할을 한다. 강압적인 방법이 아닌, 양심과 정의에 입각하여 자발적인 참여를 유도할 수 있는 순기능적인 요소가 있다.

현실 정치관에서 실천을 정당화하는 성경의 기준은 어디까지나 해석된 성경이다. 모든 만물은 그리스도 안에서 새롭게 되고 하나님께 영광을 돌리는 아름다운 모습으로 회복될 것이다. 요한계시록은 마지막 때에 이루어질 하나님 나라는 창조 때의 아름다운 질서가 회복되고 또한 창조가 완성되는 상태로 설명한다. 인간과 피조물의 관계와 피조물과 피조물의 관계의 파괴를 초래했지만 구원은 분리되고 단절되었던 모든 것의 회복으로 또한 나타난다. 구원은 종말론적 구속사 안에서의 은혜이다.

9

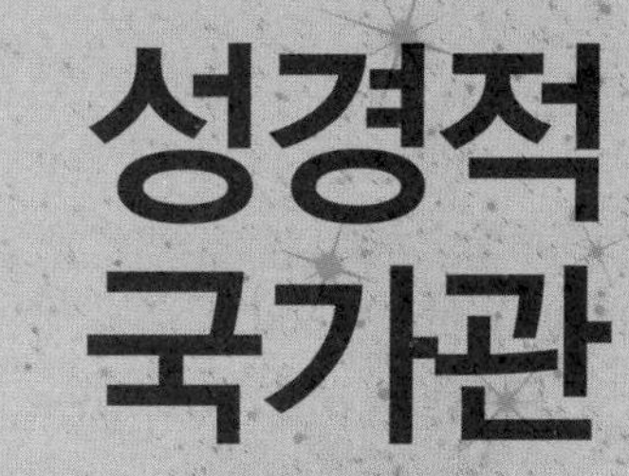

성경적 국가관

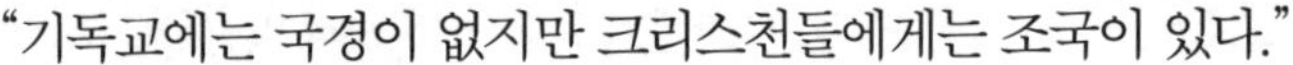

"기독교에는 국경이 없지만 크리스천들에게는 조국이 있다."

신학은 하나님의 말씀을 통해 인간이 처해 있는 세상에 대해 책임 있게 응답하며, 오늘의 역사를 조명해야 한다. 여기에서 신학은 실존적이고 역동적이며 인간의 영혼뿐만 아니라 인간 전체의 완성을, 더 나아가 공동체와 인류 전체의 완성을 목표로 삼는다. 이와 같은 신학의 임무를 생각할 때 우리 민족이 처한 역사적 상황에서 가장 중요하고 우선적인 문제는 통일이다.

교회와 국가의 상호관계성에 대해 역사적으로 네 가지 형태가 있어 왔다. 첫째는 교회가 국가를 지배하는 형태로 구약의 신정 정치와 중세의 교황 시대가 여기에 해당한다. 이를 '교회국가'라고도 한다. 둘째는 국가가 교회를 지배하는 형태이다. 기독교 박해가 끝나고 로마가 기독교를 국교로 받아들인 시기를 '국가교회'라고 한다. 셋째는 교회와 국가가 상호 배타적인 관계이다. 로마제국 아래에서 기독교가 박해받던 시기이다. 넷째는 교회와 국가가 서로 간섭하지 않는 정교 분리의 형태이다. 엄밀하게는 불간섭이라기보다 교회나 국가가 서로의 기능을 인정하는 형태를 말한다. 오늘날 우리나라를 비롯한 많은 나라가 여기에 해당한다고 할 수 있다.

국가와 교회의 역할이나 지위에 관해 다양한 원리와 이해가 존재한다. 교회는 국가의 간섭과 통제를 받아야 한다는 관점이다. 교회의 재산권이나 인사권을 국가가 행사해야 한다는 것이다. 이러한 주장을 근거로 국교 제도가 생겨났다. 또 하나는 교회가 국가 위에 놓여야 한다는 견해이다. 교회와 국가는 하나님의 권세에 순복해야 한다는 의미이다. 그래서 하나님의 절대적 통치를 받아야 한다고 주장한다. 예수님이 교회에 천국 열쇠를 주셨기 때문에 교회와 국가에 대한 관할권은 교회에 위임되었다고 보는 것이다. 중세 교회는 이 근거 위에서 교회가 국가의 모든 일을 관리했다. 하나님의 다스림을 받아야 하지만 성경말씀과 교훈 가운데 이루어져야 한다. 교회와 국가를 적대적 관계로 규정하는 견해도 있다. 이 주장은 국가의 핍박이나 교회 탄압의 시기에 나타난 주장이다. 교회는 신령하고 거룩하지만 국가는 세속적이고 사단의 도구로 전락할 수 있다고 본다. 그래서 국가를 적대시하고 국민의 기본적인 의무도 멀리하자는 것이다.

어거스틴은 지상 국가를 부정적 측면으로 바라보지만 그는 국가와 정치 질서의 필요성을 강조한다. 그는 국가와 정치 질서를 타락한 후에 파괴된 인간 사회의 질서를 다스리기 위해 하나님이 세우신 제도임을 강조한다. 만물은 예수 그리스도의 통치 아래 있으며, 그 나라는 그리스도의 구원의 통치로 이루어진다.[골 1:13] 국가와 세계정치는 구속사와 세속사를 성경적 관점으로 조명해야 한다. 신약성경에서 예수님은 세속국가에 대해 이렇게 언급한다. 이것은 선택적이거나 전략적이 아니라 규범적 조항이다. 바리새인Pharisees 들이 예수님께 "가이사Caesar, 황제에게 세금을 바치는 것이 가하냐?"라고 물었을 때 예수님은 "가이사의 것은 가이사에게, 하나님의 것은 하나님께 바치라." 마 22:21 고 말씀하셨는데, 이는 종교와 국가의 영역을 분리하여 혼돈을 피하라는 말씀으로 해석할 수 있다.

다음은 기독교의 역사관이다. 인류의 창조와 타락 이후에 하나님은 예수 그리스도를 보내셔서 그 구원 계획을 이루시려 이스라엘을 선민으로 택하셨다. 이스라엘의 주변에는 바벨론, 바사, 헬라, 로마 등 세속 국가들이 있었다. 구속사를 통해 볼 때 하나님은 타락한 자기 백성을 바로 세우기 위해 이방 제국을 들어 이스라엘을 징벌하셨다.

이 세속사는 언제나 하나님의 구속사를 중심으로 하여 흥망성쇠를 거듭했다. 세속사란 하나님의 구속 사역이 완성될 때까지 세계를 보존하며, 질서를 유지하기 위해 형성된 것이다. 교회 공동체는 지상에 존재하지만 물리적인 역할이 아니라 영적인 재량권을 지닌 하나님 나라와 왕국의 열쇠로 통치된다. 마 16:19; 계 3:7 교회는 지상에 있는 천상의 도시로 성령에 의해 마음에 할례를 받고 영원한 언약을 맺은 새로운 인간들의 공동체이다. 렘 32:39; 겔 11:19 결국 구약성경의 역사는 신약에서 메시아가 탄생할 것을 예표하는 선민 이스라엘을 중심으로 한 역사인데, 이것이 구속사이다.

국가와 교회와의 관계를 설명하자면, 국가는 권력을 행사한다. 반면에 교회에는 영적 권세가 있다. 이것이 권력과 권세의 차이점이다. 교회는 말씀 선포, 예배, 성례전을 통한 영적 권세를 지향하며, 영혼구원과 하나님 나라 완성이 목적이다. 예수님의 영광은 이미 시작되었다. 그분의 성령에 의해 이 영광을 맛보는데 롬 14:17, 장차 임할 그의 나라를 기다리는 동안 성령의 임재를 통해 그 영광을 미리 누리게 된다. 믿음으로 오는 시련과 환란에도 그분이 재림하실 때에 드러날 바로 그 영광을 바라보며 고난에 참여하고 즐거워한다. 벧전 1:7–8; 4:14; 고후 3:18 교회는 지상에 존재하는 예수 그리스도의 나라를 이루는 공동체로서 신정적 theopolitical 인 질서이다. 이와 다르게 국가는 인간의 공동체적 삶을 유지하고, 도덕적 질서를 확립하며, 기독교의 공적 형태를 보호함으로 최대 기여를 하는 기능적 역할을 감당하는 기관이다.

예수 그리스도의 나라는 십자가의 구원을 통한 은혜의 나라이다. 예수 그리스도의 나라는 영광의 나라이다. 세속 국가와의 정치적인 입장에서 예수님은 그의 복음 선포 내용에 "다가오는 하나님 나라의 미래"를 선포하시면서 모든 세상의 질서를 종말론적으로 유보하고, 세속권력과의 직접적인 충돌을 피하신다. 교회는 가급적 국가의 통제를 받지 않아야 하지만 제한적인 통제와 국가의 호의와 지원에 의존할 수 있어야 한다. 정치는 종교를 정복할 수 없고 해서도 안 된다. 정치 자체를 자신이 구원할 수도 없다. 정치에는 구원이 없다. 그래서 종교개혁자들은 그들의 신앙문서에서 교회와 국가를 상호 병존하는 것으로 규정한다.

하나님이 권세자를 세우신 것은 하나님을 대신해 정의와 공의를 행하게 하기 위함이다.

"당신의 하나님 여호와를 송축할지로다 여호와께서 당신을 기뻐하사 이스라엘 왕위에 올리셨고 여호와께서 영원히 이스라엘을 사랑하시므로 당신을 세워 왕으로 삼아 정의와 공의를 행하게 하셨도다." (왕상 10:9)

정의롭지 못한 통치자는 이미 그 자격이 상실된 상태임을 알아야 한다.

'people'의 성경적, 정치사회적 사유

영어 'people'이란 단어에는 다양하고 깊은 뜻이 있다. 여기서는 정치사회학적 접근, 어휘 해석, 철학적 사유를 해 보기로 한다. 정치사 자체가 상식의 지배를 둘러싼 투쟁, 곧 언어 및 개념과 인식 체계의 쟁탈전이다. 따라서 공부하고 학습한다는 것은 인식의 사각 지대를 깨는 것이라 할 수 있다.

가장 일반적으로 'people'은 사람으로 번역할 수 있다. 기독교에서는 '하나님의 백성'people of God이란 의미로 사용된다. 이렇듯 신앙적 의미에서는 '백성'을 뜻한다. 우리가 잘 아는 '복음'Good News은 '죄인'Bad People을 위한 기쁜 소식을 말한다. 성경에서 모세는 이스라엘 민족을 'Chosen People'선택된 민족이라고 말한다.

'a people', 'peoples'는 둘 다 민족을 뜻한다. 북한은 "우리 민족끼리"를 주장하지만 그들은 소수 김일성 왕조를 위해 이를 악용하고 이득을 취하는 사람들이다. 'a people'은 국민이고, 'the people'은 인민으로 주로 사용한다. 인민이라는 용어가 처음 쓰인 것은 1862년 『영일사전』 때부터다. 이때부터 인민은 근대적 의미로 쓰이기 시작했다. 계급적 의미는 봉건군주에게 예속된 '신민'^臣民 과는 대조적 의미를 갖는다. 인민은 국가를 구성하고 있는 사람을 의미한다는 점에서 보편적인 국민과 그 의미가 같다고 할 수 있지만 엄밀히 말하자면 크게 다르다. 인민은 지배자에 대응하는 피지배자를 대변하는 용어이기 때문이다. 흔히 국민은 영어의 'Nation'을 번역한 것이고, 인민은 영어의 'people'을 번역한 것이다. 일반의지란 바로 자유와 평등을 지향하는 '인민'^people 의 의지를 말한다.

세계 2차대전 시기 독일의 나치군에 포위된 절박한 상황에서 스탈린은 뜻밖에도 "세계 노동자여, 단결하라."가 아닌, "슬라브 민족이여, 단결하라."고 외쳤다. 공산주의 교리에는 프롤레타리아의 국제적 단결만 있었을 뿐 민족은 없었다. 마르크스는 〈공산당 선언〉에서 "전세계 프롤레타리아 계급의 단결"을 주장하지 않았던가. 그러나 상황에 따라서는 이념보다 자국 중심의 민족이라는 말이 앞서게 된 것이다.

계급적 존재 규정에서 'people'은 기층 민중으로 이해한다. 한때 학생운동에서 사용했던 용어인 'PDR'^People's Democratic Revolution 은 사회변혁운동에서 '민중민주주의혁명론'을 말한다. 국가는 'Nation'이다. 미국의 아브라함 링컨 대통령이 'People'을 위한 민주주의를 선언했지, 'Nation'을 위한 민주주의를 말한 것이 아니다. 링컨의 'of the people, by the people, for the people'은 "국민의", "국민에 의한", "국민을 위한"으로 해석된다. 여기에서는 'people'이 '국민'이라는 집합적 개념보다는 개별성과 독립된 존재를 인정한 국가 구성원인 사람들을 의미한다고 볼 수 있다. 'people'에는 그 성격상 국민에서 강하게 나타나는 종속성과 집단성이 축소된다. 혹은 개별적 존재인 사람으로도 쓰인다.

우리나라의 국가주의 이데올로기도 한번 분석해 보아야 한다. 역사의 독재자나 대통령은 자신이 곧 국가라고 착각한 리더들이 대부분이었다. 전제정치나 군주정치는 과거 역사의 산물이다. 오늘날 활짝 핀 민주주의와는 거리가 먼 정치 형태였다. 독일에서의 히틀러에 의한 나치스의 지배체제 등이 전체주의 전제정치이다.

전제정치란 국가의 주권이 한 개인이나 특정 계급에 좌우되어, 그들만의 의사대로 자의적 통치가 자행되는 것을 말한다. "짐이 곧 국가다." 이 선언은 군주정치의 대표적 인물인 프랑스 루이 14세1638-1715가 한 말이라고 전해진다. 이 말은 왕에게 무한한 권리를 주는 절대주의를 상징한다고 볼 수 있다. 왕권신수설의 이론가 대사교 보쉬Bossuet, Jacques Banigne에 따르면, "피와 살을 가진 신" 이것이 곧 국왕이다. 루이 14세는 "만인을 능가하는 최고"라는 좌우명에 따라, 왕의 절대적 권력은 신에게 받은 것이라는 왕권신수설에 입각하여 태양왕을 자처하며 태양을 자신의 고유한 상징물로 삼았다. 그러나 이 태양은 곧 프랑스 왕권의 석양을 재촉하는 모습이 되고 말았다. 바로 프랑스 시민대혁명 때문이다.

지금은 절대군주제나 독일의 히틀러와 같은 전제정치의 시대가 아니다. 민주주의 국가에서 대통령은 민주적 방법과 절차를 거쳐 국민에게 제한적 권력을 위임받은 대리자일 뿐이다. 극우파시즘이나 공산주의 프롤레타리아 독재는 그 출발이 이상 사회나 이상 국가의 건설을 주창하지만 그 안에 불의와 모순이 잠재되어 있다. 엄밀히 말하자면 사적 소유나 욕망의 극대화, 확대재생산과 국가이념과 이익을 동일시한 위장된 국가 지배이데올로기이다. 예를 들면 시민단체에 시민은 없고 단체만 있다는 풍자와 유사하다.

국가를 위해 모든 행위가 정당화된다는 논리도 위험하다. 사적 의도와 애국을 불순한 의도로 결합하기 때문이다. "애국심은 악당의 마지막 피난처"라는 18세기 영국의 문필가 새뮤얼 존슨Samuel Johnson의 어록이 있다. "애국자란 자신이 무슨 소리를 하는지 알지도 못하면서 가장 큰 소리로 떠드는 사람들이다." 마크 트웨인, "애국심은 사악한 자의 미덕." 오스카 와일드 이라는 말처럼 "애국"을 악용할 소지가 있다.

개인이나 불특정 다수, 특정집단이 그들의 이념적 지향을 실현하기 위해 'people'을 목적의식적으로 결합하여 행하는 노력의 전 과정을 이해하고 분석하는 것은 흥미로운 작업이다. 또한 현실과 상황을 해석하여, 이에 대응하는 변화의지나 실천력은 중요한 자주의식과 행동이다. 지혜로운 분별력이 필요하다. 국가나 집단, 공동체에서는 상징이나 대중조작이 늘 있어 왔기 때문이다.

권위주의 정권이나 독재자들은 대중의 정치의식을 마비시키기 위해 우민화 정책을 사용한다. 이를 위한 도구로 'sex', 'sports', 'screen'이라는 3S정책을 사용한다. 그런데 지금 시대에는 4S 1C정책을 사용하리라는 생각이 든다. 기존의 3S에 '소울'Soul과 '쉐프'Chef를 추가한 것이다. 즉, "혼"과 "요리"이다. 국정교과서와 역사 왜곡, 친일 문제, TV에 범람하는 요리 프로그램은 "먹고 마시며 놀자."주의이다. 이는 비판의식을 무력화한다. 진보만 진화한 것이 아니라 그 반대도 날로 진화한다. 진정한 신앙인의 건전한 사회의식이란 성경 진리를 기반으로 한 의식 구조와 함께 시대의 아픔에 온전히 반응하고, 진실의 외침에 침묵하지 않는 그들의 삶에 깃들어 있는 것이다.

동, 서, 남, 북 지역감정 해소

인디언 속담 중에 “빨리 가려면 혼자 가고 멀리 가려면 함께 가라.”는 말이 있다. 이처럼 개인보다는 팀이 더 유능하고 강하다. 그만큼 공동체 의식은 중요하다. 그런데 한국의 지역감정 심화, 지역 간 불균형과 지역 차별은 심각하다 못해 현실적으로도 암울하다. 지역감정의 사전적 의미는 특정한 지역에 살고 있거나 그 지역 출신인 사람들에게 다른 지역 사람이 갖는 좋지 않은 생각이나 편견이다. 개인적으로 이 사회적 병리 현상을 “지역감정 신드롬”regional antagonism syndrome 이라고 명명해도 무방하다고 생각한다.

지역감정의 본질은 1차적으로 지역 격차나 차별이고, 2차적으로는 현상적 반응이다. 아무튼 지역감정의 기원이나 그 진행 방향, 그 결과나 현상은 기존 연구로도 충분하다. 다행히 최근에 국회의원 선거를 통해 지역적 구도가 완화되는, 다소나마 진일보한 결과들이 나오고 있어 앞으로 그 해결을 기대하지만 아직 요원하다. 지역감정이나 차별은 사악함과 구조적 악이라는 생각이 든다. 성경의 진리나 가치에 반하는 행태이다.

한국 교회는 이러한 지역주의 또는 이념의 우상화나 절대화에서 오는 세속주의의 영향력을 극복해야 한다. 지역감정, 지역차별 철폐는 교회의 자기 존재 증명과 시대적 사명이라 해도 과언이 아니다. 성경에 보면 예수님도 그 당시 지역 차별의 피해자였다. 나다나엘은 예수의 등장에 대해

"나사렛에서 무슨 선한 것이 날 수 있느냐."[요 1:46] 라고 출신 지역을 폄훼한다. 그러나 예수는 자신의 사역을 통해 '하나님 나라의 지향'이라는 거대한 구도 안에서 지역적 편견과 차별을 무력화하거나 적극적으로 이를 타파하고 극복했다. 그 당시 차별과 소외 지역이었고, 이방인이라 취급을 받았던 갈릴리 지역의 사역이 그 대표적인 예다. 정통 유대인들이 이방인들과 통혼으로 순수한 혈통을 보존하지 못한 그들을 개에 비유하며, 극단적으로 정체성을 표현했던 사마리아에서도 예수님은 사역하셨다.

이는 강도 만난 사람을 도운 선한 사마리아인의 비유에서도 극명하게 드러난다. 당시 유대 땅에서 이방인과 같이 개 취급을 받던 사마리아인이 말씀의 주인공으로 등장한 것은 파격 그 자체이다. "누가 우리의 형제이며, 자매인가?" 예수님께서 분명하게 말씀하셨다. 단순히 인간적인 혈연, 지연으로 얽혀 있는 관계가 아닌 믿음 안에서의 관계라고 말이다. 하나님의 뜻과 말씀대로 행하는 사람, 예수님의 사랑으로 맺어진 온전한 관계가 바로 형제이며, 자매라는 것이다.

> "예수께서 무리에게 말씀하실 때에 그의 어머니와 동생들이 예수께 말하려고 밖에 섰더니 한 사람이 예수께 여짜오되 보소서 당신의 어머니와 동생들이 당신께 말하려고 밖에 서 있나이다 하니 말하던 사람에게 대답하여 이르시되 누가 내 어머니이며 내 동생들이냐 하시고 손을 내밀어 제자들을 가리켜 이르시되 나의 어머니와 나의 동생들을 보라 누구든지 하늘에 계신 내 아버지의 뜻대로 하는 자가 내 형제요 자매요 어머니이니라 하시더라."
> (마12:46-50)

구약의 여호수아는 자신의 출신 성분과 지역을 초월한 리더십을 발휘했다. 아브라함과 이삭과 야곱 그리고 모세를 통해 약속하신 가나안 땅에 대한 언약이 성취되었다. 야곱의 생애를 마감할 때에 특별히 복을 받은 지파는 유다[창 49:10]와 에브라임[창 49:24], 이 두 지파이다. 여호수아는 요셉의 둘째 아들인 에브라임의 후손이다. 성경을 보면 이스라엘 백성이 가나안에 정착했을 때, 각 12지파별로 "기업을 제비뽑아"[수 14:2] 분배한다. 레위지파는 제사장 역할과 성전 봉사로 하나님이 기업[수 13:33]에서 배제되고, 그 대신 그들은 각 지파가 드리는 봉헌물과 십일조로 살아간다.[민 18:21] 그리고 특이한 점은 기존 가나안 족속들이 잔류하고 있음에도, 땅을 미리 배분했다는 것이다. 그 이유는 하나님의 언약을 믿었기 때문이다. 이처럼 분배의 원칙은 믿음과 공동체의 원리에 따라 행하는 것이다.

이때 유다 지파와 에브라임 지파 간에 불만[수 17:14]이 있었다. 그 이유는 유다 지파의 기업이 에브라임 지파보다 편중되어 있었기[수 15:1–12; 16:1–10] 때문이다. 그러나 여호수아는 단호했다. 그들에게 별도의 혜택을 부여하지[수 17:16,18] 않았다. 교만하고 시기심이 많은 에브라임 사람들[삿 12:1–6]에게 더 어려운 조건의 땅을 개척하라고 선언했다.

사무엘 선지자의 "미스바" 기도는 외국의 침략에 대한 하나님의 도우심을 구한 회개와 금식, 영적갱신, 민족단일화 운동이었다. 느헤미야는 무너진 성벽을 재건하고, 내부 분열과 갈등을 극복하며, 이스라엘 민족을 신앙으로 통합했다. 그러면서 이스라엘 민족공동체는 바로 서게 되었다. 사도 바울은 갈라디아서 3장 28절에서 그리스도 예수 안에서는 특정 대상의 사람을 구분하거나 차별해서는 안 된다고 말한다. 그는 복음 안에서 크게 세 범주의 차별과 대립의 해체를 언급한다. 이는 유대인 대 이방인 헬라인, 자유인 대 노예 그리고 남자 대 여자이다. 현실적인 적용에서도 당연히 민족공동체에서 차별을 극복해야 한다.

"너희는 유대인이나 헬라인이나 종이나 자유인이나 남자나 여자나 다 그리스도 예수 안에서 하나이니라." (갈 3:28)

존 하가이 John Haggai 는 미국 리더십 연구의 권위자이다. 그의 저서인 『미래는 진정한 리더를 요구한다』 *Lead on* 에서 "리더십은 기술 Skills 처럼 숙달되는 것이 아니라 원리원칙 Principles 에 의해 이루어지는 것"이라고 말한다. "원리원칙은 기술이 될 수 없다. 하지만 기술은 원리를 강화하는 데 사용할 수 있다. 원리는 지도자를 만드는 요소이다. 원리원칙을 지켜 나가는 것은 가장 효과적인 방법으로 그가 지도력을 갖춘 지도자로서 책임을 충실히 이행하는 데 도움을 준다." 리더십의 중요한 원리 중 하나는 이슈의 선점이다. 크리스천의 정체성은 왕, 제사장, 선지자적 사명으로 드러나야 한다.

그런데 오히려 정치권이 이 문제에 관해 앞서간다는 것이 성경을 믿는 자들의 아이러니이다. 심지어는 교회나 목회자들도 대부분 자신이 위치하거나 기반이 된 지역으로 정치적 지지나 판단을 우선시한다. 오히려 보통 사람보다 더 편견을 갖고 있는 경우도 많이 보았다. 한마디로 성경적 가치나 권위보다 출신지나 지역 구도가 우위이고, 의식과 행위를 지배하고 있는 것이 현실이다. 그리고 목회자나 교회의 정치적 지지나 성향으로도 지역구도의 행태를 벗어나지 못한다. 또한 설교와 글, 행동에서 소외 지역이나 차별 지역에 대한 자기포기와 배려를 찾아보기가 어렵다.

"여호와께서 이와 같이 말씀하시니라 무릇 사람을 믿으며 육신으로 그의 힘을 삼고 마음이 여호와에게서 떠난 그 사람은 저주를 받을 것이라." (렘 17:5)

지역차별 타파와 국가 공동체의 화합은 바로 한국 교회와 기독교 연합 단체가 나서야 한다. 그것은 십자가의 사랑을 통한 화해자의 역할이다. 이는 성경적 가치와 믿음의 신실한 신앙 고백적 행위와 결단이다. 남북 간의 갈등 해결, 남북통일 문제에서도 하나님 안에서 영적으로 수직인 화해자의 역할, 수평인 양극화 해소의 역할 감당이 곧 전도와 선교의 대안이 될 것이다.

"보라 형제가 연합하여 동거함이 어찌 그리 선하고 아름다운고." (시 133:1)

하나님의 평화는 생명을 억압하는 힘에 기초하지 않고, 정의로운 통치에 기초한다. 그래서 차별과 억압은 성경적 가치가 아니다. 아담의 범죄로 우리는 하나님과 분리되고 원수된 존재였다. 화평을 이루지 못했지만 예수님이 오심으로써 막힌 담이 무너지고 화평을 이루었다.

"또 십자가로 이 둘을 한 몸으로 하나님과 화목하게 하려 하심이라 원수 된

것을 십자가로 소멸하시고." (엡 2:16)

죄성이 있는 옛사람이 그리스도로 인해 죄 사함을 받고 십자가에서 하나님과 연합을 이룬 것이다. "하늘에 있는 것이나 땅에 있는 것이 다 그리스도 안에서 통일되게 하려 하심이라." 엡 1:10 가 성경적 가치이다. 그래서 주님의 몸 된 교회에서 지체들이 차별이 없어야 한다. 사회과학적 관점으로 엄밀히 조명하자면, "영 · 호남 지역감정"이라는 말은 옳지 않다. 이 말은 동등한 대상에 대한 규정과 표현이다. 사회과학적으로 정리하자면 "영남 패권주의와 이에 저항하고 항거하는 호남의 집단적 대응의식"이라고 규정해야 한다. 영남의 장기간의 군부독재 세력, 전국의 경제문화와 교육의 지역차별, 5 · 18광주민주화운동, 부마민주화운동의 실체가 이를 증명한다. 국가 안에도 식민지 형태의 차별과 억압이 존재한다. 영남 지역도 지역감정의 포로로부터 해방되어야 한다. 스스로 깨어나서 벗어나야 한다.

"화평하게 하는 자는 복이 있나니 그들이 하나님의 아들이라 일컬음을 받을 것임이요." (마 5:9)

크리스천들은 교회 공동체는 물론이고 세상 가운데서 '평화를 만드는' peace-makers 사람들이다. "화평케 하는 자" peace-makers 의 또 다른 번역은 '평화를 위해 일하는 자'이다. 우리는 평화를 파괴하는 사람인가, 평화를 지키는 사람인가, 평화를 만드는 사람인가?

"모든 사람과 더불어 화평함과 거룩함을 따르라 이것이 없이는 아무도 주를 보지 못하리라." (히 12:14)

시편 107편은 자기 백성을 대적의 손에서 구원하시고 동, 서, 남, 북 사방에 흩어진 백성들을 모으시는 여호와께 감사하는 시이다. 이스라엘의 분단과 멸망을 거쳐, 외국의 포로로부터 해방되고 구속받은 모습을 표현한다. 이스라엘이 바벨론에서 포로가 되어 살다가, 다시 예루살렘으로 귀환한 후에 베풀어 주신 하나님의 자비와 행하신 놀라운 일들을 노래한다. 하나님과 주의 백성들과의 연합은 은혜이다. 분리나 파멸은 징계나 저주이다. 교회에서 드리는 예배를 시간과 공간의 개념에 한정하는 우를 범할 수 있다. 우리의 모든 삶이 예배의 연속이다. 신앙생활에서 예물을 드린다는 것은 하나님과의 올바른 영적, 재정적 관계를 세워 가는 과정이다.

"그러므로 예물을 제단에 드리려다가 거기서 네 형제에게 원망들을 만한 일이 있는 것이 생각나거든 예물을 제단 앞에 두고 먼저 가서 형제와 화목하고 그 후에 와서 예물을 드리라." (마 5:23-24)

"누구든지 하나님을 사랑하노라 하고 그 형제를 미워하면 이는 거짓말하는 자니 보는 바 그 형제를 사랑하지 아니하는 자는 보지 못하는 바 하나님을 사랑할 수 없느니라." (요일 4:20)

교회 공동체의 '촛불 1개'로 시작된 통일, 혁명

"기도하는 한 사람이 기도하지 않는 모든 민족보다 강하다." 영국의 종교 개혁자인 존 낙스John Knox가 한 말이다. 이 말의 가치와 의미가 크게 다가오는 이유는 그가 기도와 함께 실천하는 신앙인이었기 때문이다. 이처럼 기독교 역사에는 부패하고 타락한 교회를 개혁했던 사람들과 교회 공동체를 통해 역사와 세계를 변혁한 인물들이 존재한다.

우리가 이미 알고 있는 바와 같이 독일 통일의 진행 과정에서 교회는 절대적으로 기여했다. 독일 작센주 라이프치히Leipzig에 있는 성 니콜라이 교회 성도들이 시작한 작은 촛불기도회가 확산되면서 '촛불 혁명'으로 베를린 장벽이 무너진 역사도 있다. 또한 루미니아의 차우체스쿠의 철권통치를 끝내는 데 결정적인 역할을 했던 교회와 한 목사의 이야기도 있다. 루마니아 민주화 운동을 이끌었던 개혁 교회Reformed Church 즉, 장로 교회 목사인 라스즐로 토케스Laszlo Tokes이다.

루마니아 베가 강변 작은 도시 티미소아라 시에 작은 교회가 있었다. 그 당시 교회 역시도 공산 정권의 지시를 거역할 수는 없었다. 체제의 질서를 잘 따르던 전임 목사가 어느 날 갑자기 심장마비로 세상을 떠났다. 그러자 1987년에 라스즐로 토케스라는 젊은 목사가 부임해 왔다. 하지만 교회의 무기력함과 전임목사가 정권에 순응하는 모습에 실망한 교인들은 교회를 떠났고, 겨우 50여 명만 교회에 남아 있었다.

새로 부임한 목사는 비교적 소탈했지만 특별한 점은 없었다. 그런데 그의 기도하는 삶은 마음속에 불타오르는 교회와 조국의 현실을 외면할 수 없게 했다. 그래서 그는 작은 기도회를 통해 조국과 지역 사회의 아픔과 상처를 치유하기 시작했다. 믿음을 교회 예배에만 국한하지 않고, 성경적으로 교회가 세상을 정화할 수 있는 하나님 백성의 공동체임을 전파했다. 그 결과 초기에 대부분 노인들로만 구성된 교회에 큰 변화가 일어났다. 이 기도회에 청년들과 사람들이 몰려오기 시작한 것이다. 이로써 2년만에 교인이 50명에서 5천 명으로 늘어났다.

하지만 1989년 8월부터 사태가 악화되었다. 토케스 목사가 차우체스쿠 정권을 비판했기 때문이다. 이러한 사실을 알게 된 비밀경찰이 기도회의 위험을 간파하고 박해하기 시작했다. 이 목사에게는 배급표가 중단되었고, 전화조차 자유롭게 쓸 수 없었다. 비밀경찰은 교회에 협박과 탄압을 가했다. 예배가 시작하면 기관총을 든 비밀경찰들이 교회 입구에 비치되어 있을 정도였다.

1989년 12월 15일에는 비밀경찰이 이 목사를 위험한 집회의 주동자로 규정하며, 강제로 퇴거하려 했다. 트럭을 배치했지만 완강한 저항에 그 일은 불가능했다. 교인들은 교회로 몰려들어 인간 방패를 만들어 이 목사를 보호했다.

"자유", "해방", "루마니아여 깨어나라!"

마침내 12월 16일의 밤부터는 자연스럽게 정권타도의 외침이 터져 나왔다. "차우체스쿠와 공산주의를 타도하자!" 그리고 12월 17일, 루마니아 비밀경찰들은 잔인하게도 성경을 들고 가운을 입은 이 목사에게 폭력을 행사했다. 토케스의 신변에 촉각을 곤두세우고 있었던 교인들은 토케스 얼굴에 든 멍과 피가 흐르는 손을 보자 격분했다. 그들은 경찰과 충돌하기에 이르렀고, 이에 자극을 받은 학생들도 시위에 가세했다. 이러한 상황에서 비밀경찰은 목사 부부를 강제로 연행했다.

비밀경찰은 토케스 목사를 죽이면 오히려 위대한 순교자를 만들 것을 염려하여 그를 감옥에 가두었다. 이러한 비참한 폭력 현장을 목격한 교인들과 주민들은 분연히 일어났다. 어두운 밤이 되자 촛불을 밝히고 항의집회를 연 것이다. 교파를 초월하여 수많은 교인이 몰려나왔다. 이에 시민들도 합세했다. 경찰은 이 시민들에게 무참히 발포하여 수백 명이 순식간에 쓰러졌다. 10대 소년과 소녀들도 죽어 갔다. 시위대는 시체들을 두고 계속 전진했다. 군중들은 계속 늘었고, 희생자는 점점 더 생겨났다. 시민들은 혁명가를 부르고 국기를 들면서 총탄을 두려워하지 않고 행진했다. 이 소식은 즉각 전국적으로 퍼졌고, 전 국민들이 함께하는 저항 운동으로 번져 나갔다.

이처럼 탈냉전 시기 동유럽에서 벌어진 자유화 바람은 루마니아에도 불었다. 1989년은 소련을 비롯한 동구권의 많은 사회주의 국가들이 사회주의 체제를 버리고 민주화의 길로 접어들던 시기였다. 루마니아에서도 만성적인 식량 부족과 독재 정치로 인해 민주화에 대한 요구가 높아졌다. 이러한 사회적 불만에 불을 지핀 것은 그 자신이 되고 만 것이다.

이 사건 당시에 이란을 방문 중이던 차우체스쿠는 급히 귀국했다. 전체 국면을 파악하지 못한 독재자는 자신의 건재를 과시할 목적으로 12월 21일 부쿠레슈티에서 관제 집회를 조직했다. 그것은 티미소아라 공개집회였다. 이 역사적 대반격은 그곳에서 일어났다. 차우체스쿠의 연설 도중에 각성한 일부 시민들이 그동안 억눌리고 숨죽였던 자신들의 목소리를 내기 시작한 것이다. 바로 반정부 구호였다.

이렇게 독재 정권에 대한 오래된 분노는 정점에 달했다. 방송국에서는 이런 상황을 전국에 생생하게 중계했다. 정부는 예상치 못한 사태의 심각성을 알고 방송을 제지하고 통제하려 했지만 다시 재개되었다. 때는 이미 늦었다. 걷잡을 수 없는 저항이 계속되었다. 비밀경찰 세쿠리타테가 시위대를 유혈 진압했다. 차우체스쿠는 경찰로는 진압이 어렵다고 판단하여 군대를 동원했다.

12월 22일 아침 9시 30분, 국방장관 바실리 밀레아가 시체로 발견되었다. 차우체스쿠는 그가 자살했다고 발표했다. 그러나 시민과 군인들은 이 사실을 의심했다. 그가 발포 명령을 거부하여 총살당했다고 믿은 것이다. 그 후에 2005년에 있었던 조사에서 바실리 밀레아는 자살한 것으로 결론이 났다. 군대가 시민 편으로 돌아선 것이다.

결국 차우체스쿠는 헬리콥터를 타고 궁을 탈출했지만 12월 23일에 혁명 측에 체포되어 12월 25일에 부부가 함께 총살당한다. 한 독재자의 비극이 끝나는 순간이었다. 헬기를 타고 도주하려는 차우체스쿠 부부는 헬기 조종사의 변심으로 체포되었다. 헬기 조종사는 "차우체스쿠는 북한으로 도주할 생각이었다."라고 증언했다.

혁명 이후에는 새로운 임시정부인 "구국전선" National Salvation Front 이 구성되었다. 그리고 국가 정책의 전반적인 개혁 조치로 공산당 해체, 다당제 도입, 토지 분배 및 종교의 자유 인정 등의 사회 개혁 조치들이 발표되었다. 차우체스쿠는 '종교는 아편'이라는 마르크스를 충실하게 따른 것이다. 그는 본인 스스로 신이 되려고 했다. 교회가 눈에 보이면 치우려고 했다.

심지어는 교회 건물을 그대로 옮겨서 다른 지역으로 이동하도록 탄압했다. 이렇게 국민을 탄압하고 억압했던 철권 통치자의 마지막은 비참했다.

차우체스쿠의 조종사 중령 바실레 마루찬은 기체가 요동치게 조종하면서 "비행기를 향해 대공사격이 올라온다."라고 거짓 보고를 했고, 이에 차우체스쿠 일행이 위험을 느끼자 도로 옆에 비상 착륙을 했다. 거기서 차량을 징발하여 타고 가던 도중 운전기사가 대통령 일행에게 "이제 안전하다."라고 하며 농가에 숨겨 주었다. 그리고 그들은 곧바로 혁명군에게 체포되었다. 그 후 차우체스쿠 내외는 재판 절차를 거쳐, 살인죄와 경제파탄 죄를 들어 처형되었다.

라스즐로 토케스 목사는 나중에 무사히 살아서 돌아왔다. 그는 시민들을 위로하고자 병원을 찾았다. 한 학생은 그에게 이렇게 감동적인 말을 건넸다. "목사님 저는 다리가 잘려 나갔어도 실망하지 않아요. 첫 번째 촛불을 밝힌 사람이 저였으니까요. 한쪽 다리만으로도 평생을 자랑스럽게 살아가겠습니다."

루마니아 혁명은 교회에서 몇 개의 촛불로 시작되었다. 1989년 12월의 성탄절을 앞두고 차우체스쿠 정권은 갑자기 종언을 고했다. 지금도 그 역사의 현장이었던, 루마니아의 티미소아라 시의 중앙 광장 가까운 곳에 라스즐로 토케스 목사가 섬겼던 개혁 교회 건물이 있다. 그 건물의 돌로 된 벽에 작은 푯말이 붙어 있고, 거기에는 4개 국어로 새겨진 글귀가 있다.

"바로 이곳에서 한 독재자를 쓰러뜨린 위대한 혁명이 시작되었다."

10

성경적 리더관

✦

창조에서 시작하여 타락과 구속 및 완성으로 진행되는 구원 역사에서 그 진행 과정과 구속사의 흐름을 보면 성경적 리더십의 중요한 원리를 발견할 수 있다. 마침내 하나님의 섭리와 의도된 목적과 그 지점에 도달하기까지 구심점의 전 과정이 "왕의 제도" kingship 이다.

구약성경은 왕들의 이야기다. 요즘 학문으로 조명하면 왕조 중심의 역사관이다. 성경에는 중요한 3대 언약이 있다. 바로 아브라함의 언약, 모세의 언약, 다윗의 언약이다. 창세기에서는 하나님께서 인간에게 "모든 생명체를 다스리는" 역할과 사명을 부여했다고 한다. 이는 "문화위임령" 창 1:28 이다. 하나님께서 사람에게 전한 언약이며, 규약이다. 세상을 지배하고 다스리는 권세를 주셨다는 것이다. 엄밀하게 보자면 다스리고, 섬기고, 보존하고, 창조적으로 잘 관리하라는 의미이다. "언약"의 규약이 처음 등장한 것은 창세기 6장 18절이다.

"그러나 내가 너와는 언약을 세우리니…." 성경은 언약의 체결을 언급한다. 창세기의 문화위임령을 근거로 한 언약의 재가와 확증의 의미로 해석한다. 인간은 창조 때부터 하나님과의 특별한 언약의 관계였다. 그러나 에덴동산에서 하나님의 명령을 어기고 선악과를 따먹으며 불순종하여 동산에서 추방당함으로써 언약 관계가 파기되었다. 본래의 신분은 하나님과 특별한 관계로서 모든 만물을 대리통치할 사명이 있었다.

비록 인간의 죄로 파국으로 흘러갔지만 하나님의 사랑은 변함이 없었다. 다시금 생명체에 대한 지배 권한을 세워 주신다. 원래의 지위를 회복시켜 주신 것이다. 이러한 구속의 경륜 안에서 등장하는 인물이 아브라함이다. 하나님은 아브라함을 부르셔서 그와 언약[창 12:1; 15;18; 17:8]을 맺으셨다. 복의 근원으로서 아브라함에게 지위를 부여해 주신다. 땅과 후손을 기업으로 주신다고 약속하신다. 이 하나님과 아브라함의 언약 안에서 이미 칭의의 개념이 내재되어 나타난다. 사도 바울은 아브라함의 믿음을 보시고 하나님께서 '의'로 여기셨다는 구절에서 '이신칭의'의 개념을 언급한다.

인간은 죄인이다. 거듭나도 위치나 신분상 의인이지, 실제적으로는 완전한 의인이 아니기에 인간은 불완전하다. 그래서 인간은 의지의 대상이 아닌 사랑과 이해, 용서의 대상이다. 우리가 의지할 분은 오직 삼위 하나님이다. 아브라함과 그의 후손들에게 "젖과 꿀이 흐르는 가나안 땅"을 주시고, "심히 아름다운 땅"이라는 표현처럼 좋은 땅을 주시겠다고 했다. 또한 큰 민족을 이루고[창 12:2], 왕들이 나올 것이라고 했다.

인간의 죄와 타락에서 이를 극복할 후손, 왕의 출현을 예고한다. 그리고 마침내 이스라엘 민족의 가나안 정착으로 현실화된다. 모세 언약이라고 하는 것은 출애굽 시대의 리더였던 모세를 민족 해방의 지도자로 세우겠다는 언약이고, 더불어 이스라엘을 애굽의 430년 동안의 노예생활에서 해방시키겠다는 언약을 말한다. 의는 하나님과 인간의 쌍방이 성실하게 이행해야 하는 조건이다. 하나님 나라의 복음은 구약의 선지자들과 예수님의 구속사를 거쳐 현재에 이르게 된 것이다. 하나님의 사랑은 변함없으시다. 그래서 은혜 이전에 사람은 죄로부터의 정화와 영적 거룩함을 통해 하나님과의 '의'를 지키려고 최선을 다해야 한다.

이스라엘은 가나안 정복 때에도 모든 가나안 족속을 멸하라는 명령이 있었지만 불순종한다. 그 결과 이들과의 끝없는 전쟁이 펼쳐진다. 사무엘 선지자의 등장과 함께 새로운 왕의 시대가 열린다. 이스라엘은 고대 근동의 정치 질서에 비해 늦은 시점에 왕이 등장한다.

"그 때에는 이스라엘에 왕이 없었으므로 사람마다 자기 소견에 옳은 대로 행하였더라." (삿17:6)

이 성경의 본문에는 두 가지 중요한 핵심 단어가 나온다. 하나는 "이스라엘 왕"이고, 다른 단어는 "자기의 소견"이다. 사사기에서 이 말이 기록된 배경을 먼저 알아야 한다.

창세기에서 나오는 아브라함의 언약, 이스라엘의 노예생활에서 시작하여 출애굽한 후 하나님의 언약인 '모세 율법'을 통해 여호수아의 가나안 정복 시대를 관통하는 하나님의 신정 정치를 이해해야 한다. 신명기 왕의 법전에 따르면 이스라엘의 왕은 철저히 모세의 율법에 따라 백성을 다스려야 하는 신본주의적 왕의 위상 신 17:18–20 이고, 하나님의 대리 통치자로서의 모습이다. 이스라엘의 초대 왕 사울 이후에는 다윗 왕조가 등장한다. "집과 네 나라가 네 앞에서 영원히 보전되고 네 왕위가 영원히 견고하리라 하셨다 하라." 삼하 7:16 는 언약이 선포된다.

다윗은 실수나 허물이 많은 인물이었지만 하나님의 마음에 합한 자였다. 다음 말씀은 신앙과 삶, 세상을 주관하시는 하나님의 주권에 대한 다윗의 신앙 고백이다.

> "여호와여 위대하심과 권능과 영광과 승리와 위엄이 다 주께 속하였사오니 천지에 있는 것이 다 주의 것이로소이다 여호와여 주권도 주께 속하였사오니 주는 높으사 만물의 머리이심이니이다 부와 귀가 주께로 말미암고 또 주는 만물의 주재가 되사 손에 권세와 능력이 있사오니 모든 사람을 크게 하심과 강하게 하심이 주의 손에 있나이다." (대상 29:11-12)

성경은 66권이다. 구약은 39권, 신약은 27권으로 되어 있다. 구약성경의 역사를 보면 국가를 다스리는 왕정 시대의 유래와 그 흐름을 통해 국가와 리더 간의 관계를 알 수 있다. 창조 시대에서 족장 시대, 출애굽 시대 그리고 광야 시대, 정복 시대, 사사 시대로 이어지는 과정 가운데 백성들은 하나님께 이스라엘의 왕을 요구한다. 하나님께서는 왕정의 폐해를 염려하시지만 백성들의 요구를 들어주신다. 하나님 뜻은 이중적인 의미가 있다. 지시적인 뜻이 있고, 허용적인 뜻이 있다.

국가, 왕에 대한 순종과 저항권

성경은 국가의 왕과 권력자들에 대해 크게 세 가지 관점을 드러낸다. 하나는 한국 교회에서 '전가의 보도'처럼 사용했고 과거 독재자들을 찬양하거나 옹호할 때 사용했던 왜곡된 성경 해석이다. 바로 로마서 13장 1절이다. "사람은 위에 있는 권세들에게 복종하라 권세는 하나님으로부터 나지 않음이 없나니 모든 권세는 다 하나님께서 정하신 바라." 국가의 권력자는 하나님께서 세우신 것이기에 복종하라는 말씀이다.

이 말씀은 권력의 절대성 부여와 정치적 침묵주의 Political Quietism 를 정당화하는 것 같지만, 헬라어 본문에서 "위에 있는"으로 번역된 단어는 '휘페레쿠사이스'이다. 지상의 통치자를 의미하면서도 동시에 최고의 통치자인 하나님을 전제하는 것이다. 성경 본문을 해석하거나 적용하고자 할 때는 성경 전체를 조명해야 한다. 로마서 13장 1-3절에서는 통치자를 악한 일을 하는 자들에게 두려운 권위지만, 선한 일을 하는 자들에게는 전혀 두려운 권위가 아니라고 언급한다. 결국 "더 높은 권세", 즉 하나님의 권세와 뜻을 따라야 한다는 의무를 강조한다.

그렇다면 이 말을 한 사도 바울은 로마의 앞잡이였을까? 그렇지 않았다. 그는 역설적이게도 복음을 전파하다가 로마 제국주의 세력에 의해 순교당했다. 그러므로 이 말의 기저에는 다양한 의미가 함축되어 있다. 바울 자신이 로마 시민권자라는 것이다. 그는 선교 사역에서도 시민권자로서 도움이 되었다. 환경의 제약이나 조건이 팔레스타인에 거주하는 일부 유대 백성이나 제자들, 다른 복음전도자들보다 로마 통치권자에게 우호적일 수밖에 없었을 것이다. 또한 이 시기는 네로가 그리스도인을 박해하던 시기였다. 그러므로 그는 선교 사역에서 복음 전도자들의 안전을 우선적으로 고려하여 현행 질서인 로마의 권위를 수용하지 않을 수 없었다는 것도 알아야 한다. 또한 이 구절은 명령이 아니라 선교 여행의 성공적 수행을 위한 전제이며, 신앙 공동체의 목적 실현을 위한 하나의 안전 지침이나 행위 지침이라 할 수 있다.

이 구절은 무조건적인 권력에의 순종이나 충성을 말한 것은 아니다. 권력의 본질과 그 정당한 사용을 언급한 것이다. 이 말에는 이중적인 면이 내포되어 있다. 잘못된 권력은 백성들에게 통치의 정당성을 소멸하고 저항할 수 있는 근거를 제시한다. 로마의 정치는 황제가 곧 신이었다. 그 이상의 어떠한 권위도 존재할 수 없었다. 그런데 여기에서 황제의 절대 권력을 상대화한다. 황제가 절대적인 존재가 아니라, 왕권이 하나님의 위치 그 아래에 있는 상대적 권력임을 드러낸다. 이 말은 권력의 근원적인 힘을 권력의 주변으로, 권력의 수여자를 권력의 수혜자로, 절대 권력의 왕권을 권력의 종으로 해체하고 격하한 놀라운 사실로, 이는 당시에 국가와 정치 질서에서는 반역에 가까운 논리적 모욕이었다.

핵심 구절인 3절이다. "다스리는 자들은 선한 일에 대하여 두려움이 되지 않고 악한 일에 대하여 되나니 네가 권세를 두려워하지 아니하려느냐 선을 행하라 그리하면 그에게 칭찬을 받으리라." 하나님께 온전히 복종하기 위해서는 사람과, 제도와 법, 정치적 질서를 거부하거나 저항해야 할 때가 있다. 그것은 최고의 권위인 하나님의 법에 복종하는 것이기 때문이다. 구약의 다니엘은 온갖 위험을 무릅쓰고서도 하나님의 뜻에 어긋난 왕의 명령을 거부했고, 신앙의 절개와 지조를 지켰다. 공동번역은 4절을 이렇게 번역한다. "통치자는 결국 여러분의 유익을 위해서 일하는 하나님의 심부름꾼입니다." 즉, "네게 선을 이루는 하나님의 사역자"를 "너의 유익을 위한 심부름꾼"으로 번역한다. 공적인 권력과 백성을 위해 하나님이 허락하신 제도라는 혁명적 의미가 담겨 있다.

이 성경 본문을 중심으로 청교도들은 영국으로부터의 독립 운동을 전개했다. 이는 미국 건국의 정신적 가치이자 지주였고, 토대가 된 것이다. 하나님의 뜻 안에서 정당한 권위에 대해 순종할 이유는, 정의롭지 못하고 불의한 권력에 대해서는 불순종할 이유가 된다. 종교 개혁가들은 앞서 언급한 다음 본문 5절의 "양심에 따라"는 정당한 명령과 권력에 대한 순종으로 해석했다.

> "그러므로 복종하지 아니할 수 없으니 진노 때문에 할 것이 아니라 양심을 따라 할 것이라." (롬13:5)

청교도 목사였던 윌리엄 브리지William Bridge는 이렇게 이해했다. 그가 웨스터민스터교회 총회에서 한 발언이다. "관원들은 우리의 유익을 위해 하나님이 세우셨다. 그런데 그들이 불법적인 것과 하나님의 계명을 어기는 것을 명령한다면 그들은 하나님의 종이 아니다. 그러므로 우리는 로마서 13장 5절에 근거하여 양심에 따라 불순종하고 저항해야 한다." 성경은 국가의 최고 리더에게 공의와 사랑의 법과 특권에 상응하는 엄한 정의와 선한 의무를 제시한다. 그래서 불의한 권력에 대해 나단 선지자는 다윗 왕을 책망했다. 그리고 이 성경 구절의 배경은 왕이 절대 권력자였던 로마의 왕정 시대이다.

오늘날 고도로 발달한 민주 국가는 대의제 민주정치를 따른다. 주권자인 국민이 최고 권력자이다. 권세에 대한 재해석이 요구된다. "대한민국의 주권은 국민에게 있고, 모든 권력은 국민으로부터 나온다." 대한민국 헌법 제1조 2항 '민주주의' democracy 는 원래 그리스어 demokratía 에서 나왔다. "민중 데모스 의 지배 크라티아" 를 뜻한다.

이는 '엘리트에 의한 지배'의 반대 개념으로 나온 말인데, 오늘날로 말하면 국민이 권력을 가짐과 동시에 스스로 권리를 행사하는 정치 형태이다. 또는 그러한 정치를 지향하는 사상을 말한다. 이 말은 일본에서 민주주의로 해석되어 한국에 전해졌다. 대의제 민주주의 사회에서는 국민의 개개인의 생명과 안전, 사회 질서 유지와 평안, 공동체의 유익을 위해 환경의 위험이나 불의를 막기 위해 공직자를 세운 것이다. 이 일을 충성스럽게 감당하라고 개인의 권리를 공직자에게 위임한 것이다. 그러므로 공직자는 국민의 뜻 안에서 공권력을 행사해야 한다. 권리와 의무가 내포되어 있는 것이다. 이것이 민주주의의 근간과 기초를 이루는 '사회 계약 사상'이다.

또 하나는 하나님께서 권세자로 세우셨다 하더라도 하나님의 뜻에 반하거나 불순종하거나 불의한 정치를 행할 때는 하나님께서 그를 버리신다는 성경적 근거 삼상 15:19-23 이다.

마지막으로 최악의 경우에는 하나님의 뜻과 무관하게 권세자를 선택하거나, 세운 경우이다. 그 결과 하나님의 징계나 국가적 패망을 경고한다. 호세아서 8장 4절의 말씀이다. “그들이 왕들을 세웠으나 내게서 난 것이 아니며 그들이 지도자들을 세웠으나 내가 모르는 바이며 그들이 또 그 은, 금으로 자기를 위하여 우상을 만들었나니 결국은 파괴되고 말리라.” 그래서 무조건 로마서 13장의 말씀을 인용해서 불의한 정치 권력이나 통치자에게 의존하거나, 이를 용인하거나 지지한다는 것은 비성경적 행위이다. 성경을 보면 사사 시대의 신정 정치는 가장 이상적인 정치였다.

이스라엘 백성이 하나님을 잘 섬기고 하나님의 말씀을 잘 지켜 행하면 가장 이상적인 신정 국가였다. 그러나 이스라엘 민족은 신정 정치를 누리고 살 만큼 성숙하지 못했다. 그래서 사사였던 사무엘을 통해 기름부음 의식이 행해졌고, 이스라엘의 사울 왕이 최초로 세워졌다. 기름부음을 받는 자는 제사장, 선지자, 왕 이렇게 세 직분이다. 이스라엘의 왕은 반드시 선지자가 기름을 부어야만 왕이 될 수 있었다. 이렇게 시작된 것이 왕정 시대이다. 1대 왕 사울, 2대 왕 다윗, 3대 왕 솔로몬에서 남과 북으로 분열된다.

이스라엘은 12지파로 되어 있다. 이 12지파가 남과 북으로 분열된 것이다. 그리고 포로 시대에 접어든다. 다시 시작되는 회복과 이방민족의 침입과 혼란, 일시적 평화의 시대가 교차하면서 신약으로 이어진다. 창조에서부터 도도히 진행되는 구속사는 예수 그리스도를 통해 정점에 이른다. “이스라엘에게 회개함과 죄 사함을 주시려고 그를 오른손으로 높이사 임금과 구주로 삼으셨느니라.”[행 5:31] 세속 국가를 포함하여 모든 유, 무형 권세의 영역이 그리스도의 주권 아래로 귀속된다. 여기에서 말한 주권은 교회와 국가를 동시에 관장하는 주권이다. 결과적으로 구약의 모든 왕은 하나님의 언약 안에서 통치권을 행사했지만 온전치 못한 역사였다. 백성들은 물론이고 왕들도 하나님의 언약과 사명을 망각하거나 반역했다. 권력의 남용과 불순종과 타락으로 점철된 역사였다.

결국에는 하나님의 대리 통치자로서의 부여된 그 권세를 온전하게 사용하기에는 왕들에게 한계가 있었다. 마침내 하나님과의 온전한 지위와 신분이 회복되는 길은 오직 진리요, 생명이신 예수 그리스도임을 보여 준다. "말씀이 육신이 되어 우리 가운데 거하시매 우리가 그의 영광을 보니 아버지의 독생자의 영광이요 은혜와 진리가 충만하더라." 요 1:14 예수님은 죽기까지 순종하셨고 아버지의 뜻을 다 이루셨다.

이것이 지상의 참된 리더의 길이요, 하나님의 대리통치 원리인 권세와 왕적 지위와 다스림의 길이다. 이 언약적 사랑이 진리와 의와 함께 화평을 이루어야 한다. 진리가 없으면 사랑이 온전치 못하다. 의가 없으면 불완전한 화평이다. 서로 대립하고 충돌한다. 결과적으로 사랑은 진리를 요구하며, 화평은 의에 의존한다. 시 85:10-11 그래서 우리는 예수 그리스도의 재림까지 지상에서 하나님 나라의 확장을 위해 거룩한 영적 전투를 치러야 한다.

그런데 여기에서 한 가지 오류를 지적하고자 한다. 그것은 교회에서나 신학자들이 자주 사용하는 "영적 전쟁"이란 말이다. 물론 성경에는 영적 전쟁이나 영적 전투라는 단어는 없다. 다만 "싸움" 엡 6:12 이라는 단어가 영적 전쟁으로 표현된 것이다. 성경에는 "그리스도의 군사"라는 표현도 있다.

엄밀히 말하자면 영적 전쟁이라는 표현보다 "영적 전투"가 올바르다.

전쟁과 전투는 국가의 패망이나 존망을 좌우하는 엄청난 의미이다. 전투는 국지전이지만 전쟁은 전면전이다. 제2차 세계대전 초반에 독일군에게 패한 연합군이 최후 전쟁에 승리한 경우가 그 예이다. 그래서 작은 전투에서 져도 전쟁에서 승리하면 이길 수 있다. 예수님께서 이미 십자가 위에서 승리를 선포하셨다. 세속 국가를 포함하여 모든 유, 무형 권세의 영역이 그리스도의 주권 아래로 귀속된다. 교회와 국가를 동시에 관장하는 주권이다. 하나님 나라는 '이미' 도래했지만 '아직' 완성되지 않은 긴장 관계에 있다. 승리의 최종 선언만 남았다. 우리는 날마다 영적 전투를 한다는 표현이 적절하다. 다만 이미 이겨 놓은 상태에서 말씀과 성령의 역사, 예수님의 권세에 힘입어 기도와 믿음으로 한다는 것이다.

성경적 리더십의 원리, 기도

"일을 행하시는 여호와, 그것을 만들며 성취하시는 여호와, 그의 이름을 여호와라 하는 이가 이와 같이 이르시도다 너는 내게 부르짖으라 내가 네게 응답하겠고 네가 알지 못하는 크고 은밀한 일을 네게 보이리라." (렘 33:2-3)

성경적 리더십은 사람을 하나님의 뜻으로 이끄는 모든 신앙적 행위 이데올로기, 사상, 학문 그리고 총체적인 삶 를 말한다. 그래서 리더의 가장 중요한 원칙은 기도와 말씀에 전심전력을 다하는 것이다. 개인의 기도도 중요하지만 자신이 속한 공동체를 위해 늘 기도해야 한다. 기도로 시작하고, 기도로 일하며, 기도로 일을 마쳐야 한다. 기도하는 사람은 악과 타협하지 않으려는 강한 경향이 있다. 기도하면 선과 악을 분별하는 지혜, 의지, 결단력이 생긴다.

"나는 너희를 위하여 기도하기를 쉬는 죄를 여호와 앞에 결단코 범하지 아니하고 선하고 의로운 길을 너희에게 가르칠 것인즉 너희는 여호와께서 너희를 위하여 행하신 그 큰 일을 생각하여 오직 그를 경외하며 너희의 마음을 다하여 진실히 섬기라." (삼상 12:23-24)

이처럼 리더는 오직 마음을 다하고 뜻을 다하여 하나님과 영혼들을 사랑해야 한다.

"건축자가 버린 돌이 집 모퉁이의 머릿돌이 되었나니 이는 여호와께서 행하신 것이요 우리 눈에 기이한 바로다 이 날은 여호와께서 정하신 것이라 이 날에 우리가 즐거워하고 기뻐하리로다." (시 118:22-24)

모퉁이의 머릿돌은 전체 건축물을 지탱하는 기초석이다. 예수님께서도 자신의 처지와 역할을 이 비유로 말씀하셨다. 당시 종교권력자들과 정치권력자들에게 죽음을 당했지만 그는 하나님의 섭리 가운데 부활 승천하시고, 하늘과 땅의 모든 권세를 부여받으셨다. 성경적 리더십은 구속사적 관점에서 조명해야 올바른 관점을 견지할 수 있다. 다윗은 예수님의 예표로서 이스라엘의 이상적인 왕이다.

다윗의 이 표현은 전격적인 상황의 변화와 절망 가운데서 하나님의 은혜로 새롭게 전개되는 자신의 상황과 처지를 말한다. 사람들과 대적자들에게 멸시와 천대, 굴욕과 핍박을 받았던 운명이 하나님의 은혜와 도우심을 받아 영예롭게 되었으며, 더 나아가 중대한 역할과 임무를 부여받았음을 말한다. 어둡다고 태양이 없는 것이 아니며, 넘어졌다고 길이 끊긴 것은 아니다. 한 명의 리더가 그 시대에서 쓰임받기 위해서는 수많은 난관과 고통을 극복해야만 한다. 이스라엘의 역사에 가장 위대한 왕이었던 다윗이 대표적인 인물이다. 다윗은 도피와 절망 가운데서도 하나님의 은혜로 서서히 역사의 전면에 등장한다. 그에게 사람들이 몰려든다. 그렇다면 다윗에게로 돌아온 자, 다윗에게로 나아와서 새 이스라엘을 건국했던 자들은 구체적으로 어떤 사람들이었는가.

역대상 12장 1-7절에 보면, 다윗이 피신생활을 할 무렵부터 자진해서 그를 찾아온 사람들이 있었다. 이들은 활을 잘 쏠 뿐만 아니라, 양손으로 물맷돌을 던질 줄 아는 용사들이었다. 이런 용사들을 '베냐민 지파 사울의 동족'이라고 했다. 29절에도 "베냐민 자손 곧 사울의 동족은 아직도 태반이나 사울의 집을 따르나 그 중에서 나온 자가 삼천 명이요."라고 했다. 즉 베냐민 지파 사람들은 아무래도 대다수가 다 같은 지파 출신인 사울 왕을 따르고 있었지만, 그들 가운데서도 사울을 떠나 다윗에게 나아온 사람이 벌써부터 많이 생겼던 것이다. 다윗에게 나아온 자들은 다윗이 유리하다고 싶을 때 모인 기회주의자들이 결코 아니었다. 믿음과 모험심을 지닌 용기 있는 사람들이었다.

본문 8절에서 15절을 보면, 갓 지파 사람들 중에서도 방패와 창을 능수능란하게 쓰고, 사자와 같은 용맹과 사슴과 같은 기동력을 지닌 용사들이

다윗에게 돌아왔다. "잇사갈 자손 중에서 시세를 알고 이스라엘이 마땅히 행할 것을 아는 우두머리가 이백 명이니 그들은 그 모든 형제를 통솔하는 자이며 스불론 중에서 모든 무기를 가지고 전열을 갖추고 두 마음을 품지 아니하고 능히 진영에 나아가서 싸움을 잘하는 자가 오만 명이요." 대상 12:32-33 즉, '시세를 아는 자'들이 다윗 진영으로 참여한다. 하나님의 뜻과 시대의 흐름을 알았다는 것이다.

그들이 다윗에게 오는 시점을 표현하기를, "거친 땅 견고한 곳에 이르러"라고 했는데, 이는 '황무지에 있는 요새'라는 뜻이다. 즉, 다윗이 유다 부근의 황무지를 피신처로 삼아 방랑할 때를 가리키는 것으로, 앞서 1절에도, "다윗이 기스의 아들 사울을 인하여 숨어 있을 때"라고 밝힌 대로다. 그 당시의 다윗은 어떠한 현실적인 가능성이나 비전이 보이지 않던 암울한 시절이었다. 그러나 다윗은 하나님께서 새로운 시대를 열기 위해 준비해 둔 하나님의 사람이었고, 그들이 이를 깨달았기에 가능했다.

이 모든 상황과 환경 가운데 다윗이 등장한 것에는 하나님의 놀라운 계획이 있었다. 사람들은 흔히 존귀와 영광을 얻으면 지난 시절과 하나님의 은혜를 망각한다. 하지만 다윗은 고통 중에 거하던 때를 회상하며, 자신의 처지를 외면하지 않는다. 그는 많은 사람의 미움을 받았고, 조직적인 박해를 받았다. 사람들은 사단의 도구가 되어 극심한 핍박과 악함 시 118:13 으로 다윗을 죄와 파멸로 밀어 넣으려 온갖 궤계와 수단을 써서 방해했다. 그러한 구도 속에서 하나님의 징계도 경험 시 118:18 했다.

이 모두가 하나님의 섭리였다. 고통을 통해 하나님을 의지하도록 만들었고, 인생의 의미도 깨닫게 되었다. 예수 그리스도 고난의 예표이다. 다윗은 고난 가운데 하나님께 부르짖었으며, 그 결과 응답받았다. 다윗의 기도를 들으시고 대적들의 계획을 좌절시키셨다. 그의 대적들은 한때 일시적으로는 다윗을 위협하는 세력처럼 보였지만 하나님은 그들을 다 물리치셨다. 그들은 자취도 흔적도 없이 사라졌다. 그는 고난과 절망, 고통 가운데서도 사람들을 의지하지 않고 하나님만 의지했다. 하나님만이 유일한 피난처요, 산성이었다. 대적들의 심판과 다윗의 회복은 극명하게 대조를 이룬다. 오직 하나님만 의지하고 하나님의 뜻과 방법으로 승리한 다윗을 통해 고난을 극복하는 영적 지혜를 얻을 수 있다.

특별히 리더는 '리더십 킬러'를 잘 대처하고 극복해야 진정한 리더로 대성할 수 있다. 위대한 전쟁의 영웅이었던 다윗도 한때 그의 리더십에 불만을 품고 백성들이 대적한다. 이러한 상황에서 다윗은 하나님의 은혜로 그 위기를 극복한다.

> "백성들이 자녀들 때문에 마음이 슬퍼서 다윗을 돌로 치자 하니 다윗이 크게 다급하였으나 그의 하나님 여호와를 힘입고 용기를 얻었더라." (삼상 30:6)

의식화의 4단계와 삶

의식화란 무엇인가? 자기와 환경, 사회 체계, 국가와 세계 질서의 모든 문제에 이르기까지 총체적으로 분석할 수 있는 지적 능력과 통찰력을 말한다. 의식화는 최종적으로 이 세계를 올바른 방향으로 지향하는 변혁 의지이기도 하다.

브라질의 파울로 프레이리Paulo Freire는 『페다고지』에서 '의식화'는 크게 4단계로 나눌 수 있다면서 자신의 견해를 이렇게 피력한다.

제1단계는 비역사적 의식을 말한다. 본능적 의식으로써 억압적 현실에서도 사회 정치적으로 무감각하다.

제2단계는 주술적 의식을 말한다. 반본능적인 의식으로써 폐쇄적 사회와 침묵의 문화에서 길러진다. 지배 문화의 억압을 당연시 여기는 것이다.

제3단계는 순진한 의식을 말한다. 삶의 조건과 상황에 의문을 제기하지만, 변질될 수 있는 의식이다.

제4단계는 비판적 의식으로써 실천과 생활의 결합으로 완성된다고 본다.

프레이리는 교육을 통한 의식화로 인간과 세계를 해방할 수 있다고 주장한다. 피억압자의 교육은 피억압자를 위해서가 아니라 그들과 더불어 동일시되는 부단한 투쟁이 이루어져야 한다고 말한다. 그는 자유를 성취하는 과정을 비판적 의식에서 프락시스세계의 개혁을 위한 반성과 실천을 지향하는 단계 단계로 구분하여, 의식화 이후의 지향해야 할 방향성과 실천의 궁극적인 목적을 제시한다.

전문가들에 따르면 한국은 글을 읽고 쓸 수 있는 기본적인 문맹률은 세계적으로 낮은 수준이지만, 실질 문맹률은 OECD 최고 수준이라고 한다. 독해력이 낮으면 의미 있는 의사소통이 힘들어지기 때문에 정치적인 참여나 정치적인 발전에 이르는 데도 방해가 된다. 독서는 하지 않으면서 노벨문학상을 기대하는 것이 한국인들이다. 이것은 자기모순이다.

우리는 흔히 "그 사람은 의식이 있어", "그 사람은 개념이 없어"라는 말을 한다. 의식이 깨어 있고 인격이 겸비된 사람이 지혜롭게 행동한다. 참 지성인의 덕목은 시대 변화를 이끈 통찰과 불의에 맞선 저항이다. 많은 지성인이 지금도 한 시대의 사상적 지주였던 『민중과 지식인』을 쓰신 한완상 장로님이나 『전환시대의 논리』를 쓰신 이영희 교수님을 존경하는 이유가 있다. 그것은 독재로 어둡고 암울한 시대에 우리에게 참된 지성과 정치, 사회의식을 일깨워 주었기 때문이다.

의식화가 없는 영성은 미신이나 맹신으로 변질될 수 있다. 영성이 없는 의식화는 급진적인 이데올로기나, 위험한 반사회적인 사회적 사상가로 전락할 수 있는 위험성도 내포한다. 은사나 치유, 회복의 거룩한 은혜는 문제가 되지 않는다. 성경의 진리가 당연한 근거이며, '예수 그리스도의 영성', '성령에 의한 영성'을 말한다. 그러나 이러한 영성이 잘못되면 객관적 성경 진리나 사회적인 기본 상식을 벗어나 검증되지 않는 주관적인 계시, 나르시시즘Narcissism, 자아도취, 엑스터시ecstasy, 황홀경, 관념의 유희, 정신승리, 저급한 의식의 한계에 매몰될 우려가 있다. 그래서 오늘날 한국의 기독교가 성령의 역사를 강조한 신앙적인 한계로 때로는 지성이 결핍되었다는 지적을 받기도 한다. 이런 미흡한 점은 사회 공동체와의 불협화음, 상식과 합리를 무시한 변질된 교회문화 등을 초래한다. 결과적으로 교회의 대사회적 이미지의 실추를 가져온다.

그 대안은 일차적으로, 성경진리와 성령의 역사가 중요한 원칙이다. 그리고 성경의 기준으로 세상과 학문을 재조정해서 볼 수 있는 성경적 세계관이 필요하다. 성경적인 관점과 성경의 프리즘으로 재조명하는 정치, 사회, 문화, 통일, 직업, 경영 등의 사상과 사회의식을 겸비해야 한다.

성경은 최소한 2천 년 전후에 쓰인 내용의 책이다. 오늘날의 문화와 직업과도 다르다. 베드로나 대부분의 제자들은 오늘날로 보자면, 1차 산업 종사자들이었다. 그대로 현실에 적용하기에는 무리가 따른다. 예를 들면 정치와 경영을 어떤 식으로 해야 성경적인 것인지, 하나님의 뜻인지 적용하기 쉽지 않기 때문이다.

짐 월리스Jim Wallis는 『하나님의 정치』에서 이러한 성경적 관점을 제시한다. "하나님은 공화당도 민주당도 아니다." 그는 진영 논리가 아닌 성경적 가치의 기준으로 정치 대안을 제시한다. 현대는 다양화, 다원화 시대이다. 복음과 상황 간에 조화와 균형 감각이 필요하다. 그러나 하나님의 뜻과 역사를 소홀히 생각한 이성의 우월성은 경계해야 한다. 복음의 원칙은 반드시 지켜져야 하고 훼손되어서는 안 되지만 시대 문화와 상황, 상대에 맞게 지혜롭게 접근해야 한다.

사도 바울이야말로 당시 사회에서 4단계 의식화 과정을 거친 후 다메섹에서 회심을 거쳤다고 생각한다. 그리고 과거의 지식을 배설물로 여긴다는 창조적 파괴를 통해 새로운 피조물로 변했고, 이로써 전인적인 복음을 탁월하게 전하게 되었다. 그동안 축적된 지식은 주님 안에서 복음을 전파하는 데 최대 무기로 사용되었다는 사실을 놓쳐서는 안 된다. 당시 각 분야의 최고 리더와 지성인에게 복음을 전파하고 변증하는 이론적 토대가 되었다는 것이다. 그래서 전천후 사역자, 멀티플 미셔너리multiple missionary로서 자신의 사명을 다할 수 있었다고 본다. 그리고 중요한 태도는 영혼에 대한 '사랑과 섬김'이었다.

영적 리더십과 '로드십' Lordship

헨리 블랙커비 Henry &Richad Blackaby 는 리더십을 이렇게 정의한다. "영적 리더는 자신의 리더십이 하나님께 달려 있음을 안다. 그래서 단순히 사람들을 하나님이 정해 주신 방향으로 이끄는 데 만족하지 않고, 하나님이 자신을 통해 이 세대를 향한 목표를 실제로 이루시도록 일한다. 영적 리더는 사람들을 움직여서 현재의 자리에서 하나님이 원하시는 자리로 가게 한다. 영적 리더는 성령께 의존한다. 영적 리더는 하나님께서 책임지신다. 영적 리더는 하나님의 사람들뿐 아니라 불신자에게도 영향을 미친다. 영적 리더는 하나님의 계획에 따라 일한다. 예수님의 리더십 핵심은 아버지와의 관계이다. 하나님의 영광을 위해 소명을 받은 사람이, 예수 그리스도의 모범을 통해 사람들에게 영향력을 미쳐 하나님이 원하시는 방향으로 리더십을 발휘하는 것이다."

리더십은 가치함축적이다. 가치중립적이 아니다. 이런 면에서 성경적인 리더십은 이중적인 차원을 갖는다. 바로 인적 요소와 신적 요소이다. 리더의 인간적 자질의 우수성과 영적인 면을 포함한다. 감독자로서, 전도와 선교의 동기부여자로서, 교회 회의와 집행의 최종결정자로서, 삼위일체 하나님의 역사를 감당하는 사역을 총칭한다. 영적 리더는 하나님의 음성을 들을 줄 아는 자요, 하나님의 지시를 전달하는 자이다. 일반 사회적 리더십과 달리 영적 리더십이 원칙이며, 그 수여권은 하나님께 있다. 영적 리더는 소명을 받은 실천자이다.

사사 시대였던 엘리 제사장의 때에도 영적 침체가 있었다. "여호와의 말씀이 희귀하여 이상이 흔히 보이지 않았더라." 삼상 3:1 그 결과 엘리 제사장의 집안에는 저주가 임했고 국가는 전쟁으로 혼란에 처했다. 이러한 사태 이전에 하나님께서는 어린 사무엘을 보이지 않게 준비시키셨다. 그가 성전에서 훈련받을 때 하나님의 음성이 들려오기 시작한 것이다. 어린 사무엘은 엘리 밑에서 여호와를 섬겼다. 때로는 불의하고 타락한 리더의 밑에서 사역할 때도 있다. 하지만 기억해야 할 것은 기존에 세워진 리더들을 향해 대적하는 것은 경계해야 한다는 점이다. 하나님께서 반드시 심판하실 것이라는 믿음을 지녀야 한다. 사무엘이 12세쯤 되는 어느 날 밤, 그가 성전에서 자고 있는데 그를 부르는 음성이 들린다.

소년 사무엘은 엘리 제사장이 자신을 부른 줄 알고 찾아간다. "사무엘아!", 이 음성을 세 번이나 들었다. 엘리 제사장은 하나님의 음성임을 직감한다. 그리고 엘리가 말한다. 가서 누웠다가 그가 너를 부르시거든 네가 말하기를 "여호와여 말씀하옵소서. 주의 종이 듣겠나이다."라고 하거라. 이제 타락한 엘리 시대가 끝나고 왕, 제사장, 선지자 3중 직분을 감당할 사무엘 시대가 새롭게 도래한다. 영적 리더십의 교체와 역사적 전환기의 영적 현상을 깨달을 수 있다. 사울 왕 이후의 다윗으로서의 정치 권력 교체기에도 다양한 사건이 있었다. 사울은 자신의 왕권에 위협적인 인물이었던 다윗을 철저하게 견제한다. 사울이 창을 던져 죽이려고 시도했지만 다윗은 피하기만 하고 분노하거나 복수하려 하지 않았다. 다윗은 사울을 피해 엔게디 광야에 있는 한 동굴에 숨어 있었다. 사울이 군사 3천 명을 거느리고 왔다. 사울이 상황을 모르고 생리 현상으로 이곳에 진입했다. 다윗의 사람들은 좋은 기회이니 사울을 죽이자고 했다.

그러나 다윗은 여호와의 기름부음 받은 자를 죽이고 싶어 하지 않았기 때문에, 사울이 벗어 놓은 겉옷자락만 가만히 베었다. 사울이 굴에서 나가 엔게디 절벽 아래에 이르자 다윗은 절벽 위에서 사울에게 왕의 옷자락을 보이며 소리쳤다. "왕을 죽일 수 있었지만 내 손으로 왕을 해치지 않겠다." 사울은 이 말에 감동을 받고, 자신의 잘못을 뉘우치며 철군했다. 나라의 민심이 이미 사울 왕을 떠나 자신에게 있던 다윗은 사울을 죽일 절호의 기회를 맞이했지만 신앙 원칙을 지킨 것이다. 다윗은 위기에서도 사울의 아들이자 우정을 나누었던 요나단을 통해 위로를 받는다. 그리고 위기와 환란 가운데서도 신앙을 굳건히 지킨다.

> "다윗이 사울의 자기 생명을 찾으려고 나온 것을 보았으므로 그가 십 황무지 수풀에 있었더니 사울의 아들 요나단이 일어나 수풀에 들어가서 다윗에게 이르러 그로 하나님을 힘 있게 의지하게 하였는데." (삼상 23:15-16)

다윗이 사울을 헤치지 않은 이유는 하나님께서 기름 부은 왕이라는 한 가지 사실 때문이었다. 다윗은 하나님을 경외했다. 다윗은 사울의 옷자락을 베고 나서도 하나님이 세우신 사람을 공격했다는 양심의 고통을 느꼈을 것이다. 다윗은 하나님께서 세우신 질서를 끝까지 지켰다. 그래서 나중에 성군이 될 수 있었다. 영적 리더십을 부정한 학자들도 있다. 하지만 하나님은 인간에게 자유의지를 주셨기 때문에 하나님의 절대주권 안에서 올바른 리더십을 발휘해야 할 권리와 의무가 부여되었다. 또한 영적 리더십에서 경계해야 할 점은 '리더십 만능주의'이다. 소명이란 관점에서 볼 때 모든 사람이 다 리더로서 부르심을 받는 것은 아니다. 헬퍼나, 팔로워로서의 역할과 소명을 다할 수도 있다. 소명과 은사와 역할과 직분이라는 차원에서 영적 리더십을 객관적으로 조명해야 한다. 리더십 교육은 포괄적으로 진행되어야 한다.

영적 리더십이란 성령의 역사와 성경의 원칙에 따르는 리더십을 말한다. 인간의 지혜나 자질도 중요한 기준이지만 철저히 하나님의 뜻과 소명에 충실한 리더십이 온전한 영적 리더십이다. 리더십이란 용어는 일반화된 학문적 용어이기는 하지만, 엄밀한 의미에서는 리더십이란 용어보다는 '로드십'이란 용어가 성경적 리더십 원리에 보다 더 가깝다. 로드십 Lordship 이란, 말 그대로 예수 그리스도의 주되심을 인정하고 순종하며 사는 것이다.

"십자가의 도가 멸망하는 자들에게는 미련한 것이요 구원을 받는 우리에게는 하나님의 능력이라." (고전 1:18)

그리스도인들의 삶 속에 로드십이 제대로 선포되고 적용되지 않으면 결정적인 순간에 하나님의 뜻과 방법을 구하는 것이 아니라, 자기의 생각과 의지에 함몰되어 하나님의 뜻을 거스르게 된다. 예수님을 주로 고백하고 성경말씀을 진리로 인정하며 삼위 하나님을 따르는 모든 크리스천의 정체성은 불멸의 스타이다. 성경은 불멸의 스타에 대해 이렇게 언급한다.

"지혜 있는 자는 궁창의 빛과 같이 빛날 것이요 많은 사람을 옳은 데로 돌

아오게 한 자는 별과 같이 영원토록 빛나리라." (단 12:3)

크리스천들의 사역과 리더십의 목적과 보상에 대해 설명해 주는 귀한 말씀이다. 영원한 스타는 이 땅에서 하나님의 목적을 이루고, 많은 사람에게도 그 목적을 이루도록 인도해 주며 세워 주는 영향력을 발휘하는 하나님이 쓰시는 사람들이다.

시대를 초월해 가야 할 '갈릴리 예수의 길'

진정한 리더의 역할은 한 시대가 길을 잃었을 때 길을 보여 주는 것이다. 길은 크게 나누어 세 가지 뜻이 있다. "교통수단으로서의 길", "방도를 나타내는 길", "행위 규범으로서의 길"이다. 예수님께서도 길을 보여 주셨다.

"예수께서 이르시되 내가 곧 길이요 진리요 생명이니 나로 말미암지 않고는 아버지께로 올 자가 없느니라." (요 14:6)

성경을 보면 예수님께서 사역하셨던 대표적인 지역으로 갈릴리와 예루살렘이 나온다. 사역의 시작은 갈릴리에서였고, 사역의 마침은 예루살렘이었다. 오늘날 교회가 좌표를 잃고 세상 가운데서 제 역할을 다 하지 못하고 있다는 사실은 모두 인정할 것이다. "혼란할수록 원칙으로 돌아가라."는 말이 있다. 크리스천들이 가야 할 길, 그 원칙은 갈릴리 예수님의 길이다.

예수님이 사역할 당시에 이스라엘의 정치적, 종교적, 경제적 상황은 참으로 비참했다. 국가적으로는 로마 제국의 식민지였고, 내부적으로 백성들은 그 시대의 3중 권력(로마제국, 헤롯의 대리권력, 종교권력)으로부터 고통과 억압을 받고 있었다. 그래서 이스라엘 백성은 자신들을 외세 압제와 종교적 억압, 불의한 사회 구조에서 구원할 메시아를 애타게 기다리고 있었다. 간절한 염원은 로마로부터 독립하고 유대 종교의 착취로부터 해방되기를 바랐다. 이때 예수님이 등장하신 것이다.

예수님의 메시지는 과격했다. 기존 질서나 체제를 뒤흔든 파괴력이 있었다. 당시 기득권층인 제사장, 서기관, 율법사들을 강하게 책망했다. 극단적으로 "독사의 자식들"이라고 외쳤다. 이들이 예수님을 죽이려고 한 의도는 율법의 고정화와 형식화에 치우친 두려움의 발로였다. 이들은 당시의 로마 총독 빌라도에게 "예수는 자기를 유대인의 왕이라고 선전하며, 로마에 대해 모반을 계획하고 있다."라고 고소했다. 유대 제사장들은 종교 권력을 악용해서 세속 권력까지 장악하려고 한 것이다. 안정 국면을 원했던 빌라도는 그 요구와 압력에 따랐다. 그것이 십자가 처형이었다. 로마 정권에 결탁한 유대인 대제사장 가야바와 바리새파 사람들이 정치적 부담 없이 예수님을 죽이려고 음모를 꾸민 결과이다. 결국 예수님을 하나님의 아들로 깨닫지 못했던 유대 종교 지도자들과 대제사장들이 십자가에 못 박았다.

예수 공동체는 로마의 권력에 결탁한 유대인들과 관제 종교에 저항한 것도 아니었다. 제자들은 예수님의 말씀에 충실히 따랐고, 그 사명을 다했으며, 예수 그리스도의 복음과 사랑의 교회 공동체를 만들고 세우는 데 헌신하고 희생했다. 예수님의 복음과 하나님 나라의 선포, 치유, 교육, 전도의 사역은 수많은 군중을 따르게 했다. 기존 종교 질서와 구도를 무너뜨린 변혁이었다. 지배 체제와 중심 가치 체계를 해체하고 전복한 것이다. 새로운 질서의 도래를 선포한 혁명이었다. 예수님과 천국복음을 만난 백성은 생활 주변의 모든 환경과 사물의 의미가 하나님 나라 운동 안에서 다시 규정되었고, 이전과 다른 뜻을 지니게 되었다.

이러한 움직임은 결과적으로 로마와 유대교의 권력자들을 강력한 적으로 만들었다. 예수님은 결국 대적들에 의해 처형당하는 고통을 당하게 된다. 예수님은 로마 지배 세력이나 당시의 종교 권력에 굴복하지 않았고, 담대하게 사명을 다하셨다. 예수님의 재판의 죄목은 신성모독, 반란죄였다. 기존 종교 질서와 정치 질서를 위협하는 소요를 일으킨 선동죄였다. 그들이 예수님을 죽이는 것을 스스로 정당화하기 위해 부여한 죄명은 '신성모독죄'였다. '하나님의 아들', 하나님과 동등하다고 주장하는 종교적 문제였다. 이는 하나님을 인간과 극단적으로 구분하는 유대인들에게 수용할 수 없는 새로운 질서였다. 그리고 '유대인의 왕'이라는 로마 통치에 반기를 든 정치적 문제였다. 신성모독이라는 죄명으로는 사형에 처할 수는 없었다. 당시 이스라엘은 로마의 속국으로 로마의 법을 따르고 있었기 때문이다. 결국에는 정치적 죄명으로 처형당하셨다.

예수님의 시대에는 로마 폭정에 대해 반제국주의 이념이나 저항이 그리스도인의 정체성을 규정하지는 않았다. 전체주의를 타파하고 기존 기득권 체제를 무너뜨리기 위한 대안적 수단으로서 예수 그리스도가 아니었다. 이스라엘 백성은 다윗의 후손으로 와서 로마로부터 민족을 구해 줄 강력한 왕 같은 메시아를 기다려 온 것이다. 하지만 예수님은 기대와는 정반대로 죄수의 모습으로 십자가에서 모욕과 처형을 당하셨다. 정치적 메시아를 대망한 이스라엘 백성과 제자에게는 너무나 큰 실망이고 충격적인 사건이었다.

> "십자가의 도가 멸망하는 자들에게는 미련한 것이요 구원을 받는 우리에게는 하나님의 능력이라." (고전 1:18)

예수님의 메시지와 선포는 대안 질서가 아니라 새로운 하나님 나라의 도래와 실현이었다.

> "예수께서 대답하시되 내 나라는 이 세상에 속한 것이 아니니라 만일 내 나라가 이 세상에 속한 것이었더라면 내 종들이 싸워 나로 유대인들에게 넘겨지지 않게 하였으리라 이제 내 나라는 여기에 속한 것이 아니니라." (요 18:36)

예수님의 언어적 행위와 실천적 행동은 당시의 기득권자들의 체제와 지배 이데올로기를 뒤흔든 결과였다. 유대 지도자는 그가 "모세의 율법을 훼손하고 자신을 하나님의 아들이라고 칭한다."라고 하여 그를 신성모독죄로 고발했다. 초기에 종교적 범죄에 대한 유대인의 고발이 발단이 되어 반역죄에 대한 정치적 고발로 전환된 것이다. 유대의 종교권력자들과 로마인 권력자들이 사악한 목적으로 결탁했고, 모두가 연루되었다. 로마 총독부는 병자를 고치고 많은 기적을 행함으로 수많은 무리를 이끄는 예수의 모습을 치안을 어지럽게 하는 소란 행위로 규정했다. 하지만 예수님을 직접 심문한 로마 총독 빌라도는 예수에게서 특별한 혐의점을 찾지 못했다. 그래서 예수를 풀어 주려 하자 종교권력자와 이에 선동당한 군중은 폭동을 일으킬 기세로 예수님의 처형을 요구한다. 예수님을 두려워한 사두개인과 바리새인이 예수님을 파멸하려고 음모를 꾸민 것이다.

예수님의 이전 활동 중심지는 갈릴리 호수를 중심으로 한 유대 마을이었다. 주변의 그리스와 로마에는 드나들지 않았다. 예루살렘에는 유대인의 관습에 따라 몇 차례 올라간 적이 있지만, 대부분 유의미한 여행은 없었다고 본다. 이러한 예루살렘에서 예수님은 기원 후 약 30년경 유월절 축제 시기에 예루살렘에서 유대 종교 지도자들에 의해 성전 모독죄로 체포되어 로마의 총독 빌라투스에게 넘겨졌으며, 곧 사형에 처해졌다.

위인이나 영웅들의 위대성은 전쟁과 권력과 폭력에 맞서는 고난의 길에서 형성되는 최고 인격일 가능성이 있다. 마태는 예수가 나사렛에서 성장한 것을 "나사렛이란 동네에 가서 사니 이는 선지자로 하신 말씀에 나사렛 사람이라 칭하리라 하심을 이루려 함이러라."마 2:23 고 했지만, 구약성경에서는 이런 기록을 발견할 수 없다. 나사렛은 사방이 야산으로 둘러싸인 해발 380m의 높은 분지인데, 다른 도시나 마을과 교류가 거의 없는 아주 한적한 곳이다. 예수님을 유대인의 왕이라고 조롱하기 위해 십자가 위에 붙인 "나사렛 예수 유대인의 왕"이란 팻말에서 대제사장과 장로들도 그를 단순히 나사렛 사람으로 여겼음을 알 수 있다.요 19:19

나사렛[Nazareth] 은 이스라엘 갈릴리 고지 남부에 있는 도시이다. 성모 마리아가 천사 가브리엘의 축복을 받고 예수를 잉태한 곳이며, 그 자리에 성 수태고지 바실리카가 자리하는 마을이다. 현재는 이스라엘 내의 아랍인 마을로 존재한다. 성경에는 예수님의 부모님이 정혼하기 전에 성령으로 잉태되어 태어났다고 기록되어 있다.

이 당시 역사적 배경을 보면 황제 가이사 아구스도는 전국에 영을 내려 호적하게 했다. 팔레스타인은 당시 헤롯의 지배 아래에 있었기에 예수도 이 명령에 따라 호적해야만 했다. 유대에서는 호적을 각 세대주가 현 주소에 하지 않고 본적지인 고향에 가서 했다. 그래서 요셉은 다윗의 출신지인 베들레헴으로 갔다. 마리아도 함께 갔다. 그런데 도착하고 보니 사람이 많아 방을 구할 수 없었다. 이런 상황에서 예수님은 유대 베들레헴의 어느 작은 마구간에서 태어나셨고, 이후 갈릴리 호수 근처 나사렛이라는 동네에서 자라셨다.

예수님은 헤롯의 박해를 피해 이집트로 피신했다. 12세 소년 예수는 예루살렘에서 '내 아버지의 집'을 발견했다. 그는 마귀에게 시험을 받으러 광야로 나가셨고, 갈릴리 마을과 도시를 다니면서 병자를 고치셨으며, 천국 복음을 전파하셨다. 이어 예수님은 갈릴리 여러 회당에서 전도하시며 귀신들을 내쫓으셨다. 회당은 유대인들의 종교 집회 장소로서 예배, 율법, 교육, 재판, 장례 등을 행하는 장소였다. 예수님은 나중에 고향인 나사렛을 방문하셨을 때 고향에서 환영을 받기는 했지만 존경을 받지는 못했다.

"예수를 배척한지라 예수께서 그들에게 말씀하시되 선지자가 자기 고향과

자기 집 외에서는 존경을 받지 않음이 없느니라 하시고." (마 13:57)

베들레헴에서 태어나신 후 가족들과 함께 갈릴리 나사렛에 거주한 예수님은 30세부터 33세까지 구세주로서의 사역을 전개하셨다.

나사렛이 이방 땅과 가까운 변방이고, 갈릴리 지역의 작은 마을이라는 점에서 유대인들은 나사렛을 이방 땅으로 간주했고, 또 나사렛 출신을 경멸했다.[행 24:5] 예수님이 나사렛에 와서 자라셨고 활동하심으로 이방의 흑암에 앉은 백성들은 큰 빛을 보게 되었다.[마 4:13–16] 더욱이 예수님께서 "나사렛 예수"라 불림으로써 이방을 향한 하나님의 구원 계획[유대인뿐만 아니라 이방인의 구주되심]이 명확하게 드러났다.

길 위의 인간, 그 구원자는 오직 예수

예수님께서는 세례 요한에게 세례를 받으시고 성부 하나님과 성령 하나님의 임재 가운데서[마 3:13–17], 갈릴리 지방을 중심으로 하나님 나라의 복음을 전파하시며 각종 병자를 치유하셨다.[막 2:2; 6:55–56] 그 당시 예수님을 따르던 사람들을 보면 정치적, 경제적 그리고 종교적 계명과 관습에 의해 억눌리고 소외당한 이른바 유대 사회의 하류 계층이었다. 세리와 창기와 같은 사회적 배타 인물들과 죄인들, 어부들, 가난한 여인들이 주였기 때문이다. 그가 갈릴리를 공적 사역 무대로 선택한 것은 유대인에게 통념화된 권위와 절대적 상징의 메시아의 모습과는 정반대되는 행위임이 틀림없다.

예수님은 북이스라엘의 갈릴리 지방에서 주로 사역하셨다. 예수님은 갈릴리를 무대로 하여 도래하는 "하나님 나라"의 복음을 전파하셨다. '갈릴리라는 뜻은 '둥글다'라는 의미이다. 갈릴리는 최초의 복음이 전달된 지역이자 부활 후에 만나기로 약속되었던 장소이며, 성경의 어느 지역보다도 의미가 깊다. 갈릴리는 당시 소외된 지역이었다. 유대인들이 정통 유대인 거주지로 인정하지 않은 곳이었다. 심지어는 예수님을 소개받은 나다나엘은 "나사렛에서 무슨 선한 것이 나겠느냐"며 친구의 말에 귀를 기울이지 않았을 정도로 무시받고 천대받은 지역이었다.

갈릴리는 아프리카와 아시아로 가는 유일한 육로로 전략적 요충지였다. 이방인들의 활동이 활발한 지역이었고, 지속적으로 전투나 외국의 침략이 행해지던 지역이다. 그 결과 우상숭배의 땅, 전통적으로 버림받은 땅, 비천하고 척박한 땅이 되었다. 이곳은 이방 지역과 인접하여 많은 가나안 족속들이 거주하고 있었으며[삿 1:33], 이방인의 침략도 잦았다.[대하 15:20,29] 이러한 역사적인 이유로 신약 시대에는 아예 갈릴리 지방을 '이방의 갈릴리'[사 9:1; 마 4:15] 라고 부르기도 했다.

갈릴리 지방은 이방인과의 혼혈도 많았다. 언어 역시 방언들이 많았다. 그래서 갈릴리 지방 사람들은 정통 유대인들에게 무시를 받을 수밖에 없었다.[요 1:46; 7:52] 또한 수도인 예루살렘에서 많이 떨어져 있는 산악 지대라는 지리적, 지형적 특성으로 로마 시대에는 혁명가나 반란자들이 이곳을 근거지로 활동하기도 했다.[행 5:37] 예수님은 예루살렘 사람이 아닌 갈릴리 사람이 되어 대부분의 핵심 사역을 전개하셨다. 메시지 선포와 치유와 이적의 현장이었다. 부활하신 후에도 갈릴리 바닷가에 다시 나타나셨다. 제자들을 위해 손수 아침을 준비하시고 그들과 식사하셨다. 그리고 베드로에게 "네가 나를 사랑하느냐?"라고 세 번이나 물으셨다. 예수님이 세 번이나 베드로에게 사랑을 확인하시자, 베드로는 "내가 주를 사랑하는지 주께서 아시나이다."라고 고백하며, 예수님을 향한 열정과 사랑을 다시 회복한다.

'갈릴리 바다'는 이름만 바다일 뿐 실은 넓은 민물 호수이다. 당시에 언어적 표현이 바다와 호수의 구분이 없었다고 전해진다. 바다와 호수의 구분을 알았던 이방인 누가만이 누가복음에서 갈릴리 바다를 '호수'로 표현했다. 이 호수는 세계에서 가장 낮은 위치에 있는 담수호다. 예수님의 고향인 나사렛은 이스라엘의 북부에 위치한 갈릴리 땅에 있었다. 제자들도 배반자 유다를 제외하고는 모두 갈릴리 출신이었다. 예수님이 처음 기적을 보인 곳은 갈릴리의 가나였으며, 사람들에게 말씀을 전파하시고 병자들을 치유하던 장소도 갈릴리 해안의 가버나움이었다. 마을 중심에는 커다란 유대인 회당이 있었다. 예수님은 갈릴리 사람들과 함께 생활하고 활동하셨다. 그리고 열두 명의 제자들을 불러 그들을 교육한 후에 하나님 나라를 확장하는 사역의 핵심 일꾼으로 파송하셨다.[마 10:1–15]

갈릴리에서 예루살렘으로 가는 길은 제자가 되는 길을 포함한다. 이 길은 '예수님의 길'을 따라가는 제자도의 삶이다. 그 길은 지배층과 맞서 대항해야 할 땅, 즉 새로운 질서의 선포와 죽음과 부활의 현장이다. 당시 죄인들의 사형장이었던 십자가의 치욕과 수치는 기존의 정치, 종교권력자들, 외견상 승리한 것처럼 보였던 마귀의 권세를 깨뜨리고 죄와 사망과 죽음을 극복한 십자가 상에서 승리를 알리는 것이었다.

"통치자들과 권세들을 무력화하여 드러내어 구경거리로 삼으시고 십자가로 그들을 이기셨느니라." (골 2:15)

예수님의 승천 이후에 제자들은 신실한 믿음과 장차 도래할 하나님 나라에 대한 희망으로 그를 위한 사명을 감당했다. 심지어는 순교의 길을 걷기도 했다. 예수님에 대한 사랑과 그에 대한 신실함, 목적과 가치의 지향으로 인해 로마 제국주의와 전체주의 정치 질서와 종교 권력에 투항하거나 협력할 수 없었던 것이다. 즉, 갈릴리는 예수님의 사역 현장이고 영역이며, 예루살렘은 지상 구속 사역을 완성한 영역이었다.

하나님 나라는 예수 그리스도의 십자가, 부활과 승천, 성령의 강림으로 도래했다. 우리가 세상 나라에 마음을 둘 때 영적인 나라의 전열이 흐트러진다. 왜냐하면 하나님 나라는 비밀스러운 나라이기 때문이다.

"이르시되 하나님 나라의 비밀을 아는 것이 너희에게는 허락되었으나 다른 사람에게는 비유로 하나니 이는 그들로 보아도 보지 못하고 들어도 깨닫지 못하게 하려 함이라." (눅 8:10)

하나님 나라는 세상 속에서 비밀리에 이루어져 간다.

"이르시되 하나님의 나라는 사람이 씨를 땅에 뿌림과 같으니 그가 밤낮 자고 깨고 하는 중에 씨가 나서 자라되 어떻게 그리 되는지를 알지 못하느니라. 땅이 스스로 열매를 맺되 처음에는 싹이요 다음에는 이삭이요 그 다음

에는 이삭에 충실한 곡식이라."(막 4:26-28)

하나님 나라는 세상 가운데에 사람들의 삶에 더 깊게 스며들고 영향력을 주어 영적 질서를 전환시킨다.

모든 죄인을 구속할 십자가의 피 흘림과 그 길 즉, 갈릴리에서 예루살렘으로 진행되는 예수님의 행로는 죽음으로 가는 길이었다. 예수님은 예루살렘에서 어떤 상황이 전개될지 미리 알고 계셨지만, 성경에 예언된 약속의 성취 때문에 예루살렘으로 향하게 된 것이다.

에필로그

이 책에서 설명하는 성경적 세계관은 미흡한 면도 있지만 신앙의 핵심 가치를 제공해 주리라고 믿는다. 이보다 더 깊이 있는 지식을 원한다면 저자가 그동안 쓴 책들을 참고하기 바란다. 저자가 쓴 리더십, 통일, 기도, 성공, 성경적 지혜와 지식에 관련된 책이 다수 있다.

한국 교회의 차원에서도 일반적인 성경적 세계관의 책들을 뛰어넘어 모든 영역에서 전문적인 세계관의 정립에 관한 연구나 책들이 나오기를 기대한다. 저자의 역할은 여기까지라고 생각한다.

성경적 기준으로 '성공'을 본다면 성공이란 사람의 평가나 기준으로 정할 수는 없다. 결론적으로 신앙과 삶의 성공에서 가장 중요한 기준은 하나님 뜻의 성취이다. 그 길은 성공이 아닌 성장이나 성숙의 길이다. 믿음의 진보이다. 다만 이 땅에서 우리는 청지기의 삶을 살고, 부르심에 합당한 일꾼으로서 최선을 다할 뿐이다. 최선과 차선, 최악과 차악의 인간적 기준으로 말이다. 성공의 최종 기준과 판단은 이 땅이 아닌 하늘나라에서 결정된다. 그래서 성경적 세계관이 중요하다. 신앙과 삶의 기준과 지침을 제공하기 때문이다.

최근에 우리나라는 정치적 위기 국면 가운데 국가의 리더는 물론이고, 사회 각 분야에서 근원적인 층위의 부패 카르텔과 적폐들이 드러났다. 국회 인사 청문회나 정치 리더들이 TV나 언론에 거론되는데, 그중 크리스천들이 적지 않다. 문제는 그들에게서 전혀 성경적 가치나 원칙을 찾아보기가 어렵다는 점이다. 이 또한 성경적 세계관의 한계이다.

한나 아렌트Hannah Arendt는 유대인 학살의 핵심 역할을 한 '아이히만'을 통해 그의 평범한 모습을 목격하게 되었고, 악의 평범성이라는 개념을 제시한 인물이다. 아이히만의 재판 소식을 들은 한나 아렌트는 예정됐던 대학 강의를 모두 취소한다. 그리고 잡지 ≪뉴요커≫의 재정 지원을 받아 특파원 자격으로 그 시점에 예루살렘에 갔다. 이 세기의 재판을 참관한다. 그 후에 보고서 형식으로 뉴요커에 연재한다. "예루살렘의 아이히만"을 통해 "악의 평범성"이 생겨나는 원인과 그 과정을 분석했다. 그녀는 아이히만이 실제로 저지른 악행에 비해 그가 너무나도 평범하다는 인상을 받았고, '아이히만 같이 평범한 사람이 왜 중대한 정치적 악행을 했을까'라는 의문을 품게 되었다. 아렌트에 따르면 아이히만은 "자기가 무슨 일을 하고 있었는지 전혀 깨닫지 못한 자"였다. 그는 흉악범이라고 말할 정도로 전혀 도착적이거나 가학적이지도 않았다는 점이다. 아렌트의 결론이다. "다른 사람의 처지를 생각할 줄 모르는 생각의 무능은 말하기의 무능을 낳고 행동의 무능을 낳는다."

이제 한국 교회에서 가장 필요한 가치관은 성경의 '정의와 공의'라는 생각이 든다. "정의를 행하는 것이 의인에게는 즐거움이요 죄인에게는 패망이니라."잠 21:15 성경의 요셉 총리나 다니엘은 단순히 하나님을 믿어서 위대한 인물이 된 것이 아니다. 다니엘은 정적은 물론이고 핵심 정권 담당자로부터도 어떤 틈, 어떤 허물, 어떤 그릇됨도 없는, 흠잡을 만한 게 없는 사람단 6:4이었다. 다니엘은 자신이 포로로 잡혀 갔던 나라인 바벨론에서 총리로 재직할 때 국가가 두 번이나 바뀌었고, 왕이 네 번이나 교체되었지만 그 직책을 감당하고 수행했다. 네 명의 왕은 느부갓네살, 벨사살, 다리오, 고레스였다. 일회용이 아니라 시대를 초월해서 탁월한 정치 역량을 인정받은 것이다. 물론 중요한 힘의 근원, 제1의 힘은 하나님의 섭리였다.

우리는 흔히 아브라함을 생각하면 떠오르는 단어가 "복의 근원"창 12:1-5이다. 그런데 성경은 아브라함을 부르신 목적, 그 중요한 역할과 사명을 정의와 공의라고 말한다. 기존 성경공부에서는 이 부분을 간과하거나 소홀히 대하는 것이 현실이다. "내가 그로 그 자식과 권속에게 명하여 여호와의 도를 지켜 의와 공도를 행하게 하려고 그를 택하였나니 이는 나 여호와가 아브라함에게 대하여 말한 일을 이루려 함이니라."창 18:19

다윗은 실수와 허물이 많은 인물이었지만 하나님이 그를 세운 목적은 분명했다. 그것은 다윗 왕국과 통치가 정의와 공의 실현의 리더십을 발휘하고, 메시아 왕국의 특징을 드러내기 위함이었다. "다윗이 온 이스라엘을 다스려 모든 백성에게 정의와 공의를 행할새."삼하 8:15 "그 정사와 평강의 더함이 무궁하며 또 다윗의 왕좌와 그의 나라에 군림하여 그 나라를 굳게 세우고 지금 이후로 영원히 정의와 공의로 그것을 보존하실 것이라

만군의 여호와의 열심이 이를 이루시리라." 사 9:7

미래가 없는 곳에는 현재를 사는 치열함과 능력이 없다. 그래서 도전 정신이 필요하다. 슬픔은 뒤를 돌아보게 하고, 걱정은 주위를 둘러보게 한다. 오직 믿음과 담대함만이 앞을 바라보게 한다. 실패에도 두 가지 유형이 있다. 어떤 일을 해 보고 실패한 사람과, 해 보지도 않고 실패한 사람이다. 기회나 여건이 할 수 있었지만 아무것도 시도하지 않아서 실패한 경우도 많다. 이것은 얼마나 후회스럽고 어리석은 실패인가?

사도 바울은 우리의 신앙생활을 "씨름" 엡 6:12에 비유했다. 로마 시대의 레슬링이다. 그런데 현재는 영적으로 더 거칠고 치열한 시대이다.

최근 한국 교회는 구원론과 관련, 크리스천들의 영적인 면과 신앙적 행위와 태도를 새롭게 재조명하고 있다. 종교개혁자들의 기본적인 구원관은 현재 믿음으로 주어지는 '칭의' 이신칭의는 법정적 선언이며, 이것이 미래의 심판과 법정에서 구원을 받는다는 것이다. 우리는 하나님의 은혜로, 믿음으로, 그리스도의 의의 전가로, 성령의 역사로 의롭다고 칭함을 받는다. 또한 교리적 확신이 구원에 이르는 길은 아니고, 법정적 칭의만도 아니다. 소위 언약적 율법주의의 행위구원론은 경계해야 한다. 즉 믿음생활을 하지만 구원의 반열에서의 이탈이나 탈락에 대한 경고이다.

구원에서는 사람의 중생 regeneration과 칭의 justification가 필요하다. 바울은 구원에 대해서는 종말론적인 구원의 현재로서 법정적 관점이다. a forensicview of salvation 예수 그리스도가 십자가에서 죽으심으로써 구원받는다는 것이다. 칭의는 법정적 선언적 개념이며, 성화는 거룩의 관점에서 구원을 말하는 것으로, 두 개의 관점은 별개가 아니라 모든 구원 서정의 중심은 그리스도이다. 변증법적 통일이다. 논리적 표현으로는 칭의와 성화를 구분하지 않고, 성화라는 표현 대신에 '칭의의 현재 단계'로 말할 수도 있다. 그리스도의 구원은 근본적으로 '이미'와 '아직'이라는 종말론적인 구조로, 성화는 구원받는 순서로서의 칭의의 다음 단계가 아니라 과거, 현재, 종말의 요소를 지닌다.

톰 라이트Tom Wright는 칭의론을 언약신학 관점에서 이해하여 법정적forensic 관점과 신앙윤리와 행위 차원에서의 참여적participatory관점을 포괄한다. 성경적 관점으로 정리하자면, 칭의는 법정적 선언적 개념이며, 성화는 거룩의 관점에서 본다. 인간 중심적 칭의론의 한계는 지양하고, 하나님 중심적 구원의 원리로 법정적 칭의, 선언적 칭의, 확정적 칭의, 오직 은혜적 칭의를 고백하는 신앙고백이 구원론의 핵심이다. 그리고 나아가서 성도의 거룩한 신앙윤리와 '칭의적 경고' 아닌 '성화적 경고'로 적용한다면 기존의 신앙적 문제, 신학적 제 이론들을 수용할 수 있다.

마틴 로이드 존스Martyn Lloyd Jones는 『로마서 강해』에서 '크리스천은 어떻게 구원의 확신을 갖게 되는지'를 설명한다. 최종적 견인에 대한 절대적 확실성, 성령에 의해 몸의 행실을 죽이면 이것은 성령의 인도를 받는다는 것을 의미하고, 우리가 죄로부터 궁극적으로 완전하게 그리고 전적으로 구원받는 것이 성령의 내주하심으로 말미암아 보증됨이고, 성령에 의해 몸의 행실을 죽이면 이것은 성령의 인도를 받는다는 것의 의미이며, 성화는 언제나 부산물이라고 말한다. 그러므로 성화를 목적으로 삼는 자는 큰 실수를 범하게 된다는 점을 연결하여 이해하도록 한다.

결론적으로 구원론에서 가장 중요한 관점은 '하나님의 주권', '구원의 신비'라는 궁극적인 영적 차원과 그 세계를 논점의 우위에 두어야 한다는 점이다.

하나님 나라는 인간의 구원뿐 아니라 창조 질서의 회복과 생명 가치의 온전한 구현을 포함하여 구체화한다.사 65:17-25; 겔 36:33-36 성경적 세계관의 목적이나 지향점은 영혼 구원, 하나님 나라의 확장이다. 이를 위해 예수 그리스도의 제자와 영적 전사딤후 2:3가 되는 것이다. 교회가 세상 영역이나 문화의 변화를 외면한다면 교회의 존재 가치가 현저히 축소된다. 예수 그리스도 안에서 이미 성취된 하나님 나라는 하나님의 의를 추구하는 예수 그리스도를 따르는 크리스천들을 통해 확장된다.

이 땅에서 "푯대를 향하여 그리스도 예수 안에서 하나님이 위에서 부르신 부름의 상을 위하여 달려가는"빌 3:14 크리스천, "하나님의 마음에 합한 자"행 13:22 다윗과 같은 하나님의 사람들이 바로 자신과 시대의 사명을 감당할 영적 전사들이다.

하나님의 부르심에 대한 이사야의 결단이다. "내가 또 주의 목소리를 들으니 주께서 이르시되 내가 누구를 보내며 누가 우리를 위하여 갈꼬 하시니 그 때에 내가 이르되 내가 여기 있나이다 나를 보내소서 하였더니."사 6:8

참고문헌

가스펠 서브. 『교회용어사전』. 서울: 생명의말씀사, 2013.

기독교사상 편집부. 『한국의 정치신학』. 서울: 대한기독교서회, 1990.

________________. 『한국교회와 이데올로기』. 서울: 대한기독교서회, 1989.

김영한. 『포스트모던 시대의 세계관』. 서울: 숭실대학교 출판부, 2009.

남북나눔연구위원회. 『민족통일을 준비하는 그리스도인』. 서울: 두란노, 1995.

두란노서원 성경출판팀. 『비전성경사전』. 경기: 두란노, 2011.

서성교. 『하버드 리더십 노트』. 서울: 원앤원북스, 2013.

신국원. 『니고데모의 안경』. 서울: 한국기독학생회출판부IVP , 2015.

신학연구위원회 편. 『희년신학연구』. 서울: 대한기독교서회, 1997.

생명의말씀사. 『라이프성경사전』. 서울: 생명의말씀사, 2006.

이극찬. 『정치학』. 서울: 박영사, 1982.

양승훈. 『기독교 세계관으로 들여다 본 세상』. 서울: 낮은울타리, 2001.

양승훈. 『기독교적 세계관』. 서울: CUP, 1999.

이승구. 『기독교 세계관이란 무엇인가』. 서울: SFC출판부, 2014.

전광. 『성경이 만든 사람 - 백화점 왕 워너메이커』. 서울: 생명의말씀사, 2005.

정성구. 『아브라함 카이퍼의 사상과 삶』. 경기: 킹덤북스, 2010.

최장집 엮음. 『막스 베버, 소명으로서의 정치』. 박상훈 역. 서울: 폴리테이아, 2011.

최재호. 『대중문화와 성경적 세계관』. 서울: 예영커뮤니케이션, 2003.

황장엽. 『민주주의 정치철학』. 서울: 시대정신, 2005.

황준배. 『SQ영적지수』. 서울: 그리심출판사, 2010.

황준배. 『카리스마적 리더십』. 서울: 그리심출판사, 2007.

황준배. 『통일과 크리스천 리더십』. 서울: 그리심출판사, 2007.

게리 노스. 『성경이 주장하는 사회변혁론』. 서울: 나침반, 1990.

데이비드 거겐. 『CEO대통령의 7가지 리더십』. 서율택 역. 서울: 스테디북, 2002.

마이클 호튼. 『개혁주의 기독교세계관』. 윤석인 역. 서울: 부흥과 개혁사, 2010.

막스 베버. 『막스 베버의 사회학』. 전성우 역. 서울: 나남, 2013.

________. 『프로테스탄트 윤리와 자본주의 정신』. 박성수 역. 서울: 문예출판사, 2010.

________. 『경제와 사회』. 박성환 역. 서울: 나남, 2009.

________. 『직업으로서의 정치』. 전성우 역. 서울: 나남, 2007.

________. 『지배의 사회학』. 금종우 역. 서울: 한길사, 1981.

앤드류 호페커. 『기독교 세계관 1』. 김원주 역. 서울: 생명의말씀사, 1993.

____________. 『기독교 세계관 2』. 김원주 역. 서울: 생명의말씀사, 1992.

짐 월리스. 『하나님의 정치』. 정성묵 역. 서울: 청림출판사, 2010.

윌리엄 윌버포스. 『윌리엄 윌버포스의 위대한 유산』. 서진영 역. 서울: 요단출판사. 2013.

제임스 B. 조르단. 『새로운 시각으로 본 성경적 세계관』. 이동수 역. 서울: 로고스, 2002.

제임스 사이어. 『기독교 세계관과 현대사상』. 김헌수 역. 서울: IVP, 1995.

존 H 레데콥. 『기독교 정치학: 교회와 국가의 관계에 답하다』. 배덕만 역. 서울 :대장간, 2011.

존 칼빈. 『기독교강요 상』. 김종흡 역. 서울: 생명의말씀사, 1988.

______. 『기독교강요 중』. 김종흡 역. 서울: 생명의말씀사, 1986.

______. 『기독교강요 하』. 김종흡 역. 서울: 생명의말씀사, 1986.

찰스 반 엥겐. 『미래의 선교신학』. 박영환 역. 서울: 바울, 2004.

폴 마샬. 『정의로운 정치』. 정웅희 역, 서울: IVP한국기독학생회출판부, 1997.

______. 『기독교 세계관과 정치』. 한화룡 역. 서울: IVP한국기독학생회출판부, 1997.

폴 히버트. 『21세기 선교와 세계관의 변화』. 홍병룡 역. 서울: 복 있는 사람, 2010.

헨리 블랙커비. 『영적 리더십』. 윤종석 역. 서울: 두란노, 2002.

김상복. "북한교회재건운동을 통한 한국교회의 연합". 〈북한교회재건백서〉. 서울: 한기총 북한교회 재건위원회, 1997.

백종국. "한반도 통일에 대한 기독교적 이해를 위한 몇 가지 제언". 〈평화통일과 북한복음화〉. 서울: 쿰란출판사, 1997.

Bellah. Robert N. 1965 . Epilogue: Religion and progress in odern Asia.

Bellah. Robert N.ed.. *Religion and progress in Modern Asia*. New York: The Free Press.

Berkhof, L. 1985. *A Summary of Chritian Doctrine*. The Banner of Truth Trust.

Charles Swindoll. 1985. *Leadership: Influence That Inspires*. Texas: Word Book Publisher.

Cox. Harvey. 1965. *The Secular City*. New York: The Macmillan Co.

Howard A. Synder. *A Kingdom Manifesto: Calling the Church to Live Under God's Reign. Pasadana*, CA: Wipf and Stock Publishers, 1997.

Küng, Hans. *The Church*. London: Search Press, 1981.

Kuyper, Abraham. 1943. *Calvinism*, Grand Rapids: Eerdmans.

Maslow. Abraham H. 1970. *Motivation and personality*. New York: Harper & Row. publishers.

Robert, A. Dahl. 1971. *Polyarchy: Participation & Opposition*. New Heaven & London: Yale Univ. Press.

Stott, John R. W. 1975. *Christian Mission in the Modern World*. London: Falcon